现代教育技术

徐 伟　赵园园　张丽艳 著

吉林出版集团股份有限公司 | 全国百佳图书出版单位

图书在版编目（CIP）数据

现代教育技术 / 徐伟, 赵园园, 张丽艳著. -- 长春：吉林出版集团股份有限公司, 2021.2
ISBN 978-7-5581-9825-0

Ⅰ.①现… Ⅱ.①徐…②赵…③张… Ⅲ.①教育技术学—中等专业学校—教材 Ⅳ.① G40-057

中国版本图书馆 CIP 数据核字 (2021) 第 033625 号

现代教育技术
XIANDAI JIAOYU JISHU

作　　者：	徐　伟　赵园园　张丽艳　著
责任编辑：	何　武　杨　帆
开　　本：	787mm×1092mm　1/16
字　　数：	515 千字
印　　张：	14.25
版　　次：	2022 年 6 月第 1 版
印　　次：	2022 年 6 月第 1 次印刷
出　　版：	吉林出版集团股份有限公司
发　　行：	吉林音像出版社有限责任公司 吉林北方卡通漫画有限责任公司
地　　址：	长春市南关区福祉大路 5788 号
邮　　编：	130062
电　　话：	0431-81629660
印　　刷：	三河市嵩川印刷有限公司

ISBN 978-7-5581-9825-0　　定价：42.80 元

前言
PREFACE

为落实《国家中长期教育改革和发展规划纲要》精神，深化职业教育教学改革，积极推进课程改革和教材建设，满足职业教育发展的新需求，我们组织专家学者和一线教师编写了这本《现代教育技术》教材。

随着现代科学技术成果在教育领域的广泛应用，一门新兴的教育分支学科——教育技术学开始形成并快速发展，在实践过程中，教育技术学积极吸纳教育学、心理学、系统科学、信息科学、传播学等有关知识，发展成为以系统方法为核心的技术学层次的应用学科。目前，教育技术已经从一种视听教学方法的改革运动发展成为具有较完整的理论框架、实践领域的专业和学科。并对教育改革产生了重要和深远的影响。

为此，本教材采用了任务驱动的编写模式，以教学过程和资源的设计、开发、应用、管理为主线，通过一系列的任务，引导学生完成每一个教学目标。这些任务有效地将各知识点生动地展示了出来，给学生营造了一个更加直观的认知环境。体现了课程的性质、任务和培养目标。其具体内容包括：现代教育技术概述、教学设计、教学媒体和环境的管理与应用、数字化教学资源的获取与利用、教学PPT的设计与制作、微课设计与制作。

本教材既可作为职业院校相关专业学生的教学用书，也可作广大教育工作者的参考用书。

在本教材的编写过程中得到了许多专家的热情帮助，在此表示衷心的感谢。

限于编者经历和水平，教材内容不足之处在所难免，希望各教学单位在积极选用和推广本教材的同时，注重总结经验，及时提出修改意见和建议，以便再版修订时补充完善。

编　者

目 录
contents

项目一　现代教育技术概述\1
　　任务一　现代教育技术的基本概念\1
　　任务二　现代教育技术的理论基础及作用\3

项目二　教学设计\24
　　任务一　教学设计概述\24
　　任务二　教学设计的前期分析\29
　　任务三　学习情境和环境的创设\34
　　任务四　教学目标的阐明\37
　　任务五　教学策略设计\41
　　任务六　教学方案编写\45
　　任务七　学习评价\48

项目三　教学媒体和环境的管理与应用\55
　　任务一　教学媒体的应用\55
　　任务二　信息化教学环境概述\62
　　任务三　多媒体教学环境\65
　　任务四　网络教学环境\81
　　任务五　数字化教学平台的应用\104

项目四　数字化教学资源的获取与利用\115
　　任务一　数字化教学资源概述\115
　　任务二　数字图形图像的获取与利用\119
　　任务三　数字音频的获取与利用\131
　　任务四　数字视频的获取与利用\137

项目五　教学PPT的设计与制作\154
　　任务一　教学PPT的制作\154
　　任务二　教学PPT的应用\184

项目六　微课设计与制作\188

　　任务一　微课概述\188
　　任务二　微课的创作过程\194
　　任务三　微课的制作方法\198
　　任务四　屏幕录制软件Camtasia Studio的应用\205

参考文献\220

项目一　现代教育技术概述

学习目标

掌握现代教育技术的基本概念。
了解现代教育技术的理论基础和功能。
了解现代教育技术的发展与趋势。
能够运用相关理论分析实际教学中存在的问题。

任务一　现代教育技术的基本概念

任务导入

信息时代的到来，一方面使教育面临着严峻的挑战，另一方面也为教育的进一步发展带来了良好的机遇。在发展信息时代教育的过程中，现代教育技术以其先进的观念、手段和方法发挥着重要的作用。

任务描述

现代教育激素的应用领域是什么？

相关知识

现代教育技术的概念及内涵

现代教育技术是指运用现代教育理论和现代信息技术，通过对教与学的过程和资源的设计、开发、利用、管理和评价，以实现教学优化的理论和实践。其内涵具体体现在以下几个方面。

一、现代教育技术以现代教育理论为指导

现代教育理论包括现代教学理论和现代学习理论。对现代教育技术影响较大的现代教学理论有布鲁纳的"结构—发现"教学理论、赞可夫的发展教学理论和巴班斯基的教学最优化理论等。对现代教育技术影响较大的现代学习理论有行为主义学习理论、认知主义学习理论和建构主义学习理论等。

现代教育技术的应用必须以先进的教育思想和教学理论为指导，树立应用现代教育技术推进素质教育，培养学生的创新精神和实践能力的教育思想，重视应用现代教育理论指导教与学的过程和资源的设计、开发及应用。

二、现代教育技术以信息技术为主要手段

简单地说，信息技术就是指获取、加工、存储、传输、表示和应用信息的技术。信息技术不仅包括计算机技术，还包括微电子技术、通信技术等，其中在学校是以多媒体与网络技术为核心，要充分利用和发挥多媒体与网络技术的优势，形成以多媒体和网络技术为基础的信息化环境和数字化的教学资源。

三、现代教育技术的研究对象是教与学的过程和资源

现代教育技术是以教与学的过程和资源为研究对象，并以优化教与学的过程和资源为目标，因此现代教育技术既要重视优化"教"，更要重视优化"学"；既要重视"资源"，更要重视"过程"的研究和开发。通过优化教与学的资源，建设信息化的教学环境，开发信息化教学软件，探索并建构信息化环境下新型的教学模式。

四、系统方法是现代教育技术的核心思想

现代教育技术是以系统方法为核心思想展开全部教育实践的，即对教与学的过程和资源进行设计、开发、利用、管理和评价。现代教育技术重视教育教学过程中各步骤的精心设计、实施，要求教学各要素有序进行，并随时进行评价和修正。

小贴士

"现代教育技术"与"教育技术"这两个概念，严格来说是有区别的，但是对于非教育技术专业的学生来说，不必进行严格的区分。

任务实施

现代教育技术的应用领域

现代教育技术的研究领域包括学习过程与学习资源的设计、开发、利用、管理和评价5个方面的理论与实践。

学习过程是指学习者通过与信息和环境的相互作用而得到知识、技能和态度的长进的过程。学习资源是指支持学习的资料来源或资料库，它包括支持系统的教学材料与环境，但资源并非仅指用于教学过程的设备和材料，它还包括人员、预算和设施。

现代教育技术研究的5个领域的具体内容如下。

第一，学习过程与学习资源的设计，是指为达到给定的教学目标，首先要进行学习者的特征分析和教学策略制定，在此基础上进行教学系统及教学信息设计，包括教学内容的确定、教学媒体的选择、教学信息与反馈信息的呈现内容与呈现方式设计等，以创造最优化的教学模式，使每个学生都成为成功的学习者。

第二，学习过程和学习资源的开发，是指对音像技术、电子出版技术、计算机辅助教学技术，以及多种技术综合集成应用于教育教学过程的开发研究。也可以说，开发是对教学设

计结构的"物化"或"产品化",是教学设计的具体应用。开发领域的范围可以是一节课、一个新的改进措施,也可以是一个大系统工程的具体规划和实施。

第三,学习过程和学习资源的利用,应强调对新兴技术、各相关学科和最新研究成果,以及各种信息资源的利用和传播,并要设法加以制度化、法规化,以支持现代教育技术手段的不断革新。

第四,学习过程和学习资源的管理,是指对所有学习资源和学习过程进行计划、组织、指挥、协调和控制。具体包括教学系统管理、教育信息及资源管理、教学研究及开发管理等。"管理出效益",科学管理是现代教育技术的实施和教学过程、教学效果优化的保证。

第五,学习过程和学习资源的评价,是指要注重对教育教学系统的总结性评价,更要注重形成性评价,并以此作为质量监控和不断优化教学系统与教育过程的主要措施。为此,应及时对教育教学过程中存在的问题进行分析,并参照规范要求(标准)进行定量的测量与比较,向学习者提供有关学习进步的情况,以便及时调整学习步伐,直至取得成功。

任务二　现代教育技术的理论基础及作用

任务导入

现代教育技术是教育科学群体中一门新兴的综合性学科,现代教育技术在教育教学中的应用已随着现代教育科学和现代信息技术的发展而日益广泛和深入,人们对现代教育技术的理解和认识也在不断地深入。因而,现代教育技术的理论也在不断地完善和发展之中。

任务描述

现代教育技术的作用是什么?

相关知识

一、学习理论

现代教育技术是探讨现代化教学设备和手段如何在课堂教学中使用,并提高课堂教学效果的专门研究领域,它必须根据科学的学习理论进行学习过程和学习资源的设计、开发、利用、管理和评价,以帮助学生进行有效的学习。因此,在现代教育技术的理论体系中,学习理论一直处于核心地位,是构成现代教育技术的重要理论支撑之一。

学习理论,就是探讨人类怎样学习的理论,旨在阐明学习如何发生、有哪些规律、是什么样的过程、如何才能有效地学习等问题,它对现代教育技术的发展具有重要的指导意义。纵观学习理论的发展,行为主义、认知主义、建构主义以及人本主义学习理论为现代教育技术的形成和发展奠定了坚实的基础。下面分别从学习的条件、学习的过程和学习的结果对各种学习理论进行简要阐述。

1. 行为主义学习理论

在20世纪的前半个世纪，占主导地位的学习理论是行为主义理论，其理论先驱是美国心理学家桑代克（Thorndike）。桑代克早期主要通过动物的行为来研究动物心理，特别是研究动物的"学习"行为。通过研究，桑代克得出了一个非常重要的结论：动物的学习是经过多次的试误，由刺激情境与正确反应之间形成的联结所构成的。

在现代心理学派中树立起行为主义旗帜的是美国心理学家华生（Watson）。他提出心理学的研究应关注行为，而不是人的意识，他把有机体应付环境的一切活动统称为行为；把作为行为最基本成分的肌肉收缩和腺体分泌称之为反应；把引发有机体活动的外部或内部变化统称为刺激，由此建立起行为主义心理学的基本公式："人和动物的全部行为都可以分析为刺激和反应。"华生提出的这个刺激—反应公式成为行为主义解释学习的理论基础，他们认为学习的实质就在于形成、强化刺激与反应之间的习惯性联结。

在行为主义发展的后期，对学习理论影响最大的是斯金纳（Skinner），他根据自己发明的一种学习装置——"斯金纳箱"，通过不断地实验，提出了操作性条件反射学说。根据这个实验，斯金纳将学习概括为：刺激—反应—强化。他认为如果一个操作发生后，接着给予一个强化刺激，那么其强度就会增加。用这种方法就可以提高这一操作再次发生的概率。

由此可见，尽管行为主义学派内部对学习的解释有不一致的看法，但总的来说，在对宏观的学习解释上仍然是一致的。行为主义学习理论对学习的条件、学习的过程和学习的结果做了如下解释。

学习的条件。学习的顺利进行离不开强化，强化是学习得以进行的重要条件，即外部刺激引起学习者的反应，然后经过反馈对学习行为进行调节和强化，直到学习者形成正确的学习行为，并关注学习的外部条件。

学习的过程。学习的过程是渐进的尝试错误的过程，即随着错误反应不断减少，正确反应不断增加，形成固定的"刺激—反应"之间的联结，也称为"尝试错误"，直到最后成功的过程。

学习的结果。学习的结果就是形成刺激与反应的联结，即S—R间的联结，即学习就是有机体在某种情境下自发做出的某种行为，由于得到强化而提高了该行为在这种情境下发生的概率，形成了反应与情境的联系，从而获得了用这种反应应付该情境以寻求强化的行为经验[1]。

思考交流

行为主义学习理论对于哪些类型的学习内容的学习具有指导意义？

2. 认知主义学习理论

行为主义理论将人的所有学习都简单归结为"刺激—反应"之间的联结，而不考虑人的思维、意识等内心世界，这显然存在理论缺陷，由此导致了认知主义理论的发展。

认知主义源于格式塔心理学，它的核心观点是：学习并非是机械的、被动的刺激—反应的联结，学习要通过有机体积极主动的内部信息加工活动，形成新的完形或认知结构。瑞士心理学家皮亚杰（J.P.Piaget）提出的著名的"认知结构说"认为，认识活动的目的在于取得

---

[1] 莫雷，张卫. 学习心理研究[M]. 广州：广东人民出版社，2005：51.

主体对自然社会环境的适应，达到主体与环境之间的平衡，主体通过动作对客体的适应又推动认识的发展，强调认识过程中主体的能动作用，强调新知识与以前形成的知识结构相联系的过程，表明了只有学习者把外来刺激同化进原有的认知结构中去，人类学习才会发生。认知主义理论的主要代表人物有苛勒、皮亚杰、布鲁纳（Bruner）、奥苏贝尔（Ausubel）和加涅等。

（1）布鲁纳的认知—发现学习理论

布鲁纳是美国当代著名的认知心理学家，他反对以 S—R 联结和对动物的行为习得的研究结果来解释人类的学习活动，而是把研究的重点放在学生获得知识的内部认知过程和教师如何组织课堂教学，以促进学生"发现"知识的问题上。他的认知—发现学习理论是当代认知学习理论的主要派别之一。

布鲁纳的认知—发现学习理论的主要观点：学习的结果就是形成认知结构，在布鲁纳看来，人们是根据类别或分类系统来与环境相互作用的，客观世界是由大量不可辨别的物体、事件和人物组成，人类认识客观世界时，不是去发现各类事件的分类方式，而是创建分类方式，借此以简化认识过程，适应复杂的环境[1]；学习的过程就在于学习者主动地进行加工活动（自下而上），形成认知结构，即进行类目化的活动过程；学习的条件涉及知识的呈现方式和学习的内在动机等。

（2）奥苏贝尔的认知同化学习理论

奥苏贝尔明确区分了机械学习与有意义学习、接受学习与发现学习之间的关系，并阐明学生的学习主要是有意义的接受学习，是通过同化使知识结构不断发展的过程。他认为学习过程是自上而下的同化过程，用同化来解释有意义学习的内部心理机制。有意义学习的结果是形成良好的认知结构。进行有意义学习的条件是：学习材料本身具备逻辑意义，而且学习者具有有意义学习的心向；学习者的认知结构中必须有同化新知识的原有的适当概念。

（3）加涅的累积学习理论

加涅认为，学习的复杂程度是不一样的，既有简单的联结学习，也有复杂、高级的认知学习，并将学习按简单到复杂分为 8 种类型（信号学习、刺激反应学习、连锁学习、语言的联合、辨别学习、概念学习、规则学习和解决问题的学习）。加涅用信息加工的学习模式来说明学习的过程，如图 1-1 所示。

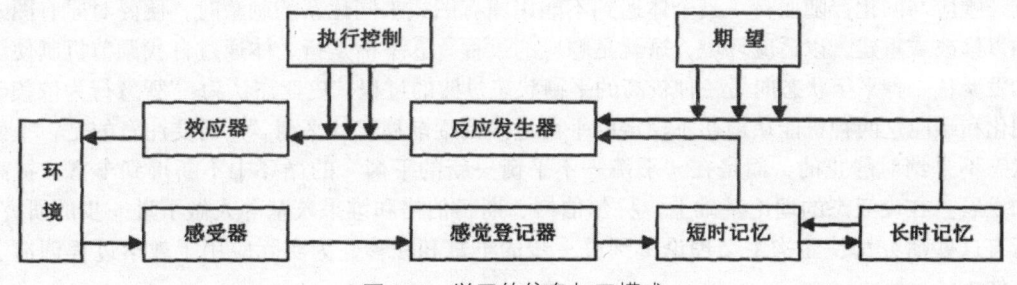

图 1-1　学习的信息加工模式

从图 1-1 中可以看出，学生从环境中接受刺激，刺激推动感受器，并转变为神经信息进入感觉登记（瞬时记忆），这时记忆储存非常短暂。被感觉登记了的信息很快进入短时记忆，

---

[1] 莫雷，张卫. 学习心理研究［M］. 广州：广东人民出版社，2005：66.

短时记忆的容量和保持时间都是有限的,一旦超过了一定数量,新的信息进来就会把部分原有的信息赶走,若想保持信息,就得采取复述策略。当信息离开短时记忆进入长时记忆时,就要通过编码并储存在长时记忆中。当需要使用信息时,需经过检索提取信息。被提取出的信息可以直接通向反应发生器,从而产生反应;也可以再回到短时记忆中,对该信息的合适性做进一步的考虑,结果可能是进一步寻找信息,也可能是通过反应器做出反应。在整个过程中离不开期望和执行控制。期望是指学生希望达到的目标,即学习动机。执行控制即加涅所说的认知策略。

对学习条件的论述是加涅学习理论中最核心的内容。他认为引起学习的条件可分为内部条件和外部条件。内部条件即学生开始学习某一任务时已有的知识和能力;外部条件是指学习的环境。加涅提出了五大类学习的结果(言语信息、智慧技能、认知策略、动作技能和态度)。

关于认知主义学习理论还有其他一些代表人物以及他们的学说,但认知主义学习理论对学习的结果、过程和条件还有以下一些共性的东西。

学习的条件:注重学习的内部条件,如主动性、内动机、过去的经验、智力等。
学习的过程:学习的过程是积极主动地进行复杂的信息加工活动的过程。
学习的结果:学习是形成反映整体联系与关系的认知结构。

思考交流

认知主义学习理论适合用于指导哪些类型学习内容的学习?

3. 建构主义学习理论

建构主义(Constructivism)学习理论是在认知主义学习理论进一步发展的基础上产生的一种理论。其最早提出者是瑞士著名心理学家皮亚杰。他创立了发生认识论,认为儿童在与周围环境相互作用的过程中,逐步建构起关于外部世界的知识,从而使自身认知结构得到发展。在皮亚杰的理论体系中,认为认知发展受同化、顺应、平衡三个过程的影响。①同化原本是一个生物学上的概念,在这里是指个体对刺激输入的过滤或改变的过程。也就是说,个体在感受到刺激时,把它们纳入头脑原有的图式之内,使其成为自身的一部分,就像消化系统将营养物吸收一样。②顺应,是指有机体调节自己内部结构,以适应特定刺激情境的过程。顺应与同化伴随而行。当个体遇到不能用原有图式来同化新的刺激时,便要对原有图式加以修改或重建,以适应环境,这就是顺应的过程。③平衡是指个体通过自我调节机制使认知发展从一种平衡状态向另一种较高的平衡状态过渡的过程。皮亚杰认为:"智慧行为依赖于同化和顺应这两种机能从最初不稳定的平衡过渡到逐渐稳定的平衡。"[1]需要注意的是,平衡状态不是绝对静止的,而是在"平衡—不平衡—新的平衡"的循环中不断得到丰富、提高和发展。在皮亚杰的理论基础上,科尔伯格、斯腾伯格和维果茨基等人做了进一步的研究。所有这些研究都使建构主义理论得到进一步的丰富和完善,为实际应用于教学过程创造了条件。

建构主义学习理论认为,学习的实质是:①学习是认知结构的改变。同化和顺应是学习者认知结构发生变化的两种方式,同化—顺应—同化—顺应……循环往复,平衡—不平衡—

---

[1] 施良方. 学习论[M]. 北京:人民教育出版社,1994:173.

平衡—不平衡相互交替，人的认知水平发展就是这样一个结构变化的过程。②学习是个体主动建构自己知识的过程。学习不是由教师把知识简单地传递给学生，而是由学生自己建构知识的过程。学习不是简单的信息输入、储存和提取，而是新旧知识经验之间双向的相互作用过程。影响学习的因素主要有：①先前知识经验的作用。学习者不是空着脑袋走进教室的，他们在开始学习之前已经存在许多先前的概念，尽管对每个学习者来说这些概念是不一样的。②真实情境的作用。建构主义强调学习情境，认为学习离不开一定的情境，知识也总是在一定的情境中才有意义。③协作与对话的作用。建构主义重视学习者之间的协作与对话，并将协作与对话建立在合作学习的平台上。建构主义学习理论认为，情境、协作、会话和意义建构是学习环境中的四大要素。

由此可见，建构主义学习理论在学习的条件、过程和结果上是做如下解释的。

学习的条件。建构主义认为，学习者内部的知识经验、真实情境等因素是影响学习的重要条件。

学习的过程。建构主义认为，学习是学习者主动地建构内部心理表征的过程，是学习者从不同背景、角度出发，在教师和他人的协助下，通过独特的信息加工活动，建构自己的意义的过程。建构主义强调了这个过程的独特性与双向建构性，即"建构一方面是对新信息的意义的建构，同时又包含对原有经验的改造和重组"[1]。

学习的结果。建构主义认为，学习的结果是学习者形成自己独特的认知结构。但这里的认知结构不是加涅所指的直线结构或布鲁纳等人提出的层次结构，而是围绕关键概念建构起来的网络结构的知识，既包括结构性知识，也包括非结构性知识。

思考交流

建构主义学习理论适用于哪些类型的学习内容？

4. 人本主义学习理论

人本主义心理学是20世纪50年代末诞生的，是在"科学主义"被人们信奉为时代精神而人的情感、价值和需要却被忽略的背景下产生的。人本主义的学习理论是以人本主义心理学的基本理论为基础的。人本主义相信，学习是个人潜能的充分发展，是人格的发展，是自我的发展，是人的自我实现的过程，强调无条件积极关注在个体成长过程中的重要作用。以罗杰斯为代表的人本主义心理学与行为主义心理学进行了长时间的争论，斯金纳关心外部的控制，而罗杰斯则寻找排除外部控制的途径。人本主义学习理论反对传统的无意义的学习，倡导有意义的学习，并阐述了有意义学习的原则和条件。学习的条件。罗杰斯指出，学生要实现有意义的学习，必须依靠一定的条件，这个条件就是教师要营造一种自由、民主、和谐融洽的充满着关爱与真诚的学习氛围。教师要为学生提供学习的手段和条件，促进个体自由地成长。

学习的过程。人本主义学习理论认为，学习的过程就是学生在一定条件下自我挖掘其潜能，进行自我实现的过程。人本主义认为人皆有天赋的学习潜力，自幼就表现出对环境的探索，对世界事物的好奇，而且都有实现自我的需要。

学习的结果。关于学习的结果，"人本主义心理学既反对行为主义关于形成一定刺激与

---

[1] 张建伟，陈琦. 从认知主义到建构主义[M]. 北京师范大学学报：社会科学版，1996（4）：75~82.

反应联结的观点,也不同意认知学派关于构建认知结构的主张;而是认为学习的目的和结果是使学生成为一个完善的人、一个充分起作用的人,也就是使学生整体人格得到发展"[1]。

思考交流

人本主义学习理论适用于哪些领域?

二、教学理论

现代教育技术将教学理论作为自己的理论基础,是因为教学理论是研究教学客观规律的科学。教学理论的研究范围主要包括教学过程、教师与学生、课程与教材、教学方法和策略、教学环境以及教学评价和管理等。教学理论是从教学实践中总结并上升为理论的科学体系,它来自教学实践又指导教学实践。对于现代教育技术而言,为了解决教学问题就必须遵循教学的客观规律,也就有必要与教学理论建立起一定的联系。

教学理论的研究和发展为现代教育技术提供了丰富的科学依据。如前所述,教学理论研究的范围涉及诸多方面,其研究成果极其丰富。现代教育技术从其指导思想到教学目标、教学内容的确定和学习者的分析,从教学方法、教学活动程序、教学组织形式等一系列具体教学策略的选择和制定,到教学评价,都从各种教学理论中吸取精华,综合运用,寻求科学依据。例如,斯金纳的程序教学理论,布卢姆的目标分类理论、掌握学习理论和评价理论,布鲁纳的以知识结构为中心的课程理论,奥苏伯尔的"先行组织者"和加涅的"九大教学活动(事件)"的教学活动程序等,都在现代教育技术的实践中被接纳和融合。

三、媒体传播理论

现代教育技术是由媒体技术、个别化教学技术和教学设计技术三者构成的统一体,因此媒体教学的选择和应用是现代教育技术必须考虑的问题。那么,关于媒体教学的基本理论就成为现代教育技术的重要理论基础之一。这里主要介绍对教育媒体运用进行了大量研究的艾德加•戴尔的"经验之塔"理论。

1. 戴尔的"经验之塔"理论

20世纪20年代后,视听教育在美国兴起,新的教学媒体与教育方式得到了应用和发展。从20世纪40年代开始运用录音、电视、语言实验室等进行教学,使得视听教育得到了较快的发展。当时从事视听教育的专家艾德加•戴尔(Edgar Dale)总结了视听教育经验,对视听教学进行了大量研究,提出了著名的"经验之塔"理论。

(1)主要观点

戴尔将人们学习的各种渠道统称为获得经验,将各种经验按照抽象程度的不同,由低到高进行了划分,把人类学习的经验划分为三大类11个层次(先是10个层次,后改为11个层次),如图1-2所示。

①做的经验。经验之塔底部的第一类别是做的经验,包括直接的有目的的经验、设计的经验和参与活动的经验3个层次。

直接的有目的的经验。它是指通过直接的实际活动和感知真实的事物而获得知识的经

---

[1] 莫雷,张卫. 学习心理研究 [M]. 广州:广东人民出版社,2005:106.

验,是教育的基础,是从生活中总结出来的最丰富、最具体的经验。

设计的经验。它是指通过观察设计的模型、制作的标本等间接材料获得的经验。这些经验不是事物本身,而是事物的简化,与真实事物相比,大小和复杂程度都有所不同,但比较容易突出事物的本质属性,在教学上应用比真实事物易于领会,有相当高的价值。

参与活动的经验。它是指通过演戏、表演等再现某种真实的情境,这种情境虽然不是原来面目,但有典型性,使学生在这种情境中获得接近真实的经验。世界上有许多知识不能靠直接经验体会到,如历史知识,但可以通过游戏、表演等活动而获得类似的经验。

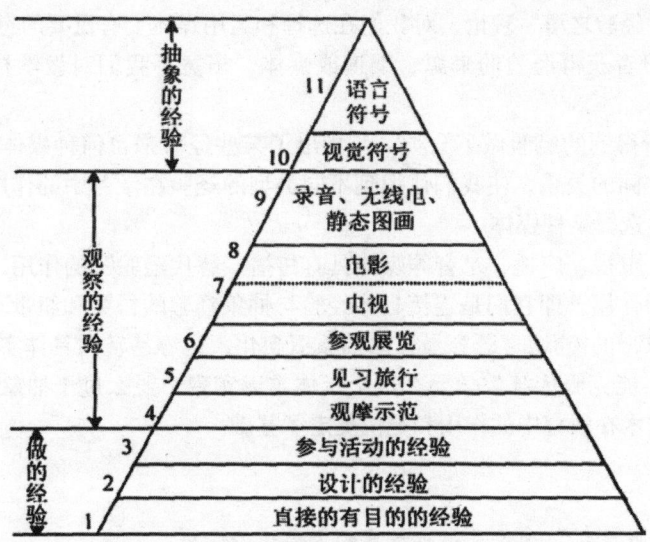

图 1-2 戴尔的"经验之塔"

②观察的经验。经验之塔中部的第二类别是观察的经验,包括观摩示范,见习旅行,参观展览,电视、电影,录音、无线电、静态图画5个层次。

观摩示范。即先看别人怎么做之后,自己再动手模仿去做。观摩示范在教学上用得很广泛,如教师先演示,然后让学生去做。

见习旅行。即在实地观察课堂上看不到的真实事物和情境,从而进行学习,增长知识。例如,生物教学和地理教学中的实地考察都属于见习旅行。

参观展览。即根据一定目的组织学生参观展览,通过观察展览布置的展品而获得观察的经验。

电视、电影。它能集影像、语言、音乐、音响、实物等各种信息于一体,运用色彩的变化、镜头的运动以及各种蒙太奇手法,真实地再现现实生活,具有极强的表现力。看电影、电视获得的经验是间接的经验,能使人看得真切、理解深刻,有身临其境之感。

录音、无线电、静态图画。静态图画包括图画、照片、幻灯片等,提供视觉经验。它只能传递静止图像,不能像电视、电影那样表示事物的运动状态和变化过程,所以与电视、电影相比,它们空间感差些,抽象层次较高。但静态图画善于表现某一时刻的状态和表现,便于观察。而录音、广播是利用语言、音乐、音响传递教育信息,属于听觉媒体,利用录音和广播传递的信息比静态图画要抽象,但文字符号要直接、具体。

③抽象的经验。经验之塔顶部的第三类别是抽象的经验,包括视觉符号和语言符号两个

层次。

视觉符号。它是指表格、地图、示意图等，它们是抽象化了的符号。视觉符号不能提供具体的经验。

语言符号。它包括口语语言、书面语言等。语言符号是最抽象的，与它所代表的事物或观念毫无类似之处。如口头语言符号的声音、书面语言符号的文字等是抽象化的信息形式。语言符号的概括力最强，概念、定律、法则等都用语言符号表达。

（2）意义

研究戴尔的"经验之塔"理论，对我们在选择和运用媒体上有重要的意义。

①分析了学习者获得经验的来源、渠道或媒体，拓宽了我们对教学材料、教学媒体的认识。

②把学习者所得到的经验做了分类，并指出了某些经验来自何种媒体或何种活动方式，分析了各类经验之间的关系，使我们认识到不同类型的经验在学习中的作用，并认识到要得到某些经验，就要选择某种媒体。

③指出电影、电视、广播、录音等媒体具有传播"替代经验"的作用，看到替代经验在教学中所起的重要作用，即它们是连接具体经验与抽象经验的桥梁和纽带。戴尔指出，利用视听教材学习所取得的经验，"既容易转向抽象概念化，也容易转向具体实际化"。可见，利用视听媒体教学，能克服传统教学要么过于具体难以实现，要么过于抽象难以理解的弊端，从而为现代教育技术在教育中的作用和地位奠定了基础。

思考交流

为什么说"经验之塔"理论是视听教育的主要理论依据？

2. 传播理论

传播理论产生于20世纪40年代的美国，施拉姆（W.Shramm）最早研究传播学，他集中了先驱者的研究成果，把传播规律作为一门学问进行独立研究，从而形成传播学。传播学研究传播的基本作用与过程。

（1）传播及教育传播

传播一词译自英语Communication，也有人把它译为交流、沟通、传递等。迄今为止，人们对传播概念的认识仍众说纷纭。一般认为：传播是人们通过符号或信号传递、接受和反馈信息的活动，是人们彼此之间交换意见、思想、感情，以达到相互了解和影响的过程。可见，传播是一种信息交流的互动过程，同时也是一种有目的的行为，即达到信息共享。

用传播学理论来研究、探索媒体在教学过程中的作用机理，是现代教育技术的一个重要课题，并由此诞生了教育传播学。教育传播就是教育者与学习者之间的信息交流活动，根据教学目标、教学内容，通过教学媒体向特定的教学对象传播知识、技能、思想意识等。

（2）教育传播系统模式

①香农–韦弗的模式。20世纪40年代，数学家香农（Claude E. Shannon）出于对电报通信问题和信息论的研究，提出了一种关于通信过程的数学模型。经过与韦弗（Warren Weaver）的合作改进，成为香农–韦弗模式（见图1-3）。它在现代教育技术中的应用获得了巨大成功，也被经常应用于教育传播。

这一模式可用于表明教育传播的过程：教师（信源）把教学内容（信息）编码成各种信

息符号，通过相应的传播媒体转换成可以传递的信号，经过各种通道（眼睛、耳朵等）传递给学习者。学习者接受信号后，通过大脑的工作，将信号译码，教育信息被解释、理解和储存。同时，学习者通过回答、提问、动作表情等对所传递的信息内容做出反应，反馈给教师。教师分析反馈信息以检验传播效果，进而采取措施，以提高教学效果。在信息传播过程中会受到各种干扰，应该尽量把干扰降到最低限度。

图1-3　香农-韦弗的传播模式

②拉斯韦尔的"5W"模式。美国政治学家拉斯韦尔（H.D.Lasswall）提出了一般传播过程的"5W"的直线模式（见图1-4）。拉斯韦尔的传播模式将传播者、信息、媒体、受播者、效果5个要素包含在一切传播行为之中，是一种传播过程的基本理论。

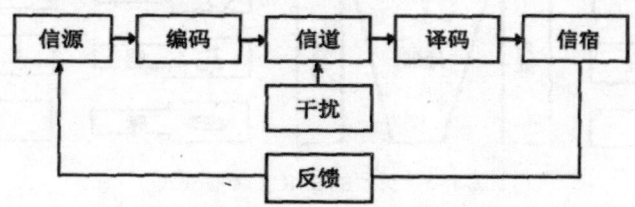

图1-4　拉斯韦尔的传播模式

拉斯韦尔传播模式中的每个"W"都代表教学过程的一个要素，都体现着现代教育技术应该研究和分析的问题。其中，"谁（Who）"即传播者，也就是教师，他是教学过程的控制者；"说什么（Says What）"即分析传播内容，也就是分析教学内容，研究教学过程说什么和怎么说的问题；"什么通道（in Which Channel）"，即分析和研究媒体，选择和组合最优教学媒体进行教学；"对谁（to Whom）"，即信息的接受者，也就是分析作为教学对象的学生的兴趣、爱好、接受行为等；"什么效果（with What Effect）"，即信息传递效果，也就是教学后收集学生的意见、态度以及行为变化信息，作为评价教学效果的依据。总的来看，这个模式就是要发挥教师（传播者）、学生（受播者）的积极性和主动性，选择恰当的教育媒体，将教学信息传递给学生并检验教学效果。

③SMCR传播模式。贝罗（D.K.Berlo）提出的SMCR传播模式（见图1-5）比较全面地表明了影响传播效果的各种因素。他指出，传播的最终效果不是由传播过程中的某一部分所决定，而是由组成传播过程的信息源（Source）、信息（Message）、通道（Channel）和受播者（Receiver）4部分以及它们之间的关系共同决定的。4个部分分所对应的英语单词首字母组合起来就是SMCR，人们称它为SMCR模式。用SMCR模式解释教育传播过程，说明教育传播过程是由多种因素组成的，它们之间相互联系、相互制约，影响着教育传播的效率和效果。为了提高教育传播效果，就应该改善教育传播过程中各个因素的功能及其关系，使它们处于最佳状态。

思考交流

以上三种传播模式对现代教育技术各有什么启示？

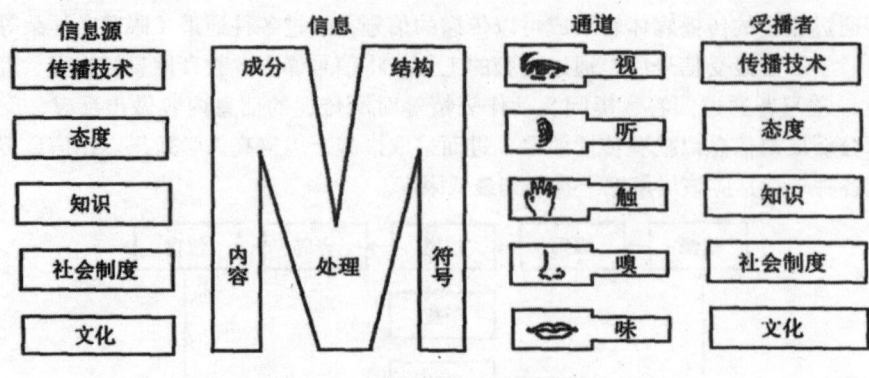

图 1-5 贝罗的 SMCR 传播模式

四、系统科学理论

现代教育技术的发展与系统科学理论也是紧密联系的。系统科学是"三论"和"新三论"的总称。系统科学作为一门介于自然科学和社会科学之间的横断科学，它的系统观点、方法、原理是各学科的方法论和基础，被广泛用来研究自然科学、社会科学、生命科学等各学科的共性规律。对于研究现代教育技术问题来说，系统科学理论同样提供了重要的方法论和基础，是我们研究的重要指导思想和有力手段。

1. 信息论、系统论、控制论

（1）信息论

信息论的创始人是美国的数学家香农，他于 1948 年出版了《通讯的数学理论》一书，从此奠定了信息论的基础。信息论是研究系统中信息的计算、传输、交换、储存以及控制问题的科学。信息是物质的运动状态和规律的表征，是自然界和人类社会的一种普遍现象，消息、情报、数据等都是信息。信息是可以量化计算的，它的作用是减少和消除人们对事物认识的不确定性。在教育系统中有各种各样的教育信息，专门研究教育信息问题的科学称为教育信息论。教育信息论主要关注现代信息技术条件下教育信息的获取、储存、传输、呈现和反馈等问题。

（2）系统论

系统论的创立者是奥地利生物学家贝特朗菲（Bertalanffy），他于 1947 年发表了《一般系统论》一文，从此奠定了系统论的基础。系统论认为，系统是相互依存、相互作用的，并与环境进行能量和信息交换的各个部分组成的具有一定功能的有机整体。自然界是一个巨大的系统，人类思维是一个复杂的系统，世界上一切事物几乎都是自成体系又相互联系的有机整体，任何系统都是在与环境发生物质、能量、信息交换中求得发展。用系统论的观点分析、研究教育问题，指导教育实践就构成了教育系统论。在这个教育系统中，由教师、学生、教学内容、教学媒体等诸要素构成。教育系统论运用系统分析的方法处理教育系统各要素之间、各要素与整体之间以及整体与环境之间的相互依存、相互制约的关系，以求得对问题最优化的处理。

（3）控制论

控制论的创始人是美国的数学家维纳（Wiener），他于 1948 年出版了《控制论》一书，从此奠定了控制论的基础。控制论是研究系统控制和调节规律的科学。控制的核心是反馈，无反馈不能实现控制。用控制论的原理来研究教育问题就形成了教育控制论。教育控制论通过教育反馈信息控制和调节教师、学生和媒体的行为，从而保证教学目标的实现。

2. "三论"对现代教育技术的意义

信息论研究信息问题必然涉及系统和控制问题，系统论研究系统离不开信息的交换与控制，控制论研究控制就是研究系统中信息的测量与控制问题，因此，"三论"之间有密切的联系。"三论"应用到教育教学中有重要的指导意义。信息论为分析与处理教育教学系统中信息传播特点与规律等问题提供了思路与方法；系统论促使我们用整体的观点、综合的观点来分析和研究教育教学问题；控制论可以有效地调节和控制教育过程中的各个要素，实现教育过程的优化。

知识扩展

系统论、控制论和信息论是20世纪40年代先后创立并获得迅猛发展的三门系统理论的分支学科。虽然它们创立仅有半个多世纪，但在系统科学领域中已是资深望重的元老，合称"老三论"。人们摘取了这三论的英文名字的第一个字母，把它们称之为SCI论。

耗散结构论、协同论、突变论是20世纪70年代以来陆续确立并获得极快发展的三门系统理论的分支学科。它们虽然时间不长，却已是系统科学领域中年少有为的成员，故合称"新三论"，也称为DSC论。

任务实施

现代教育技术的作用

信息技术给教育带来了深刻而重大的变革，使教育观念和教育活动出现了前所未有的变化。那么，以现代信息技术为基础的现代教育技术到底对教育改革起到哪些作用呢？对于这个问题，我们应当把现代教育技术放在整个教育科学群中去考察，放在广阔的社会环境中去考察，只有这样，才能对现代教育技术的功能与使命认识得更加全面、深刻，才能更加有利于我们清楚地认识现代教育技术这门学科的定位、研究对象、学科属性等基本理论问题，为今后从事教育技术学科理论研究和教育技术实践研究奠定基础，使我们的工作

一、有效地促进学生信息素养的提高

随着信息时代的到来，在人才培养的问题上出现了一个新术语：信息素养（Information Literacy）。该词的出现引起了世界各国的普遍重视，成为现代社会评价人才综合素质的一项重要指标。

1. 信息素养概述

"信息素养"一词由来已久，最早是在1974年由美国信息产业协会主席保罗•车可斯基（Paul Zurkowski）提出来的，他把信息素养定义为"人们在解决问题时利用信息的技术和技能"。随着人们对信息、信息技术、信息素养研究的深入，20世纪90年代初，对信息素养的内涵有了更加明确的认识。在当前，人们一般把信息素养界定为个体能够主动地选择、运用信息和信息设备并积极地创新信息的综合能力。

关于信息素养的构成要素，不同的学者有不同的见解。但是从现有的众多文献中大致可

以归纳为3个要素：信息意识、信息能力、信息伦理。①信息意识是指个人对信息价值有敏感性，有寻求信息的兴趣，有需求信息的意念，有利用信息为个人和社会发展服务的愿望。②信息能力是指能够有效地获取、加工和利用信息的能力，包括操纵信息工具的能力、检索获取信息的能力、加工提炼信息的能力、整合创建信息的能力、交流传播信息的能力等。③信息伦理是指个人在信息活动中的道德情操，能够合情、合理、合法地利用信息解决个人和社会所关心的问题，使信息产生合理的价值。三者的关系是：信息意识是先导，信息能力是核心，信息伦理是准则[1]。

2. 现代教育技术能有效地提高信息素养

信息素养包含有技术和人文两个层面的意义：在技术层面上，信息素养反映的是人们搜索、鉴别、筛选、利用信息的能力，以及有效地在教学过程中使用信息技术的技能；从人文层面上看，信息素养则反映了人们对于信息的情感、态度和价值观，它建立在技术层面的基础之上，涉及独立学习、协同工作、个人和社会责任等各个方面的内容。现代教育技术是为了促进教学优化，教师借以帮助学生实现有效学习的工具与方法，是教师将教育理论与实践相联系的桥梁。现代教育技术可以说包含了信息素养的成分，信息素养是现代教育技术的基础。在教育领域中，无论是对教师还是对学生来说，要在信息社会中立足，具备竞争力，都必须具备良好的信息素养，而良好的信息素养有赖于现代教育技术的开展和学习。因此，开展现代教育技术能有效地提高信息素养。

二、有效地促进学生科学思维能力的培育

1. 科学思维概述

所谓科学思维，就是具有意识的人脑对科学事物（包括科学对象、科学过程、科学现象、科学事实等）的本质属性、内在规律及事物间的联系和相互关系的间接的和概括的反映[2]。根据思维材料的不同，可将科学思维分为科学抽象思维、科学形象思维、科学直觉思维。而科学创造性思维是在科学思维的基础上发展起来的一种高层次的综合思维能力，是科学创造力的核心。

创造性思维结构应当由发散思维、形象思维、直觉思维、逻辑思维、辩证思维和横纵思维等6个要素组成。这6个要素按照一定的分工，彼此互相配合，形成一个有机的整体。发散思维用于解决思维过程的方向性；形象思维、直觉思维、逻辑思维用于构成创造性思维过程的主体；辩证思维、横纵思维用于提供解决高难度复杂问题的指导思想与策略。创造性思维就其过程而言，实际上是综合运用多种思维过程，其中发散思维、直觉思维和形象思维是重要的组成部分，是培养创造性思维的重要途径[3]。

现代教育技术的应用，特别是教学设计技术的应用，可以使教师科学地设计每一堂课，教师将有更多的机会将大量的各种思维训练整合到课堂教学的内容中去，从而使学生形成良好的思维习惯，超越一般思维定势、习惯性的认知方式和传统观念的束缚，形成创造性思维。所以，现代教育技术的应用可以有效地促进科学思维的培育。

---

[1] 李立新. 中小学教师信息素养量化评价研究 [J]. 电化教育研究, 2003 (9): 77~80.

[2] 胡卫平. 科学思维培育学 [M]. 北京：科学出版社, 2004: 22.

[3] 赵琦. 现代教育技术与创造性思维的培养 [J]. 求实, 2004 (5).

2. 现代教育技术是促进科学思维能力培育的重要手段

（1）利用现代教育技术营造和谐的氛围，为思维训练提供良好的环境

建构主义理论强调，学生学习活动是在一定的情境下进行的，而且学习环境中的情境必须有利于学生对所学内容的意义建构。因此，教师要努力创设合理的情境，特别是尝试用多媒体网络创设情境，让学生融入情境中，使其在宽松和谐的氛围中自由地主动进行思考、探索，激活学生的思维。

（2）利用现代教育技术培养学生的发散性思维

发散思维（也称求异思维）是指思考问题时信息朝各种可能的方向扩散，并引出更多新信息，使思考者的思路由一条扩展到多条，由一个方向转移到多个方向，尽可能地做出合乎条件的多种答案的思维形式。传统的教育是以传授知识、发展技能为主要目标，尤其是在教学方式上的单一运用，抑制了学生学习潜力的开发，抑制了学生主动思考、主动探索和创新思维能力的培养，学生习惯于一种单一的思维方式。

现代教育技术在教学领域的应用，使教学信息的组织实现了非线性化，使教学信息的呈现方式日益多元化，学习者可以自由地选择不同的学习途径，获得不同的学习效果，这对于发散思维能力的提高大有裨益。现代教育技术还可以将文字、图形、图像、声音、动画有机地结合起来，全方位、多视角地呈现在学生面前，这种图文并茂的问题教学法不断地刺激学生的感官，使学生通过大脑各区交替处于兴奋状态，思维充分地活跃起来，激发了学生的学习兴趣，丰富了学生的想象力，拓展了思维空间。此外，在教学中充分发挥计算机作为认知工具的功能，促进学生认识事物本质，可以使其发散性思维得到训练。

（3）现代教育技术有利于培养学生的形象思维

形象思维就是以表象为思维材料而进行的思维。在培养形象思维方面，多媒体 CAI 课件有着得天独厚的优势。CAI 课件中广泛地采用动画、影像、图片等多媒体形式，它直观形象，为发展学生的观察、联想、想象能力提供了素材和着眼点。在现代教育技术环境中，虚拟现实技术能够构造出最佳的课堂教学环境，能够提供和展示各种趋于现实的学习情境，把抽象的学习与现实融洽起来，诱导学生即席思考，激发学生的联想能力。

（4）现代教育技术有利于培养学生的直觉思维

直觉思维就是以科学概念和科学表象结合而成的、具有整体功能的知识组块为思维材料而进行的思维，是指人脑不借助于逻辑推理而综合运用已有知识、表象和经验知觉，以高度省略、简化、浓缩的方式洞察事物的实质，并迅速做出猜测、设想或突然领悟的思维[1]。这是一种瞬间做出快速判断却并非凭空而来的毫无根据的主观臆断，是建立在丰富的实践和宽厚的知识积累基础上所做出的直观判断。直觉思维最重要、最本质的特征是：要善于把握事物之间的关系，而不考虑事物的具体属性。现代教育技术的最大特点是能方便地用动态方式表现对象之间的空间结构关系，即将难以直观表达的语言文字、抽象的道理、复杂的现象，通过动画的形式，形象具体地表现出来，从而大大减轻了学生的认知难度，是训练学生直觉思维的理想手段。

（5）现代教育技术有利于培养学生的逻辑思维

逻辑思维是以概念、判断、推理的形式来反映客观事物的运动规律，是对事物的本质特

---

[1] 胡卫平. 科学思维培育学［M］. 北京：科学出版社，2004.

征和内部联系的认识过程。计算机网络环境下的"自主学习",是学生利用计算机生成的学习软件和信息资源库,通过人机交互把学习者和认知材料有机地联系在一起。同时学生通过多媒体信息的演示、讲解、练习、检测和反馈评价的过程,主动地获取了知识。学生在学习中通过"学习—总结—叙述—输入"这一过程,在分析推理过程中认识事物的本质,使学生的逻辑思维得到训练[1]。

此外,教师的指导作用有利于逻辑思维的培养。不论技术革新、社会发展到何种程度,教师在教育、教学过程中的指导作用都是不言而喻的。在教师指导下以学生为中心的教学正是当代建构主义教育理论的核心要旨。教师要抓好教学设计这一中心环节,精心设计课堂教学,促进逻辑思维能力的训练和提高。

总之,教师要积极发挥主导作用,运用教学设计理论,挖掘教材内在因素,进行科学的思维培育。

三、有效地促进教师专业发展

1. 教师专业化概述

当前,教师专业化已经成为世界教师教育的发展目标和行动总则。很长时间以来,人们对教师这个职业能否专业化的问题进行过激烈的争论,提出了各自不同的见解。然而,不论是在国内还是国外,随着社会对教育要求的不断提高,人们对教师职业也有了更高的要求,因而就有了各国试图提高教师专业水平的教师专业化运动的兴起,而且很快如雨后春笋般地蓬勃发展起来。早在1966年,国际劳工组织和联合国教科文组织颁布了《关于教师地位的建议》,它对教师专业化做出了明确的界定:应把教师工作视为专门的职业,这种职业要求教师经过严格、持续的学习,获得并保持专业的知识和特别的技术。美国也在1986年先后发表《国家为培养21世纪的教师做准备》和《明天的教师》两份报告,重点也是关于教师专业化的问题[2]。

而我国"普九"任务已基本完成,高等教育正在加快发展,教师在教育质量和数量上都有了较大的发展。过去仅仅为了满足基础教育对教师在数量上的要求,而现在开始有条件满足基础教育和职业技术教育对高素质教师的需要,教师专业化的时代已经来临[3]。

现代教育技术在为教育提供了新的现代化手段的同时,也对教育产生了巨大的影响,加快了教师专业化的进程,对教师素质提出了新的挑战。努力提高教师专业化水平已成为教师教育的必然选择。

2. 现代教育技术能有效地促进教师专业发展

为了提高我国中小学教师教育技术能力水平,促进教师专业能力发展,2004年12月25日,国家教育部正式颁布了《中小学教师教育技术能力标准(试行)》。这是我国中小学教师的第一个专业能力标准,它的颁布与实施是我国教师教育领域一件里程碑性的大事,这标志着我国的教师教育信息化将走向一个新的阶段,将对我国教师教育的改革与发展产生深远的影响。现代教育技术如何促进教师专业发展就成为当前摆在我们面前的一个重要

---

[1] 引自"四结合"实验和创造思维的培养,参见网址:http://www.sznx.com.cn/nt/lunwen/5/b12.htm.

[2] 陈晓力. 教师专业化:提升教师职业品位的分水岭[J]. 教育理论与实践,2003(2).

[3] 黄崴. 教师教育专业化与教师教育课程改革[J]. 课程●教材●教法,2002(1).

课题。

现代教育技术是促进教师发展专业技能和自我完善的重要途径。在信息化社会中，教师理所当然地应该成为"数字化生存"的带头人——应该能够应用信息技术开展有效的教学，应该能够应用信息技术进行研究，寻求解决教育教学过程中所遇问题的方法，应该能够利用信息技术进行合作，塑造出开放、融洽、互动的协作风格，应该能够利用信息技术进行学习，成为信息化条件下的终身学习者，实现知识、技能、伦理的自我完善。这是信息化社会中教师专业发展的内在要求。这些问题的有效解决有赖于现代教育技术，要通过现代教育技术来促进教师专业的发展[1]。

四、有效地促进基础教育的改革

传统的教学系统是由教师、学生和教材这3个要素构成的，在现代化教学环境下，还要增加一个要素——教学媒体。根据系统论的观点，这几个要素不是简单、孤立地拼凑在一起，而是彼此相互联系、相互作用而形成的有机整体。所谓教学模式，正是这4个要素相互联系、相互作用而形成的教学活动进程的稳定结构形式，是4个要素相互联系、相互作用的具体体现。

目前以教师为中心的教学模式，其特点是由教师通过讲授、板书及教学媒体的辅助，把教学内容传递给学生或者灌输给学生。教师是整个教学过程的主宰者，学生则处于被动接受教师灌输知识的地位。其优点是有利于教师主导作用的发挥，有利于教师对课堂教学的组织、管理与控制。但是它存在一个很大的缺陷，就是忽视学生的主动性、创造性，不能把学生的认知主体作用很好地体现出来。

因此，为了推进我国教育的深化改革，以利于具有创新能力人才的成长，必须明确认清教学过程的本质，在先进的教育科学理论的指导下，改变传统的以教师为中心的教学模式，建构既能发挥教师主导作用，又能充分体现学生认知主体作用的新型教学模式，以此作为深化教学改革的主要目标。

要实现上述教改目标，就必然离不开现代教育技术的支持，原因有以下两个方面。

1. 以计算机为基础的现代教学媒体可为新型教学模式的建构提供理想的教学环境

以计算机为基础的现代教学媒体主要是指多媒体计算机、网络教室、校园网和因特网（Internet）。作为新型的教学媒体，它们具有以下5个特性。

第一，多媒体计算机的交互性，有利于激发学生的学习兴趣和认知主体作用的发挥。

第二，多媒体计算机提供外部刺激的多样性，有利于知识的获取与保持。

第三，多媒体系统的超文本特性，可实现对教学信息最有效的组织与管理。

第四，计算机的网络特性，有利于培养合作精神并促进高级认知能力发展的协作式学习。

第五，超文本特性与网络特性的结合，有利于培养创新精神和促进信息能力发展的发现式学习。

可以看到，以计算机为基础的现代教学媒体确实具有优化教育、教学过程的多种特性，这些特性的集中体现就是能充分发挥学生的主动性与创造性，从而为学生创新能力和信息能力的培养营造最理想的教学环境，而这样的环境正是建构新型教学模式必不可少的。

---

[1] 刘向永. 教育技术：塑造教师专业发展[J]. 中小学信息技术教育，2003（8）.

2. 现代教育技术的教学设计理论可为新型教学模式的建构提供坚实的理论基础

现代教育技术中的教学设计理论是连接学习理论、教学理论与教学实践的桥梁，是一门用来实际指导教学过程，为"如何教"及"如何学"提供具体处方的规定性理论。这门学科目前已发展出两种不同类型的教学设计理论：一种是以"教"为中心的教学设计，另一种是以"学"为中心的教学设计。经过教育理论专家多年的努力，以"教"为中心的教学设计已形成一套系统、完整且具有可操作性的理论与方法，并在教学实践中产生了较大的影响，受到广大教师的欢迎。其优点是有利于教师对课堂教学进程的组织、管理与控制，有利于教师主导作用的发挥；缺点是这种教学设计忽视了学生的主动性，在整个教学过程中把学生置于受灌输的被动地位。显然这种教学设计理论是直接为传统的教学模式服务的。

随着多媒体技术和 Internet 应用的迅速普及，一种新的以"学"为中心的教学设计正在兴起并快速发展。这种新的教学设计理论与传统的以"教"为中心的教学设计完全不同：它的全部理论、方法都是围绕如何帮助学生的"学"，即如何促进学生主动建构知识的意义而展开。这种理论强调在教学过程中学生处于中心的位置，教师应围着学生转。以"学"为中心的教学设计包括两部分内容：一部分是关于学习环境的设计，另一部分是关于自主学习策略的设计。

以"教"为中心的教学设计和以"学"为中心的教学设计各有优缺点，而它们的优势则刚好互补，因此，若将这两种教学设计理论恰当地结合起来，就可以为我们将要建构的既发挥教师主导作用，又充分体现学生认知主体作用的新型教学模式（"双主模式"），提供比较全面而坚实的理论基础。

双主模式介于以教师为中心的教学模式和以学生为中心的教学模式之间，它不是以教师为中心，也不完全是以学生为中心，而是既发挥教师的主导作用，又要充分体现学生的认知主体作用，即要把"教师为中心"和"学生为中心"两者的长处吸收过来，而把两者的短处尽力避免。这就要求在基本保留"传递—接受"式教学活动进程的条件下，对这种"进程"加以认真的改造，即在此进程中积极利用现代教育技术，并在建构主义理论指导下，通过人机交互，让学生更多地去主动思考、主动探索、主动发现，从而形成一种新的教学活动进程的稳定结构形式。

任务拓展

现代教育技术的发展与趋势

一、国外现代教育技术的发展

从"教育技术是教育中所应用的手段和方法的总和"一般含义上来理解，教育技术与教育同时出现。但是，以美国为代表的教育技术界人士大都认为，现代教育技术出现于第二次产业革命时期，是科学技术发展对教育影响的结果。他们把 20 世纪初期美国教育领域兴起的"视觉教育"运动当作现代教育技术的开端，认为现代教育技术的发展主要是沿着"视觉教育—视听教育—视听传播—教育技术"这一轨迹发展起来的。在这个过程中，媒体教学技术、个别化教学和教学系统方法逐步融合，直到 20 世纪 70 年代，人们才正式把现代教育技术理解为包括媒体教学技术、个别化教学和教学系统方法这 3 个方面的整体教育技术。其演化过程如图 1-6 所示。

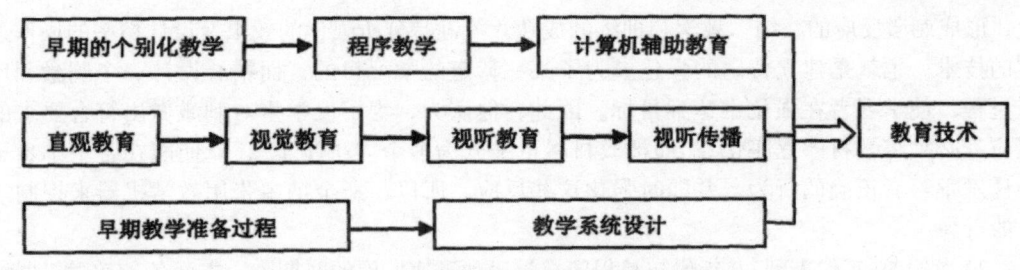

图 1-6 美国教育技术的历史演化过程

1. 媒体教学技术的发展

（1）视觉教育

19世纪末到20世纪初，科学技术的迅速发展，使得照相、幻灯、无声电影等新技术已经成熟，并逐渐在教育领域中得到应用。从1920年开始，在美国就有一些电影公司向高校提供教学用的电影片，有些院校也开始自制教育影片和幻灯片、照片等。

随着视觉教育的逐步深入，视觉教育引起了越来越多的教育工作者的重视和研究，一些学术团体相继出现。1923年，美国成立了"美国全国教育协会视觉教学部"，开始发展自己的学说，明尼苏达大学等一些学校开设了与视觉教育相关的课程，关于视觉教育方面的学术论著也相继出现。

（2）视听教育

20世纪20年代，无线电广播技术开始在教育中推广应用。英国是开展广播教学较早的国家，1920年，英国的马可尼公司剑佛电台开办了定期的教育广播节目，1923年成立了"教育播音咨询委员会"，1929年成立了"学校播音中央评议会"。美国也在1920年建起了第一家无线广播电台，即KDKA电台，开始利用广播进行大面积教育。

20世纪30—40年代，无线电广播技术进一步完善，广播教学的规模迅速扩大。1935年波士顿成立了"世界广播大学"，播送多种学科课程。但在这一时期，最为普及的要数有声电影的应用，具有视听双重功能的有声电影在提高教育效果方面显示出了巨大的作用。在20世纪40年代后期，磁性录音、黑白电视技术、语言实验室相继出现在教学活动中。1946年，美国教育学家艾德加•戴尔提出了视听教育的重要理论，即"经验之塔"理论。1947年，美国教育协会视觉教学部正式更名为"视听教学部"。

20世纪50—60年代，是媒体技术迅速发展的时期。在此期间，不仅已有的媒体技术进一步发展，电视这一新的技术也走向普及，电视教学成为一种新型的教学方式。同时语言实验室、程序教学等也运用于教学，并开始了对各种媒体技术综合使用的研究。在20世纪60年代初期，美国教育界提出了"教育技术"这一名词。20世纪70年代以后，卫星电视成为各国普及国民教育最有效的手段，计算机辅助教学被迅速推广应用。

2. 程序教学运动与个别化教学的发展

20世纪初，虽然美国出现了各种各样的个别化教学形式，但真正在教育领域中有着广泛影响的个别化教学活动，当属20世纪50年代兴起的程序教学运动。

1954年，美国著名心理学家、哈佛大学教授斯金纳（B. Skinner）发表了《学习的科学与教学的艺术》一文，在文章中斯金纳阐述了操作性条件反射和积极强化的学习理论。他认为人类的学习都是一种操作过程，在这种操作条件作用下，反应经刺激诱发后，立即予以强化，形成刺激反应的联结。教学和训练的成功，关键是分析强化的效果及设计精密的操作过程的技术，也就是建立特定的强化。为了某一特定的学习目的，而精心设计一个刺激和反应过程，使学习者在强化中达到目标。因此，他认为，为了使学生对刺激做出符合要求的反应，必须将教材"程序化"，即把教材尽量细分为多个"小步子"，以便能在各个小步子中诱发学习者正确的行为，并即时强化这些反应。所以，斯金纳主张用教学机器来控制学生的行为。

20世纪50年代末到60年代初是程序教学运动迅速发展的时期。一方面各种教学机器纷纷问世，另一方面程序设计广泛开展，程序教学在广泛的领域内获得了成功。但是，到了20世纪60年代末，由于技术上的局限，教学机器的设计到了穷尽的状态，而且对于相对复杂的教学内容无法处理，于是，程序教学一度停顿了下来。进入20世纪70年代后，随着计算机技术的迅速发展，人们对教学机器的兴趣转向了对计算机辅助教学的研究，将程序教学思想广泛地运用到计算机辅助教学中，计算机成了实现程序教学思想的高级程序教学机。

3. 系统科学的引入与教学系统方法的发展

系统科学主张把事物、对象看作一个系统进行整体研究，探讨事物的各个组成部分、结构和功能的相互联系，通过信息的传递和反馈来实现有目的地控制系统的发展，以获得最优化的效果。

系统科学的思想、观点和方法论是教育技术学重要的理论基础，尤其是在20世纪60年代以后，系统科学的思想渗入现代教育技术领域的各个方面，并促进现代教育技术的各个分支融会在一起，从而出现了教育技术学。

在系统科学的影响下，人们开始考虑各种媒体的综合作用，提倡各种媒体的恰当组合，取长补短，以取得优化的效果。系统科学运用到程序教学中来，程序设计就越来越重视从教学的整体进行系统、综合考虑，包括目标的确定、方法的设计、媒体的选择以及通过有效的评价来实现教学的反馈控制。系统科学的引入深化了程序教学的思想、方法，它的进一步发展逐渐形成了教育技术学的核心思想，即教学开发的系统设计方法。

到20世纪70年代，由于系统方法在教学媒体设计、个别化学习过程设计和教学系统设计中得到广泛的应用，使得媒体教学技术、个别化教学和教学系统方法这3个领域相互交叉。1972年，美国教育传播与技术学会在定义教育技术概念时，把视听教育、个别化教学和教学设计这3个领域综合为一个以系统方法为核心的整体教育技术领域。

二、我国现代教育技术的发展

现代教育技术在我国的发展，是以电化教育的萌芽和起步为标志的，所以研究我国现代教育技术的发展历史，离不开对电化教育的研究。纵观我国现代教育技术的发展历程，我们可以以时间为轴线，将其发展历史大致分为两个阶段，即电化教育的出现与初步发展阶段以及电化教育与现代教育技术的迅速发展阶段。

1. 电化教育的出现和初步发展

20世纪20年代左右，幻灯、电影、无线电等先进媒体传入中国，在中国的一些院校，如南京的金陵大学（后并入南京大学）等，开始利用引进或自制的幻灯片、电影片进行教学，媒体教学形式在我国出现，也标志着我国电化教育的萌芽。

20世纪30年代随着幻灯、电影、无线电广播在教育教学活动中的应用，社会上出现了群众性的学术团体"中国教育电影协会"。1935年江苏镇江成立了"电化教学"放映场。1936年南京教育部成立了电影教育委员会，1937年成立了播音教育委员会。也是在这一期间，"电化教育"的名称被确定，一些电化教育刊物相继出现。1940年，当时的南京政府教育部将电影教育委员会和播音教育委员会合并，成立了电化教育委员会。金陵大学、江苏省立教育学院、国立社会教育学院等院校开设了电化教育课程或专业，开始培养电化教育专业人才，并选派留学生赴美学习有关课程。

从20世纪20年代到40年代这一阶段来看，电化教育在我国的教育中发挥了一定的作用，但受当时国家经济落后、科技不发达以及电化教育自身的理论研究缺乏指导等因素的影响，电化教育始终未能大面积地推广。

1949年10月新中国成立，我国政府对电化教育给予了充分的重视，于1949年11月，在文化部科学普及局成立了电化教育处，负责全国电化教育的推广、发展工作。在这一时期，我国的电化教育进入了有组织、有领导的发展阶段。

20世纪50年代，社会上大面积地开展外语、文化补习、广播函授等播音教育，北京师范大学、西北师范学院开设了电化教育系列讲座，高等院校纷纷运用现代教育媒体进行教学。从1958年起，各地相继成立电化教育馆，如北京电化教育馆、沈阳市电化教育馆等，主要负责电化教育在普通教育领域的组织和推广工作。从20世纪60年代起，上海、北京、沈阳、哈尔滨等地相继开办电视大学，电化教育手段被广泛地运用于教学中。

从新中国成立后的1950—1965年间，经过广大教育工作者的努力，我国的电化教育已走上了稳步发展的道路。从媒体的研制与应用，到人员机构的完善，都呈现出了蓬勃发展的势头，取得了很大的成绩。但总的来看，这一时期的电化教育的研究和实践领域，主要方面依然是以媒体应用为主，尽管也出现了专门的学科和研究队伍，但在理论上基本是借助视听教育的理论，所以理论研究比较匮乏。就在这一充满希望的学科正待进一步发展之时，"文化大革命"开始了。同许多事业一样，我国的电化教育事业不仅停滞下来，而且原有的成果遭到严重的破坏。

2．电化教育与现代教育技术的迅速发展

20世纪70年代后期，尤其是党的十一届三中全会以后，我国进入改革开放的新时期，电化教育也从停滞状态中走了出来，开始了一个迅速发展的新阶段。

从1978年开始，建立和恢复了各级电教机构。当时的国家教育部建立了中央电教馆，并履行教育部电化教育局的职能，各地、市、县及大部分高校成立了电化教育馆或电化教育中心。进入20世纪90年代后，先后建立了各级教育电视台、教育音像出版社。

在各级、各类电化教育机构的组织和推动下，电化教育媒体的应用迅速发展。不仅幻灯、电影、录音等设备被大量购置、生产和应用，电视、卫星电视教育也迅速占据了重要地位，语言实验室、计算机辅助教学在各大中专院校及中小学逐渐普及。电化教育教材的编制、发行呈现出强劲势头，在数量和质量上都有大幅度提高，并广泛地应用于教学中。尤其是中小学课程音像教材与文字教材配套出版、使用，更有效地提高了教学质量。20世纪90年代以来，随着计算机的普及，计算机辅助教育成为我国现代教育技术重要的实践领域，制作计算机软件的机构相继诞生，适合学习的软件大量出现。

1984年成立了全国第一个电化教育专业。目前全国已有百余所院校设置了教育技术（电化教育）专业，有些院校招收了硕士研究生、博士研究生，为我国教育技术事业向更高层次发展起到了重大推动作用。改革开放以来,教育技术学术领域的发展也是突飞猛进,大量的学术专著、译著、教材纷纷问世,如《电化教育学》、《电化教育管理》、《教育技术学导论》、《教学设计》等;出现了多种学术刊物,如《中国电化教育》、《电化教育研究》、《中小学电教》、《现代教育技术》等,这些著作和刊物为教育技术领域的研究和实践总结做出了重要贡献。

随着国际学术交流的增多,国外现代教育技术的研究成果不断被引进和借鉴,我国电化教育的理论也有了深刻的变化和质的飞跃。20世纪80年代,在研讨电化教育理论的热潮中,出现了电化教育更名和再定义的学术争鸣。20世纪90年代,教育技术在学科建设和对外学术交流领域替代了电化教育。在学科的内涵上,不再仅仅研究教学媒体,在国外教育技术思想的影响下,开始了对多媒体教学、系统方法、教学设计等理论和实践的研究,从而使我国的教育技术在保留和发扬自身特色的同时,融入了国际教育技术发展的潮流之中。

三、现代教育技术的发展趋势

随着科学技术的飞速进步和现代教育技术相关理论的研究,以及现代教育技术实践领域的拓展,现代教育技术主要朝着以下方向发展。

1. 现代教育技术作为交叉学科的特点将日益突出

现代教育技术是涉及教育、心理、信息技术等学科的一个交叉学科。现代教育技术需要技术,尤其是信息技术的支持。作为交叉学科,现代教育技术融合了多种思想和理论,它的理论基础包括教育理论、学习理论、传播学、系统论等。在现代教育技术领域内,上述理论相互融合,以促进人的发展为目标而各尽其力。现在,现代教育技术的研究不仅关注个别化学习,还对学生之间如何协同与合作进行系统的研究。此外,现代教育技术交叉学科的特性决定了其研究和实践主体的多元化,协作将成为现代教育技术发展的重要特色。包括教育、心理、教学设计、计算机技术、媒体理论等不同背景的专家和学者共同研究和实践,开放式的讨论与合作研究已成为教育技术学科的重要特色。

2. 现代教育技术将日益重视实践性和支持性研究

现代教育技术作为理论和实践并重的交叉学科,需要理论指导实践,在实践中进行理论研究。目前,现代教育技术研究前沿的两个领域是信息技术与课程整合及网络教育,所有这些乃至终身教育体系的建立都强调对学习者的支持,即围绕如何促进学习,提高绩效开展所有工作。正因为如此,人们将会越来越重视包括教师培训、教学资源建设、学习支持等在内的现代教育技术实践性和支持性研究。

3. 现代教育技术将日益关注技术环境下的学习心理研究

随着现代教育技术的发展,技术所支持的学习环境将真正体现出开放、共享、交互、协作等特点,因此,适应性学习和协作学习环境的创建将成为人们关注的重点。现代教育技术将更加关注技术环境下的学习心理研究,深入研究技术环境下人的学习行为特征、心理过程特征、影响学习者心理的因素,更加注重学习者内部情感等非智力因素,注重社会交互在学习中的作用。

4. 现代教育技术的手段将日益网络化、智能化、虚拟化

现代教育技术网络化的主要标志是Internet应用的迅速发展。在信息社会中,Internet是进行知识获取和信息交流的强有力工具,它将改变人们的学习、工作和生活方式。基于

Internet 的远程教育目前正在发挥着越来越重要的作用。

人工智能是一门研究运用计算机模拟和延伸人脑功能的综合性学科。与一般的信息处理技术相比，人工智能技术在求解策略和处理手段上都有其独特的风格。人工智能的一些成果，以及智能计算机辅助教育系统目前已在教育教学领域得到应用。

虚拟现实是继多媒体广泛应用后出现的更高层次的计算机接口技术，其根本目标就是通过视、听、触等方式达到真实体验和交互的效果，它可以被有效地用在教学、展示、设计等方面。虚拟现实技术支持下的学习环境将成为人们进行思维和创造的助手，以及对已有概念进行深化和获取新概念的有力工具。

随着信息技术的发展，教育网络化、智能化、虚拟化的程度将日益提高，并对教学手段、教学方法和教学模式产生深远的影响。

①先分学习活动小组，给每个小组布置不同的活动任务，然后各组内再进行分工。每个小组根据自己小组的具体情况访谈相应专业的同学，与他们探讨和交流，其中重点要了解大学生是怎样进行学习的这一主题。

②各小组上网利用自己熟悉的搜索引擎去搜索有关的学习理论，深刻理解每一种学习理论的内涵和实质，然后分析自己了解的大学生的学习与所查找的学习理论上的介绍是否对应，学习理论如何指导我们当前的学习等相关问题，在小组内讨论并达成一致。

③各小组选派一名代表进行主题发言，汇报自己对学习理论的理解及学习理论对当前大学生学习的指导意义，以共享他们的信息资源。

④各小组把自己的活动结果发布在自己的个人主页或 Blog 上，参与日志的评论和交流。

⑤采用个人自评、小组互评和教师评价相结合的办法。

在这个活动过程中，教师指导主题活动，收藏相关网络资源，观察学生的表现，解答学生活动中出现的问题，指导小组学习并进行评价。

思考与练习

1．现代教育技术的含义是什么？
2．四大学习理论的基本观点各自是什么？它们对学生的学习有何指导意义？
3．为什么说学习理论、教学理论、系统科学理论、媒体传播理论是现代教育技术的理论基础？
4．谈谈建构主义理论对现代教育技术所带来的冲击。
5．什么是信息素养？论述信息素养与教师专业发展之间的关系。
6．简单说明现代教育技术与基础教育改革的关系是什么。
7．现代教育技术的发展趋势有哪些？

项目二　教学设计

学习目标

通过本章的学习，你应能够达到：
（1）说出教学设计、教学目标、教学策略、教学方法、教学组织形式和教学评价的概念。
（2）简述对教学设计定义的理解。
（3）掌握教学设计的模式。
（4）至少应用两种方法分析学习内容。
（5）用 ABCD 目标编写法编写教学目标。
（6）能够对学习情境和环境进行创设。
（7）说出教学设计评价的类型，举例说明其特点。
（8）至少采用一种方法编写教学设计方案。

任务一　教学设计概述

任务导入

教学设计是教育技术学领域中的一个十分重要的分支，是 20 世纪 60 年代以来逐渐形成并发展起来的一门新的实践性很强的应用科学。教学设计理论为提高教学效率、实现教学效果最优化提供了有力的保证。

任务描述

教学设计过程有哪些模式？

相关知识

教学设计是以优化教学效果为目的，依据现代教学理论、学习理论、传播理论及教师的经验，运用系统科学的观点和方法，对教学活动进行规划和安排的一种可操作的过程。

具体来说，可以从以下几个方面认识和理解教学设计。

一、教学设计的目的和研究对象

（1）目的。教学设计的最终目的是提高教学效率和教学质量，使学生获得良好的发展。

（2）研究对象。教学设计把教学系统作为研究对象。对于教师而言，整个教学过程是教学设计的对象，即运用教学设计的理论与方法是为更好地进行课前准备工作和更好地解决教学过程中遇到的问题。

二、教学设计强调运用系统方法

教学设计也称教学系统设计。教学设计是把教学的各个环节看作一个相互联系、相互作用的系统，因此需要用系统科学的观点和方法对教学中的各个要素及其相互关系进行分析和操作。这些要素包括教师、学生、教学内容、教学条件及教学目标、教学方法、教学媒体、教学组织形式、教学活动等。教学设计作为一个系统计划的过程，通过一套具体的操作程序来协调、配置，使各要素有机结合，完成教学系统的功能。教学设计的系统方法是指教学设计要从"为什么教"入手，确定学生的学习需要和教学目的；根据教学目的，进一步确定通过哪些具体的教学内容和教学目标才能达到教学目的，从而满足学生的学习需要，即确定"教什么"；要实现具体的教学目标，使学生掌握需要的教学内容，应采用什么策略，即"如何教"；最后，要对教学的效果进行全面的评价，根据评价的结果对以上各个环节进行修改，以确保促进学生的学习，获得成功的教学。

三、教学设计必须以学生特征为出发点

在教学活动中，学生是学习的主体，学习不是被动地接受知识，而是一个依据原有的知识和能力，以自己的特点，对新知识进行积极主动建构的过程。无论何种教学形式，学习最终是通过学生自己完成的，学习的结果将最终体现在学生身上。因此，教学设计必须防止以假设的学生作为教学对象，重教轻学，而应真正地以学生的具体情况为出发点，重视对学生共有特征和个性的分析，重视激发、促进、辅助学生内部学习过程的发生和进行，从而使有效的学习发生在每个学生身上，保证不让一个学生处于教学的劣势。可以说，教学设计具有个别化教学的特征。

四、教学设计必须以教与学的理论为依据

教学系统是否符合具体的教学实际，能否获得最佳的教学效果，教学目标是否正确地反映了学生的学习需求等问题，单凭系统方法是无法解决的。若想获得成功的教学，还需保证每个教学环节上决策的科学性。教学设计的主要工作对象是教和学的双边活动，教学设计是以人类学习的基本规律为依据，探索教学规律，从而建立合理的、科学的教学目标、教学内容及方法策略的体系。因此，必须以研究教和学基本规律的教学理论和学习理论作为设计的理论基础和决策的科学依据。按照信息论的观点，教学过程实质上是一个教育信息传递、接收和反应的传播过程，所以教学设计也应以传播理论作为理论基础。

五、教学设计是问题解决的过程

教学设计是以帮助学生的学习为目的，它常以学生学习所面临的问题为出发点，首先要

寻找问题，确定问题的性质，再研究解决问题的办法，达到解决教学问题的目的。因此，教学设计是以问题找方法，而不是以方法找问题，使教学工作更具有目的性。

六、教学设计重视对教学效果的评价

得出设计方案后，应对方案的效果进行评价。设计过程的各个环节，也应不断地收集反馈信息，及时提出修改意见，这样，对教学设计过程和结果进行科学的评价，得出科学的结论，有利于不断提高教学设计的水平，更有利于改进教学，提高教学效果。

七、教学设计也要依据教师的经验

教师的经验包括教师个体的经验、教师集体的经验和优秀教师的经验。在教学设计中，仅靠经验是有缺陷的，但不能排斥教师经验的作用。由于教学具有极为复杂的动态结构，科学理论和方法在实际应用时会有一定的局限性，这就需要教师的经验加以弥补。只有将科学理论和方法与优秀的经验结合起来，才能做好教学设计。

任务实施

教学设计过程的模式

一、教学设计过程的一般模式

教学设计过程的模式是以教学系统各要素及各要素之间的关系为基础的。它是在教学设计的实践中加以总结并逐步形成的；它是理论性的，代表着教学设计的理论内容，而不是教学设计的方法；它是对教学设计理论的简化形式。

教学设计首先应从学习需要分析开始，解决"为什么教"的问题。其次，需要进行学习内容分析和学生特征分析，一方面考虑课程、单元及一堂课的教学内容的选择和安排，解决"教什么"的问题；另一方面要考查学生在进行学习之前的初始能力及对所学内容的兴趣和态度。再次，再确定教学策略，考虑如何实现教学目标或学习目标，解决"怎么教"的问题，其中包括考虑教学媒体的选择和应用。最后，对教和学的行为作出评价。在行为评价时，一方面要以目标为标准进行评价；另一方面要提供教学效果的反馈信息以审视教学方案如何，从而对教学设计过程的模式中的所有步骤作重新审查，特别应检验目标和策略方面的决定，如图2-1所示。

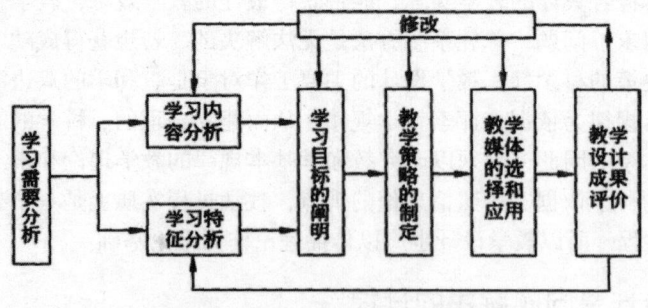

图2-1　教学设计过程的一般模式

在教学设计过程的模式中，学生、目标、策略和评价构成教学设计的四大基本要素。

（1）教学设计要以教学目标为核心。在教学设计中，师生的活动、媒体的选择、教学策略的确定及其应用，都要围绕实施教学目标来进行，均要受到教学目标的控制。教学设计的目的是优化实现预期的教学目标，目标是教学设计的核心。

（2）教学设计要以教学对象为导向。在教学设计中，学生处于主体地位。教学目标要通过学生的活动来实现，教学目标的达成情况要通过学生的学习效果及其行为和情感变化反映出来，所以教学设计必须从学生的实际出发，从学生学习的需要出发，以学生为导向。教学设计要特别重视对学生的分析，在分析学生学习一般规律的基础上，了解学生的需求、接受能力、个别差异等。对学生学习的外部环境和刺激，及其内部学习过程中发生和进行的智力与非智力因素加以统筹分析，使每个学生都能在有利的环境中进行学习。

（3）教学设计要以教学策略为重点。教学策略是指在具体条件下，为达到预期目标所采用的途径和方法。教学组织形式、教学结构程序策划、教学媒体材料设计与开发等，均属于教学策略的范畴。教学策略是保证教学目的实现的有效途径。只有合理地选择与设计教学策略，教学活动才能顺利进行，并有效地实现教学目标，从这个意义上说，必须把教学策略作为教学设计的重点。

（4）教学设计要以反馈评价为调控。反馈评价是系统科学的重要方法。通过反馈信息的收集与分析，将学生的反应输出状态与预期目标相比较，从中获得对教学方案修改的信息。评价活动通过确立学习评价指标体系，收集大量真实的数据，利用科学方法进行量化处理，对设计方案的价值进行判断。这种调控可使教学设计方案更趋于完善。

对于教学设计过程模式的理解，应该注意以下两个问题。

（1）整体性。在实际教学设计工作中，要从教学系统的整体功能出发，保证"学生、目标、策略、评价"四要素的一致性，使各要素相辅相成，产生整体效应。

（2）灵活性。我们所设计的教学系统是开放的，教学过程是动态过程，涉及的各个因素也都是处于变化之中，因此教学设计工作具有灵活性的特点。在利用该模式进行教学设计时，应根据不同情形，针对不同的实际问题，决定设计步骤，确定从何入手，重点解决哪些环节的问题，创造性地进行教学设计工作。

二、"以教为主"教学设计的实施

在建构主义开始流行之前（20世纪90年代之前），各级各类学校的课堂教学中普遍采用"以教为主"的教学设计理论。这种教学设计主要关注教师的"教"，而忽视学生自主的"学"。这种教学设计的理论基础，在学习理论方面主要是采用美国教育心理学家加涅的"联结—认知"折衷学习理论作为其理论基础，在教学理论方面则比较复杂——综合采纳包含美国流派、德国流派和苏联流派的多种教学理论。

"以教为主"教学设计通常包括下列几个实施环节。

（1）教学目标分析。通过教学目标分析，确定与该目标相关的教学内容及知识点顺序。

（2）学习者特征分析。通过学习者特征分析，确定教学起点，以便因材施教。

（3）在教学目标分析和学习者特征分析的基础上，确定教学方法、策略。

（4）在教学目标分析和学习者特征分析的基础上，选择教学媒体。

（5）进行施教，并在施教过程中开展形成性评价（在教学过程中的形成性评价可以有多种方式：提问、测验、考试、察言观色等）。

（6）根据形成性评价所得到的反馈对教学内容与教学方法、策略加以适当调整。

三、"以学为主"教学设计的实施

如前所述，随着多媒体和网络技术从20世纪90年代初开始日益普及，建构主义被逐步引入教学领域（尤其是中小学的教学领域），并从原来纯粹的学习理论逐渐发展成为既包含学习理论又包含教学理论和教学设计理论、方法的一整套全新的教与学理论。建构主义的教学设计理论（"以学为主"的教学设计理论），其目的是促进学生的自主学习、自主探究与自主发现。这种教学设计的理论基础，比较单一，主要是采用西方激进建构主义的教与学理论。它主要包括下列几个实施环节。

（1）情境创设。创设有利于学生自主建构知识意义的情境。

（2）信息资源提供。提供与当前学习主题相关的文献资料与信息化学习工具（学习资源），以促进学生的自主建构。

（3）自主学习策略设计。自主学习策略是诱导学生自觉、主动地学习，并自主建构知识意义的内在因素，其作用是充分调动学生学习的主动性、积极性，以便更好地达到自主建构知识意义的目标。

（4）组织合作学习。通过相互之间的合作交流、思想碰撞、取长补短，以深化学生对知识意义的建构。

（5）组织与指导自主探究、自主发现。在初步达到意义建构目标的基础上（对当前所学知识已有一定理解、掌握的基础上），再通过解决实际问题的发现式学习或探究性学习进一步培养学生的创新精神与实践能力。

（6）学习效果评价。学习效果评价包括学习者本人的自我评价和小组对学习者个人的评价，评价内容围绕三个方面：自主学习能力、对合作学习作出的贡献及达到意义建构目标的深度。

四、"学教并重"教学设计的实施

上述"以教为主"和"以学为主"的两种教学设计理论均有其各自的优势与不足。前者主要关注教师的"教"，便于发挥教师的主导作用，便于教师监控整个教学活动进程，便于因材施教，因而有利于对前人知识经验的讲授与传承，有利于学生对学科基础知识的系统学习与掌握，但是这种教学设计忽视学生的自主学习，不注意调动学生的主动性、积极性与创造性，容易造成学生对教师、对权威和对书本的迷信，所以不利于创新意识、创新思维与创新能力的培养。

后者则相反，主要关注学生的"学"，重视学生的自主学习与自主探究，注意充分调动学生的主动性、积极性与创造性，因而有利于学生创新意识、创新思维与创新能力的培养；但是这种理论忽视教师的"教"，忽视教师主导作用的发挥，因此不利于学生对学科基础知识的系统学习与掌握。

通过20世纪90年代以来信息技术与课程整合的实践，中国的教育技术学者逐渐认识到，要想在信息化教学环境下实现教与学方式的根本变革，达到较理想的教学效果，最好能将上述两种教学设计有机地结合起来，互相取长补短，形成优势互补的"学教并重"教学设计。这种新型教学设计的理论基础，在学习理论方面是采用新型建构主义的学习理论（而非西方激进建构主义的学习理论；所谓新型建构主义，是指经过中国学者改造与发展的建构主义），在教学理论方面主要是采用奥苏贝尔和加涅的教学理论，在设计的过程和方法上，则兼取"以教为主"和"以学为主"两种教学设计之所长，是原有教学设计的丰富与拓展，因而主要包括下列几个实施环节。

（1）教学目标分析。通过教学目标分析，确定与该目标相关的教学内容及知识点顺序。

（2）学习者特征分析。通过学习者特征分析，确定教学起点，以便因材施教。

（3）教与学策略的选择与设计，既包括传统教学策略的选择与设计，也包括建构主义的自主学习、合作学习与自主探究等策略的选择与设计。

（4）学习情境创设，情境创设既可在一节课的开始实施，也可在课中实施。

（5）教学媒体和教学资源的选择与设计。

（6）在教学过程中进行形成性评价，并根据形成性评价所得到的反馈对教学内容与教学策略作适当的调整。在这种拓展后的教学设计中，大体上沿用"以教为主"教学设计过程的模式，但其中的第（3）环节已涵盖建构主义的自主学习、合作学习与自主探究等策略的设计；在第（4）环节和第（5）环节中则包括了情境创设和信息资源提供的要求，因而能够较好地体现优势互补的"学教并重"思想。

任务二　教学设计的前期分析

任务导入

教学设计的前期分析包括学习需要分析、学生特征分析和学习内容分析三项内容。它们之间的相互关系是：学习需要分析是整个教学设计过程的第一步，通过分析，确立总的教学目标，规定学生经过学习之后能达到的能力水平，即学生将要获得的终点能力；通过学生特征分析，可以了解学生的起始能力，并由此确定教学起点；进行学习内容分析则是根据学生的起始能力和将要获得的终点能力确定学习内容，保证学生能够从起始能力向终点能力转化，从而能够保证实现总的教学目标。

任务描述

如何进行学习内容分析？

相关知识

一、学习需要分析

学习需要分析的作用是鉴定教学问题，并在此基础上形成总的教学目标，为分析学习内容、阐明学习目标、制定教学策略、选择和运用教学媒体及进行教学评价等各项教学设计的工作提供真实的依据。

学习需要是指学习者在学习方面的目前状况与所期望达到的状况之间的差距，也就是学习者目前水平与期望学习者达到的水平之间的差距。分析学习需要的意义在于：确定学习需要并进一步分析差距的真正原因是什么？教学设计是不是解决问题的必要途径？通过对现有的资源及约束条件的分析，论证解决该问题的可能性。在此基础上，确定总的教学目标。由于在中小学课堂教学过程中，学习需要一般是教育行政部门组织专家精心制定的，是教师在教学过程中必须执行和达到的要求。所以，在教学过程设计中可以从分析学习者特征开始。

1. 学习需要分析的主要目的

（1）发现教学过程中可能存在的问题。
（2）分析产生问题的主要原因，进一步鉴别问题的性质和来源。
（3）寻求解决问题的方法和途径，设计解决方案。
（4）分析现有资源及约束条件，论证解决方案的可行性。

2. 学习需要分析的基本步骤

（1）针对教学中可能存在的问题，选择问卷、量表、面谈等信息收集方法。
（2）分发、收集问卷，获取学习者的信息。
（3）整理资料，处理数据。
（4）撰写分析报告，设计解决方案。
（5）验证方案的可行性。

3. 学习需要分析的方法

学习需要分析是一项比较复杂的任务，因此可能涉及许多方面，有对学生认知、技能、态度方面的内部学习需求，也有社会对教育提出的外部需求。通常的做法是采取调查表方式，如表2-1所示。

表2-1 学习需要分析调查表

调查维度 \ 分析项目	现状	目标	差距	原因分析

二、学生特征分析

完成"学习需要分析"后，应该进行学生特征分析和学习内容分析。这两项分析之所以并列起来，是因为它们之间存在着相互联系、相互影响和相互作用的非线性关系。这具体表现在：进行学习内容分析时，要以学生特征分析中的"确定学生的初始能力"为基础；而确定学生的初始能力，又与学习内容分析中所选定的学习内容的广度、深度及各项先决知识和技能的关系图有关。

学生的学习必须通过自己的内部加工才能完成，同时又在很大程度上依赖于学生个体与环境的相互作用。所以，我们要分析学生的特征，并在此基础上组织学习内容、阐明学习目标、确定教学策略、选择教学媒体，为学生创造一个适合其内部条件的外部学习环境，使有效学习发生在每个学生身上。

学生特征包括：初始能力、一般特征和学习风格。

学生在学习新知识时，其原有的知识水平和原有的生理、心理发展水平与特点对新学习的适应性就是学习准备。学习准备包括初始能力和一般特征两个方面。

1. 初始能力

学生的初始能力是指学生在学习某一特定的课程内容时，已经具备的有关知识与技能的基础，以及他们对这些学习内容的认知和态度。

确定学生初始能力有一般性了解和预测两种方法。可以只采用前一种方法，也可以同时采用两种方法。

（1）一般性了解。一般性了解学生的预备技能和目标技能，可以从教学大纲、课程计划及学生的测验成绩中得到；对学生学习态度进行一般性了解，可以找学生、班主任或其他任课教师谈话。

（2）预测。预测是客观、准确地掌握学生初始能力的重要手段。预测实际上也是一种测验，但与平时所说的测验在测试时间和测试方法上均有所不同：预测总是在新课程开始之前进行，是一种课前测验；预测的具体做法是在一般性了解的基础上，通过编制专门的测试题，测定学生掌握情况的一种方法。进行预测的过程是：编写测试题→进行学前测试→分析测试结果。

2. 一般特征

学生的一般特征是指在学习过程中影响学生的心理和生理等的特点，包括年龄、性别、年级、认知成熟度、智力才能、学习动机、个人对学习的期望、生活经验、文化、社会、经济等背景因素。

学生的一般特征虽然与具体的课程内容没有直接联系，但是它们会影响学生接受新知识的效率。当教师所安排的学习内容、选择的教学策略与学生的一般特征相适应时，这些特征就会对学生学习新知识起促进作用；反之，会起妨碍作用。学生的一般特征表现在很多方面。

中学生的基本特点是：在整个中学阶段，他们的思维能力得到迅速发展，抽象逻辑思维逐渐占据优势地位。这样的思维特点构成了中学生智力与能力发展的一般特征，具体表现在以下五个方面。

（1）可以通过假设进行思维。学生能按提出问题、明确问题、提出假设、检验假设的途径，经过抽象逻辑思维过程来解决问题。

（2）思维有了预计性。在进行复杂活动之前，学生有能力制订计划、选择方案和策略。

（3）思维的形式化倾向。逐步发展到形式运算思维占优势。

（4）思维活动中自我意识或监控能力明显增强。从中学开始，学生反省的监控性思维的特点越来越明显。

（5）思维能够跳出旧的模式。创造性思维获得迅速发展，并成为中学生思维的一个重要特点。在思维过程中，追求新颖独特的因素，追求个人色彩，具有系统性和结构性。

在实际教学过程中，教师往往更多地考虑了学生的初始能力，而忽略了一般特征对学生学习的影响，这种状况需要改变。

3. 学习风格

学生的学习风格与学习活动有着密切的关系。对学生感知不同事物、并对不同事物作出反应这两方面产生影响的所有心理特征构成了学习风格。这些心理特征不仅影响学生对不同刺激的感知，而且影响学生对不同刺激的反应。学习风格包含很多内容，如某个学生发现并保持了一种更适合于他的学习方法；某些学生对某种学习环境有着特殊的偏爱，只在那种环境中学习效率才会大大提高；还有的学生在认知方式方面的差异和生理类型的差异等也属于学习风格。

测定学习风格的方法主要有调查量表法和征答法。

（1）调查量表法。按照学习风格的具体内容，设计一个学习风格调查量表，这样可以给平时还没有注意自己学习风格的学生提供一些线索，使他们能够从中选择答案。请看下面的例子。

请根据自己的实际情况，在适合自己的项目后面的括号内画"√"。

喜欢自己安排学习进度。（　　）

喜欢一边听音乐一边做作业。（　　）

喜欢在空气清新、环境优雅的室外学习。（　　）

记得最牢的事情总是我听来的。（　　）

复习时喜欢与同学们一起讨论。（　　）

投影胶片上的字比黑板上的字更能引起我的注意。（　　）

喜欢在上课时有动手操作的机会。（　　）

……

（2）征答法。让学生陈述意见，以表明自己的学习风格。

通常是将两种方法结合起来使用，即前半部分是调查量表，启发学生选择适合于自己的答案，后半部分则采用征答的形式，让学生适当补充调查表中没有提及的问题。

测定学习风格，可以帮助我们了解学生在学习风格方面的某些特征，这对教学设计来说是很重要的。如果我们能够把教学内容的安排、教学方法的运用及教学媒体的选择与不同的学习风格之间建立起联系，那么教学就能够较好地实现个性化。

任务实施

学习内容分析

学习内容分析是根据总的教学目标，规定学习内容的范围和深度，并揭示出学习内容中各个组成部分之间的联系，以实现教学效果的最优化。从范围和深度这两个维度确定学习内容以后，就明确了学生必须掌握的知识的广度和深度，从而解决"学什么"的问题；揭示学习内容中各组成部分之间的联系，可以把已经确定的学习内容按照学生能够理解和接受的顺序排列起来，这样也涉及"怎样学"的问题。学习内容分析的结果表明，学习完成之后学生必须知道什么、能做什么；学生为达到这样的目标，需要哪些先决知识、技能、态度，以及学科内容的结构及最佳教学顺序。

一、学习内容分析过程与学习结果分类

1. 学习内容分析的过程

在学习起点，学生以其具备的知识、技能、态度及学习方法开始新的学习；当学完规定的内容时，他们就获得了终点能力，即学习结果。如果学习内容安排合理，学生的学习结果

应与总的教学目标所描述的学习结果完全一致。

学习内容分析的过程刚好与学生的学习过程相反,学习内容分析以学生的学习结果为起点,并以学习起点为终点,所以是一个逆向分析过程。也就是说,学习内容分析从学习需要分析所确定的总的教学目标开始,通过反复提出"学生要掌握这一水平的技能,需要预先获得哪些更简单的技能"这样的问题,并一一回答,一直分析到学生已具有的初始能力为止。

2. 学习结果的分类

加涅把学习结果分为言语信息、智力技能、认知策略、动作技能和态度五类。

二、学习内容分析的步骤

学习内容具有一定的层次结构。在学校教育中,一般可以按照课程、单元及知识点等层次来划分。无论是哪一个层次的学习内容,一般都采用下面的步骤分析。

1. 确定学习类型

确定学习类型就是根据教学目标的表述,按照言语信息、智力技能、认知策略、动作技能和态度五大学习内容的分类区分学习任务。不同类型的学习任务对于学生来说需要的智力水平不同,付出的努力程度也不同;而对于教师来说,提供给学生的学习条件不同,所需要的教学策略不同,测试学生学习结果的方法也不同。因此,学习内容分析必须按照学习结果的分类确定这些具体目标的学习类型。

2. 进行信息加工分析

当具体的教学目标被划分了学习类型以后,就应该为这个目标确定相应的学习内容。这时就需要借助信息加工分析的方法了。

心理学家把学生的学习过程看成是一个信息加工的过程,也就是说,学生为完成教学目标必须经过一个心理操作的过程,而这个心理操作过程及其所涉及的能力就构成了学习的内容。因此,对教学目标进行信息加工分析,就是考虑学生为达到教学目标,必须经过哪些心理操作的步骤。在分析时,应该按照学生完成学习任务的全部思维过程,分步骤记录下来,然后认真推敲每一个步骤,以便挖掘出更深层次的认知过程和策略。

在分析学生思维过程时,教师要以一个初学者的身份,把自己的全部思维过程按步骤详细记录下来,最后再从学生的角度重新审查一遍记录结果,使其符合学生的思维过程。

3. 先决技能分析

学生在进行每一个心理操作步骤时,都可能需要一些其他的知识或技能准备,这样的准备就叫作先决技能,它们是完成信息加工过程必不可少的因素。先决技能分析就是把信息加工分析的每一个步骤都作为一个终极目标,然后具体分析要达到这一目标学生必须知道或能够做什么,也就是要确定学生在完成终极目标之前需要掌握哪些从属的先决技能。如果学生还没有掌握这些先决技能,那么它们就成为使能目标,使能目标可能又需要从属的先决技能……这样依次分析下去,从属的先决技能越来越简单,直到它们是学生已经掌握的知识和技能为止,这样就找到了教学起点,而这些先决技能构成了学习内容的一部分。

先决技能又分为基本先决技能和辅助先决技能。基本先决技能是使学生达到学习目标的必要条件,学生必须事先掌握,而辅助先决技能只对学习产生辅助影响。

4. 安排学习内容

确定了学生需掌握的学习内容及其深度和广度后,接下来分析其内在联系,然后根据学生的特点来安排学习内容。

学习内容之间的联系一般有三种类型：①并列型，各学习内容之间相对独立，先后顺序可以随意安排；②顺序型，前一个内容构成了后一个内容的基础，它们的顺序不能颠倒；③综合型，包含了并列型和顺序型。各学习内容具体如图2-2所示。

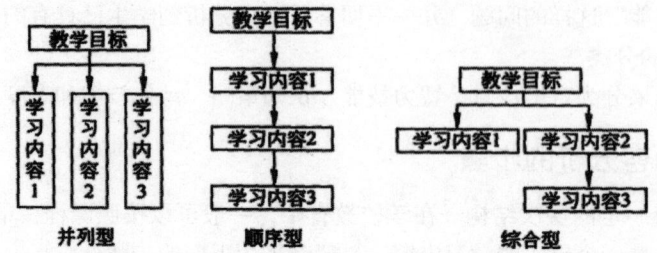

图2-2　各学习内容之间的关系

在组织学习内容时，首先应该确定各项学习任务之间的关系，然后再根据下面的原则作具体安排。

（1）从已知到未知，由具体到抽象。先安排比较简单的先决技能，再安排相对复杂的技能，使前面的知识成为后面学习的基础。在安排顺序型学习内容时尤其要注意遵从这条原则。

（2）由整体到部分，由一般到个别，不断分化。帮助学生从整体中分化出细节来。在安排以掌握科学概念为主的学习内容时，更应加以注意。

（3）按照事物发展的客观规律排列。这种排列方式与客观事物本身发展的顺序一致，符合事物向前发展的规律，有利于学生清晰而全面地了解事物发展的全过程。

（4）注意学习内容之间的横向联系。充分注意概念、原理、单元课题等之间的横向联系，注意将知识、技能和情感这几方面的内容衔接起来，有利于学生区别相似概念之间的差异，有利于完成迁移和记忆。特别是对于一些相对独立的学习内容，更应该注意分析它们与其他内容之间有无横向联系。

任务二　学习情境和环境的创设

任务导入

学习情境是一种特殊的环境，是教学的具体情境的认知逻辑、情感、行为、社会和发展历程等方面背景的综合体，具有文化属性。学习情境是指知识在其中得以存在和应用的环境背景或活动背景，它能够引起学生某种积极的情感反应。学生自主学习、意义建构是在大量信息的基础之上进行的，所以必须在学习情境中嵌入大量的信息。信息需要学习资源提供，丰富的学习资源是建构主义学习的一个必不可少的条件。学习情境加上丰富的学习资源和学习工具就构成了学习环境。

任务描述

如何进行学习环境的设计?

相关知识

情境的主要形式

这里谈的情境又指教学情境或学习情境,是学生参与学习的具体的现实环境。知识具有情境性,而且是被应用的文化、背景及活动的部分产物。知识是在情境中通过活动而产生的。一个优化的、充满情感和理智的教学情境,是激励学生主动参与学习的一种保证。教学情境的创设是指创设有利于学生对所学内容的主题意义进行理解的情境,是教学设计中的一个重要环节。情境创设将有助于反映新旧知识的联系,有助于促进学习者进行思维联想,有助于学习者对知识进行重组与改造,有助于帮助学习者对知识进行意义建构。

一、根据学生感受分类

根据刺激物对学生感官或思维活动所形成的不同感受,情境大致可分为两组:现实情境与虚拟情境、描述性情境与意象性情境。

1. 现实情境与虚拟情境

现实情境主要是指以实实在在的物体原型或真实事情为主的情境。教师在课堂上所展示的动物标本、地球仪、量角器、开国大典中的原声录音等都是现实情境。它们可以使学生凭借自己的视听感官直接感知,并从中产生对学习更深层次内容的追求。

虚拟情境主要是指将一些由于成本高、难度大,或者真实世界难以观察到的微观世界的内容以仿真的方式展示给学生的一类情境。在进行复杂的操作训练、生态系统的分析、危险环境的作业等方面的训练学习时,都可以考虑采用虚拟的方式模拟真实环境,让学生在反复练习中获得对复杂现象的认知,从而达到掌握学习内容的目的。

2. 描述性情境与意象性情境

描述性情境是指借助于语言的描述所创设的情境。在教学实践中,通过恰当的语言描绘,如语言的意义、声调、形象、感情色彩等,并结合其他直观手段,将学生带入特定的情境中,可以激起学生的情绪与情感方面的变化,从而为学习活动的开展提供支持。

意象性情境是指借助于描述,并启发学生发挥自由想象力从而形成的情境。意象性情境可以把学生带入想象的空间,在想象中升华情感,并进而激起其参与学习活动的激情。

二、根据表现形式分类

根据情境的不同表现形式,可以将情境分为问题、故事、叙事、生活与示范等多种形式。

(1)问题情境的创设是将学习内容转化为问题的形式,激发学生解决问题的热情,目的在于将学生引入一种与问题有关的情境。

(2)故事情境的创设是通过引入与学习内容相关的、具有生动情节和丰富内涵的故事,从而吸引学生的注意。故事的导入,有时会激发学生对故事的前因后果产生浓厚兴趣,并进而唤醒学生的潜在记忆,激发学生的学习动机。

（3）叙事情境是指就某些现象和事实进行陈述，并引导学生思考和分析包含于这些现象或事实中的科学道理，激发学生的学习需求。

（4）生活情境与前面所说的现实情境与虚拟情境相似，都强调结合学生的实际生活，通过模拟真实的生活场景，激发学生解决现实问题的动机，从而自然地融入学习过程中。

（5）示范情境一般是通过教师或学生的演示，培养学生观察与思考的习惯，在这一过程中，学生会对演示过程中产生的现象及要领等产生好奇，并生成新的求知动机。

当然，上述分类方式只是相对的，在具体的运用中，我们可以根据教学需要将多种方式结合起来，从而达到运用情境激发学习动机与推动新知生成的目的。

任务实施

学习环境设计

从教学设计的角度看，学习环境是学习资源和学习工具的组合再加上学习情境，这种组合实际上是旨在实现某种目标的有机整合。学习环境设计主要表现为学习资源和学习工具的整合活动。在设计时，也应考虑人际支持的实施方案，但人际支持通常表现为一种观念而不是具有严格操作步骤的实施法则。由于学习环境对学习活动是一种支撑作用，学习环境的设计必须参照学习活动的设计来进行。不同的学习活动可能需要不同的学习资源和学习工具。学习环境设计者必须清醒地认识所设计的学习环境能支持哪些学习活动及支持的程度如何。

学习资源是指支持教学活动，实现一定教学目标的各种客观存在形态，它是一个非常庞杂的概念，通常包括人、材料、工具、设施和活动五大要素，每个要素均具有"自在的"和"自为的"特性。"自在的"资源是指整个人类环境中具有的、可资利用的资源系统；"自为的"资源是指为达到一定的教育/教学目的而特地设计出来的资源系统。学习资源的选择与设计存在很大的自由区间。

在学习环境设计中，资源是支持任务学习或问题研究的必备条件之一，是需要认真设计的重要构件之一。在学习环境设计时，必须详细考虑学生要解决这个问题需要查阅的信息、需要了解的知识，这些都可以以学习资源的方式为学生提供。另外，还要注意怎样才能从大量信息中寻找有用信息，避免信息污染，因此教学设计中要建立系统的信息资源库（或使用现有的资源管理系统），提供引导学生正确使用搜索引擎的方法。

在学习环境设计时，应当围绕学习活动进行设计，同时注意以下几点。

（1）为帮助学生充分地理解问题，需要给学生提供相关的信息。

（2）不论何种形式的信息资源，最好都以有意义的方式组织起来，即按学生学习的思维类型组织起来。

（3）要适时地为学生提供相关的信息，支持学生开展有意义的学习活动。

学习工具是指有益于学生查找、获取和处理信息，交流合作，建构知识，以具体的方法组织、表述、理解和评价学习效果的中介。从传统学习工具到信息技术工具，学习工具的种类很多。在学习环境设计中，比较注重信息技术作为学习工具的设计与应用。信息技术可作为多样化的学习工具，如交流工具、情境工具、认知工具、评价工具、效能工具等。

从分布式认知的观点看，人与技术的认知功能可以形成和谐的整体，在学习环境中各自发挥认知功能的优势。因此，在设计和运用学习环境中的工具时，应注意以下几点。

（1）充分发挥信息技术作为学习工具和促进学生学习的作用。

（2）在学习/教学中融合系列的认知工具，以帮助学生开展恰当的思维活动。

（3）为学生提供多样化的信息沟通方式，以支持学生之间的交流与合作，共享信息和共享知识建构。

任务四　教学目标的阐明

任务导入

教学目标是课堂教学设计中的核心要素，是教学设计者对学习者应当取得的学习成果和达到的最终行为目标的明确阐述。教学目标是师生活动的重要依据，在教学中具有关键的作用。与教学目的相比，教学目标是更具技巧性的概念，范畴上比教学目的更具体、狭小，是指个别化、特殊的、阶段性的追求。为强调一切从学生出发的宗旨，常用学习目标代替教学目标。

阐明学习目标，就是阐明学生在教学活动中将要达到的学习结果或标准，并使它们具体化。阐明学习目标的工作位于前期分析之后，它既与前期分析有着密切关系，又为制定教学策略、选择和运用教学媒体及开展教学评价提供了依据。

任务描述

如何编写学习目标？

相关知识

学习需要分析得到的总的教学目标为我们指明了课程的总方向，它是指导整个教学过程的纲领性目标。然而，教学过程是一个极其复杂的过程，仅有这种纲领性目标是不够的，只有把总目标细化成不同等级的具体目标，并用规范的语言把它们描述出来，形成一个完整的目标体系，才能做到在教学活动的每个环节都有章可循、有据可依，从而保证总的教学目标得以实现。图2-3表明了一般学校系统中教学目标的体系，也说明了教学目标的层次性。

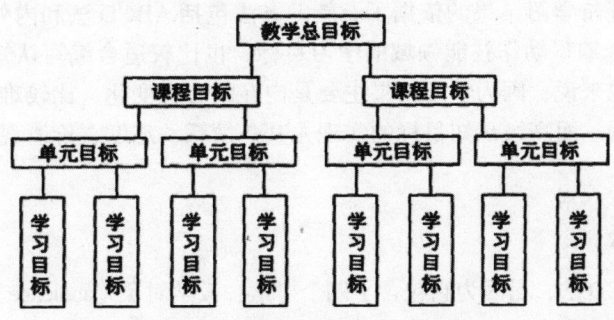

图2-3　教学目标和学习目标体系

应该注意的是，尽管在教学目标体系中，总的教学目标被分成了一系列不同层次、不同水平的目标，但是其中的每一个目标都不是孤立的，它们都是目标群中的一个有机组成部分。目标与目标之间的这种关联性是由教学目标的层次性决定的。教学总目标是通过许多课程目标来实现的。单元目标是课程目标的子目标，它说明学生在本单元教学结束后要达到的学习结果，一般来说也是概括性的。而组成单元目标的学习目标对教师、学生来说就应是非常具体的，也是我们致力要阐明的。

教学目标是对学生通过教学应该达到的行为状态（变化）的一种明确而具体的表述。在这里我们要注意两点：①"学生通过教学以后应该达到的行为状态"是指学生的学习结果，而并没有规定教师在教学过程中应该做些什么；②"明确而具体的表述"要求对于学习目标的表达应达到可以观察和测量的程度，尽量避免使用含混不清或不切实际的语言。

（1）阐明教学目标的意义

阐明学习目标的工作是编写一系列明确、具体的学习目标，然后把它们组织成一个层次分明的体系。这项工作的意义在于：①有利于课程规范化；②有利于教师教学，并培养教师严谨、规范的工作作风；③有利于学生学习。

（2）教学目标的分类

第三节曾经介绍过学习结果的分类方法，实际上它也可以作为教学目标的一种分类方法。不过，在此将介绍由布卢姆（B. S. Bloom）等提出的教育目标分类方法。这种方法把教学目标分为认知（知道、领会、运用、分析、综合、评价）、动作技能（知觉、准备、有指导的反应、机械动作、复杂的外显反应、适应、创新）和情感（接受、反应、价值判断、组织、价值与价值体系的性格化）三个领域，然后再把每个领域按照从低级到高级的顺序分成不同的层次，从而形成了一个完整的目标分类体系。

任务实施

目标的编写方法

在以往的教学活动中，人们一直采用"通过教学，发展学生的阅读理解能力"的方式描述学习目标，但这种学习目标只表述了学生的内部心理变化，很难准确地理解其真实含义，更不能用它去观察学生的学习结果。为改变这种状况，教育心理学家一直在致力于设计出一种更好的描述学习目标的方法。

考虑学习的最终结果必然会反映到学生的具体行为上来，新的方法就从描述学生的行为或能力的变化人手，这样教师就可以用它去观察学习是否已发生在学生身上了，这样的学习目标就成为客观地评价学习结果的依据了。新的方法包括 ABCD 法和内外结合的表达方法。前一种方法非常适合编写动作技能领域的学习目标，也比较适合编写认知学习领域的目标。而对于情感学习领域来说，因为学习结果主要是内在的心理变化，比较难以测量，所以必须用后一种方法来编写。而高级认知目标的实现尤其是情感、态度、价值观等目标一般用表现性目标方法。

一、ABCD 法

之所以叫作 ABCD 法，是因为它包含了四个要素：教学对象（audience）、行为（behavior）、条件（condition）和标准（degree），取其英文字头，简称为 ABCD 法。这种方法是马杰（R.

F. Mager）在 1962 年以行为主义心理学理论为基础提出并发展的。下面介绍这四个要素的含义，同时介绍编写学习目标的方法及需要注意的问题。

1. 教学对象

表述学习目标时，要注明特定的教学对象。应特别注意的是，学习目标所描述的是学生学习以后的行为，而绝非教师的行为，所以不要用"教会学生……"之类的词语描述学习目标。有的学习目标虽然省略了教学对象，但其教学对象仍然是学生。

2. 行为

即使学习目标中的其他要素都可以省略，"行为"这个要素也不能省略。这个要素用学生的行为变化表明了在教学结束时，学生应达到的能力水平。有了它，教师才能通过观察学生的行为，了解学习目标是否已经达到了。

描述行为的基本方法是使用动宾结构的短语，其中行为动词用来说明学习类型，即学习目标分类的各种类型；宾语则用来说明学习内容。描述行为的具体步骤是：首先，根据学习目标的分类方法把具体的课程内容分成不同的类别；其次，按照类别选用推荐的规范动词作为动宾结构中的动词；最后，把课程的具体内容作为动宾结构中的宾语。表 2-2 列出了编写认知领域学习目标时可选用的动词，供教师编写学习目标时参考。

表2-2 编写认知领域学习目标可供选择的动词

学习目标层次	特征	可参考选用的动词
知道	对信息的回忆	定义、列举、排列、选择、重复、背诵、说出（写出）……的名称、辨认、记住、回忆、描述、陈述、表明、指出、说明、命名……
领会	用自己的语言解释信息	叙述、解释、鉴别、选择、转换、区别、估计、引申、归纳、表明、报告、举例说明、猜测、预测、摘要、改写、讨论……
运用	将知识运用到新的情境中	运用、选择、计算、演示、改变、阐述、解释、解答、说明、证明、修改、计划、制定、表现、发现、操作、利用、列举、准备、产生、修饰……
分析	将知识分解，找出各部分之间的联系	分析、分类、比较、对照、图示、区别、检查、调查、编目、指出、评论、猜测、细述、评析理由、分辨好坏、举例说明、计算……
综合	将各部分知识重新组合，形成新的整体	编写、创造、设计、提出、排列、组合、计划、修饰、建立、形成、管理、重写、综合、归纳、总结、收集、建议……
评价	根据一定准备进行判断	鉴别、鉴赏、讨论、估计、选择、对比、比较、评定、说出……价值、评价、接近、判断、衡量、预言、检讨、总结、证明、分辨好坏……

下面列举一个描述"让学生了解第一次世界大战爆发的原因"的例子。从学习目标的分类方法可知，这是一个认知学习领域的目标，其目标层次是"知道"，查阅表 6-2 中与"知道"相对应的动词，可以选择"陈述"这个词；从学习内容是"第一次世界大战爆发的原因"看，可以把"行为"描写为"口头陈述第一次世界大战爆发的原因"。

3. 条件

这个要素说明产生上述行为的条件。它既说明了学生应在什么情境中完成目标所规定的行为，也说明了应在什么情况下评价学生的学习结果。例如，"可以在物理考试中使用计算器"等即是条件。虽然条件只是帮助行为发生的一种辅助手段，但却直接影响目标的实现。

条件包含以下因素。

（1）环境因素：空间、光线、气温、噪声等。

（2）人的因素：个人单独完成、小组集体进行、个人在集体的环境中完成、在教师指导下进行等。

（3）设备因素：工具、设备、图纸、说明书、计算器等。

（4）信息因素：资料、手册、教科书、笔记、图表、词典等。

（5）时间因素：速度、时间限制等。

（6）问题明确性的因素：为产生某种行为应提供什么刺激、刺激量如何等。

4. 标准

标准表明了行为合格的最低标准，它使得学习目标有了可以测量的特点，教师可依据标准来评估学生完成目标所规定的行为的质量，学生则可用它来判断自己的行为是否达到了学习目标。标准可用定量的方法表示，如用数字或百分比表示行为的速度和准确性。例如，"1分钟内做25个俯卧撑"表明行为的速度；而"用卡尺测量钢管管壁厚度，误差在0.3毫米以内"则规定了行为的准确性。标准也可用定性的方法表示，还可用定量、定性相结合的方法表示。以下是一个包含了四个要素的行为目标：

小学三年级学生，能在25分钟之内，默写三首古诗，准确率为100%。
\A\B\C\D

行为目标的设计包含教学对象（A）、行为（B）、条件（C）、标准（D）。这四要素中ACD都是可选择项，只有B是核心要素，通常在课堂教学设计中都是用行为动词+宾语的动宾结构方式对学生的行为、能力进行描述。

二、内外结合的表达方法

学习的实质是学生的内在心理过程的变化，所以教育的真正目标并不是改变学生的具体行为，而是要使其内在的能力或情感发生变化。用内部心理过程与外显行为相结合的方法阐明学习目标正好可以弥补ABCD法的不足。具体做法是：首先，用描述学生内部心理过程的术语表明学习目标，以反映学生理解、应用、分析、欣赏、尊重等内在的心理变化；其次，再列举出一些能够反映上述内在变化的行为，使得学生内在的心理变化也能够观察与测量。在列举行为的变化时，仍采用ABCD法。下面举例说明。

领会本单元专门术语的含义。

1.1 将专门术语与它们所代表的概念联系起来。

1.2 在造句中使用某些专门术语。

1.3 指出术语之间的异同。

在这个例子中，1.1、1.2、1.3表述的行为是代表"领会"的种种表现的例子，作为教学目标已达到的证据，"领会"是一个内部心理过程，无法观察和测量，但有后面这些证明"领会"能力的行为实例，目标就具体化了。

三、表现性目标方法

有时，人的认知和情感变化并不是参加一两次教育活动以后便能立竿见影的。教师也很难预期一定的教育活动后学生的内在心理过程将会发生什么变化。在品德教育方面，这种情况尤为明显。为弥补上述两种陈述目标方法的不足，艾斯纳（E. W. Eisner）提出了表现性目标。这种目标要求明确规定学生应参加的活动，但不精确规定每个学生应从这些活动中获得什么。心理学家认为，这种目标只能作为教学目标具体化的一种可能的补充，教师千万不能依赖这种目标，不然，他们在陈述目标时又会回到传统的老路上去。

总之，陈述得好的教学目标必须符合下列要求。

（1）教学目标陈述的是学生的学习结果（包括言语信息、智慧能力、认知策略、动作技能和情感或态度）。教学目标不应该陈述教师做什么。

（2）教学目标的陈述应力求明确、具体，可以观察和测量。尽量避免用含糊的和不切实际的语言陈述目标。

（3）教学目标的陈述应反映学习结果的层次性。认知领域的教学目标一般应反映记忆、理解与运用（包括简单运用与综合运用）三个层次。

尽管上述几种新方法从根本上解决了传统方法的问题，但它也存在着某些局限性。首先，因为有些学科的内容本身带有明显的序列性，如数学、物理、化学和英语等，对于这样的学科，新的方法比较好用，而在社会科学课程中使用时则受到了一些限制；其次，教师不可能提前确定教学活动中所有潜在的教学成果，而那些没有预料到的成果却有可能引出更有价值的结果；最后，完全使用可以测量的学习目标，有可能使学习过程变得过于机械。

任务五　教学策略设计

任务导入

教学策略是为完成特定的教学目标而采用的教学活动的程序、方法、形式和媒体等因素的总体考虑。教学策略设计是最能体现教学设计创造性的环节，同时也是最困难的工作。一方面是由于具体的教学策略多而丰富；另一方面是需要具有一定的教学实践经验才能有效地设计教学策略。

任务描述

如何确定教学方法？

相关知识

教学策略是指建立在一定理论基础上，为实现某种教学目的而制定的教学实施方案。即在整个教学过程中，为完成特定的教学目标，依据教学的主客观条件，充分考虑学生的实际，对所选用的教学活动程序、教学组织形式、教学方法和教学媒体等教学因素的总体考虑。在教学过程中，不存在能实现各种教学目标的最佳教学策略，同时，没有任何单一的策略能够适用于所有的教学情况。有效的教学就需要用可供选择的策略来达到不同的教学目标，而且需要不断予以相应的监控、调节和创新。

一、制定教学策略的依据

1. 教学理论、学习理论是形成教学策略的首要依据

教与学的理论是人们在长期的教学实践中不断摸索、归纳、总结出来的教学规律、原则和方法。依据这些理论,才谈得上策略的选择、调控和创新,才能为教育目标服务。

2. 教学大纲、教材和教学计划是形成教学策略的重要依据

教学大纲是根据本学科科学发展和社会条件的现实,依据学生发展水平和教师水平等制定的,反映了学习需要和教学目标。所以,教学策略应是以完成大纲规定的教学计划为主要目的。

3. 教学策略要依据学生的心理特点

学生的认知水平决定了教师选定什么样的教学策略,以及教给学生什么样的学习策略。对中小学生逐字逐句的机械记忆和意义记忆的效果进行比较实验,结果是:机械记忆,一年级学生记住72%,初二学生记住55%,高二学生记住17%;意义记忆,一年级学生记住28%,初二学生记住45%,高二学生记住83%。这说明学生在不同年龄段具有不同的心理特点,这些特点应成为制定教学策略的重要依据。与认知水平同时影响学生学习效果的还有其他心理品质,如情感、意志、个性倾向与个性心理特征等,教师必须做到心中有数,才能使教学更加科学、高效。

4. 教学策略还要依据教师本人的素养和风格

教学策略的选用,只有适应教师的素养条件,能为教师所掌握,才能发挥作用。有的策略虽好,但教师缺乏必要的素养,自己驾驭不了,仍然不能在教学实践中产生良好的效果。教师具有各自的特征和性格,因此在教学活动中形成了各自不同的风格。

5. 教学条件也是形成教学策略的依据之一

由于各种原因,学校教学环境和设施、设备及教学资源的客观条件会存在很大差别,这必然影响教学策略的制定。

二、教学方法

教学方法是教师和学生为达到教学目标,在一定教学原则的指导下,借助教学手段(工具、媒体或设备)而进行的师生相互作用活动的总体考虑。教学方法在一定程度上关系着教学效率的高低。教学实践表明:教师如果不能科学地选择和使用教学方法,会导致师生消耗精力大、学生负担重、教学效果差,给工作造成不应有的损失。常见的教学方法有以下几种:讲授法、演示法、讨论法、示范模仿法、强化法、训练和实践法、发现式教学法等。

三、教学组织形式

所谓教学组织形式,就是根据教学的主观和客观条件,从时间、空间、人员组合等方面考虑安排教学活动的方式。教学组织形式主要有以下三类。

1. 集体授课

集体授课组织形式是目前学校教育中最通用的一般教与学的形式,即按传统惯例,教师通过讲授、谈话、板书、演示等来向一个班级或一组学生传递教学信息,在较小的范围内可能有一定程度的双向交流,但通常是学生被动地接收信息。

2. 个别化学习

个别化学习组织形式目前最引人注目，当代学习理论给予了它强有力的支持，学习主要是由学生自己来完成。学生自己阅读教科书、观看或聆听音像教材、做笔记等获得教学信息。当学生按照自己的进度学习，积极主动地完成课题并体验到成功的快乐时，就能获得最大的学习成果。

3. 小组合作学习

小组合作学习组织形式是通过讨论、问答、交流等在师生之间、学生与学生之间分享教学信息。这种形式给予教师和学生面对面密切接触与相互了解的机会。现代教学论越来越重视教学中的这种人际交互作用，它是实现各类教学目标，培养健全人格，促使个体社会化的有效途径。当然，许多情况下，这三种教学组织形式之间并没有十分明显的界限，但在适当的时机使用适当的组织形式总是有助于教学的。

四、教学媒体选择

在选择教学媒体时，首先要确定教学媒体的使用目的；其次对教学媒体的类型和使用方式等进行考虑。关于这一点，下一章中有详细的阐述。

任务实施

教学顺序的确定

一节课大都要实现一个主要教学目标及若干从属教学目标。这些从属教学目标不可能一下子全部完成，应该是逐个地进行。先学哪个，后学哪个，便是教学顺序设计的问题。我们将学习目标划分为智力技能、言语信息、态度、动作技能等类型分别讨论。

（一）智力技能的教学顺序

关于智力技能的教学顺序设计，主要有三种基本的教学理论作指导。第一种是加涅的"从简单到复杂技能的教学"顺序安排；第二种是布鲁纳的"发现式教学"；第三种是奥苏贝尔的"先行组织者"教学理论。

1. 加涅的顺序

美国教育技术学家加涅把智力技能从简单到复杂依次分成辨别、概念、规则和高级规则。从他的理论考虑，应从最简单的技能开始，并以此为基础，学习更为复杂的技能。

2. 布鲁纳的顺序

依美国教育心理学家布鲁纳的发现学习的策略，教师不把教学内容直接告诉学生，而是向他们提供问题情境，引导学生对问题进行探究，并由学生自己收集材料，让学生从中有所发现。布鲁纳认为，"发现不限于寻求人类尚未知晓的事物，确切地说，它包括用自己的头脑亲自获得知识的一切方法。"发现法有利于激发学生的智慧潜力，有利于培养内在动机，学会发现的技巧，而且发现的学习结果也有利于记忆的保持。这种发现，实际上就是从具体到抽象的教学顺序。

3. 奥苏贝尔的顺序

美国教育心理学家奥苏贝尔提出了"先行组织者"的教学理论，他认为教学顺序的起点应确定在学习层级的较高点，即先呈现一个一般的、有较大包容性的、较抽象的概念和原理，然后再学习一些具体的学习内容。这种教学顺序与布鲁纳的顺序刚好相反，是由抽象到具体的形式，这是奥苏贝尔认为课堂教学的基本形式是以有意义的接受学习为主的原因。他还认为，如果运用得好，这种教学顺序会成为一种经济、高效的教学方式。

（二）言语信息的教学顺序

根据奥苏贝尔对学习的分类，言语信息的学习可分为机械的言语信息学习和有意义的言语信息学习。

我们认为，在言语信息的教学中，可以使用奥苏贝尔的"先行组织者"教学理论，即用引介等方法，简明扼要、高度概括地向学习者提示本课程的结构。这样，学习者在接受教材时就不仅仅是被动地听、看或读，而是主动地将所学的具体知识与引介的概要加以联系，使用他已有的认知结构来组织教材，还可能使新知识与原有知识产生有机联系，使新知识的学习具有意义。

由此可见，言语信息的教学顺序设计要点可归纳为两点：①提供"先行组织者"；②用逻辑的顺序或根据有意义的上下文组织言语信息。

（三）态度的教学顺序

态度是通过学习形成的影响个体的行为选择的内部状态。态度的学习实质是价值内化的过程。价值内化的过程可分为三个阶段，从中我们可以看出态度形成的一般过程。态度的教学顺序也可以按照这三个步骤进行。

1. 顺从

顺从是表面接受他人的意见和观点，在外显行为方面与他人相一致，而在认知和情感上与他人并不一致。这种情况是个人的"态度"受外部奖励与惩罚的影响的结果。因为顺从可以得到奖励，不顺从则受到惩罚。因此，教学顺序的第一步应该使学生顺从。

2. 认同

认同是在思想、情感和态度上主动接受他人的影响，认同不受外在压力的影响，而是主动接受他人的影响。

3. 内化

内化是指在思想观点上与他人的思想观点一致，将自己所认同的思想和自己原有的观点、信念融为一体，构成一个完整的价值体系。在内化过程中解决各种价值的矛盾，当按自己内化了的价值行动时，会感到愉快和满意；而当出现与自己的价值观念相反的行动时，会感到内疚和不快。这时，稳定的态度便形成了。可见，态度教学是一个由外向内的变化过程。

（四）动作技能的教学顺序

动作技能的形成是通过练习逐步掌握某种动作方式的过程。动作技能的教学顺序设计可分为三个阶段：认知阶段、联系形成阶段、自动化阶段。这些阶段反映出动作技能学习的过程。

1. 认知阶段

任何动作技能的学习，都必须经历认知阶段。这一阶段的主要任务是领会技能的基本要求，掌握技能的局部动作。在此阶段，学习者需要通过教师的言语讲解、观察动作示范，理解任务及其要求。例如，初学临帖的学生，要将大楷字写好，首先必须通过仔细观察，了解某个字由哪些笔画构成，每一笔如何起笔、如何收笔，要知道笔顺，还要知道字的间架结构。

2. 联系形成阶段

在这一阶段，重点是使适当的刺激与反应联系。动作即使很简单，也包含着若干局部动作，因此必须将局部动作通过执行程序联系起来，建立动作连锁。这一阶段的主要特点是技能的局部动作被综合成更大的单位，最后形成一个连续技能的整体。此时，教师应注意排除学生过去经验中习惯的干扰，以及局部动作之间的相互干扰。

3. 自动化阶段

经过动作连锁，一系列动作已成为一个有机的整体并已固定下来，整个动作相互协调似乎是自动流出来的，无须特殊的注意和纠正。学生不再需要考虑下一步做什么，达到了动作技能学习的自动化。进入自动化阶段的必要条件是在教学中必须提供大量的练习机会，使学生的动作系统达到完全的熟练，以至可以做到边操作边考虑其他的事情。

任务六　教学方案编写

任务导入

前面对教学方案设计的主要内容和方法进行了讲解，接下来是如何把教学过程设计的结果表达出来，即教学方案编写。根据教学方案编写形式，教学方案大体上分为文本式、表格式和流程图式三种，有时三者也会综合使用，称为混合式的教学方案。

任务描述

熟练掌握流程图式教学方案的使用

相 关 知 识

一、文本式教学方案

一份文本式教学方案通常是用文字写清楚课程名称、教学对象特征、教学目标、教学内容概要、教学过程、学生活动、评价方式、参考资源等内容。下面是一份探究性学习教学方案，请注意其包含的部分。

（1）标题。写出教学方案的标题，如生物克隆技术。

（2）设计者。

（3）学科领域。本教案所适用的学科领域，对于以学为主或探究性学习教学方案可能会涉及多个学科。

（4）适用对象或年级。

（5）教学/学习内容概述。在此处对学习内容进行简要的概述，如果涉及角色扮演等，还应在此处设置情境。

（6）学习目标/学习成果。先要写上一两句话，概述一下学生通过此次学习将会获得或学到什么。然后清晰明了地描述学习者在学习过程中将会有哪些结果。这些最终结果可以是：学到了一系列知识；解答了一系列问题；培养了高级思维能力和信息处理能力；总结了所创建的事物；阐明并为自己的立场进行了辩护；进行了具有创意的工作；……

（7）学习过程。学习者将遵循哪些步骤才能完成任务？这一部分是教案的关键所在。一定要使这些步骤简明清晰。你还可以在此处为学生提供一些建议，以帮助他们组织所收集到的信息或发展高级思维能力。"建议"可以采用由复选框组成的问卷形式，其中的问题旨在分析信息或提请对要考虑的事物的注意。同时，要把时间安排描述清楚。如果有必要，可以在此处考虑对不同层次学生的个别化教学问题。

第一步：

第二步：

……

（8）所需材料及资源。利用这一部分点明可以被学生用于完成任务的材料或参考网址，建议在每个网址后写上一句话简要介绍通过该网址可以获得的信息。

（9）评价标准或工具。创建量规、自我评价表或其他评价工具，以便学生可以知道评价体系。

二、表格式教学方案

表格式教学方案是通过表格的形式描述教学过程设计的结果，具有简洁明了的特点。表2-3是以课堂讲授为主的教学方案格式范例。出于节省篇幅的考虑，压缩了表中空白处的填写空间，实践中要根据需要适当增加。

表2-3 表格式教学方案格式范例表

◇基本信息						
学校名称		教师		日期		年 月 日
教案标题						

◇总体教学目标

◇学习者特征分析

◇教学内容分解

知识点号	知识点	学习水平				

续表

◇学习水平描述（用ABCD法描述）

知识点号	学习水平	描述语句	行为动词

◇教学重点和难点

◇教学媒体

知识点号	学习水平	媒体类型	媒体内容要点	使用时间	资料来源	教学作用	使用方式

◇形成性练习题

知识点号	学习水平	题目内容

◇教学过程/结构流程图

任务实施

流程图式教学方案

流程图式教学方案常用于教学过程的描述，其特点是可以直观地显示整个课堂教学活动中各个因素之间的关系、比重，教师可以依据学生的不同反应情况进行相应的教学调整，灵活性较大。在流程图式教学方案中，常用到如图2-4所示的几种符号。

图2-4 流程图常用符号

各种符号的意义如下：①表示教学内容和教师的活动；②表示媒体的应用；③表示学生

的活动；④表示教师进行逻辑判断。

如图 2-5 所示是初中物理"杠杆"教学过程的流程图表示。

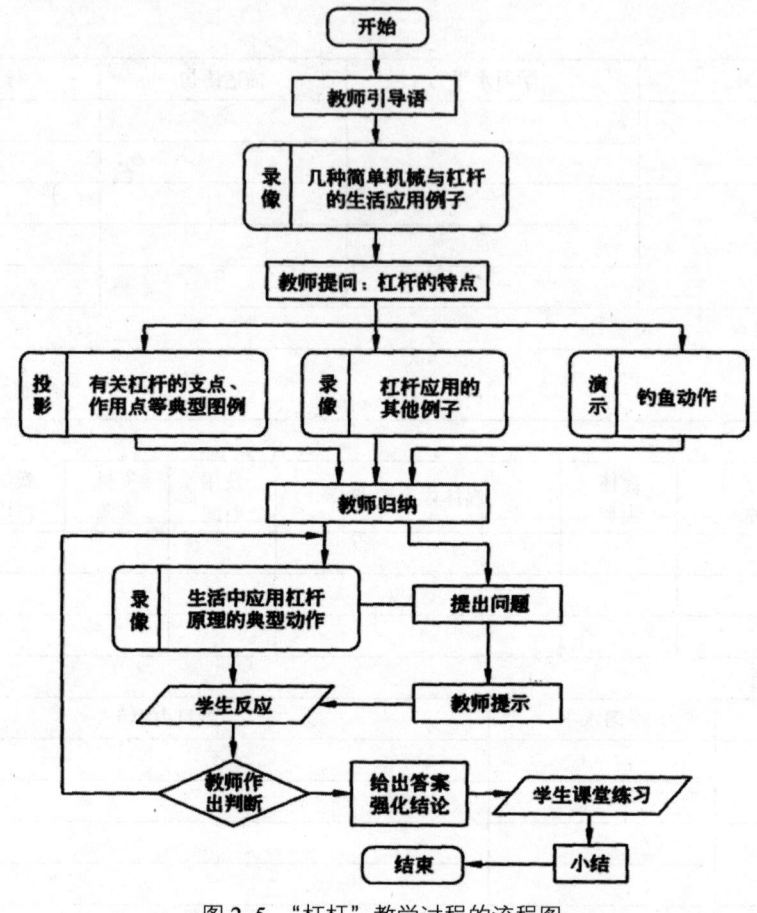

图 2-5 "杠杆"教学过程的流程图

任务七　学习评价

任务导入

学习评价是指根据学习目标对学生在学习成就上的变化进行价值判断，它是教学设计和教学过程中不可缺少的重要环节。很显然，学习评价的主要对象是学生。学习评价是一个系统过程，通过收集、分析和描述各种有关资料，并将实际表现与理想目标对比，以便对培养方案作出决策。学习评价的主要作用是，既对学生起到信息反馈和激发学习动机的作用，又是检查课程计划、教学程序及教学目标的手段，也是考查学生个别差异，便于因材施教的途径。

任务描述

学习评价的方法有哪些?

● 相 关 知 识

一、学习评价的原则

学习评价的原则就是人们对学习评价规律的认知,学习评价的原则可分为有效性、可靠性、可行性和公正、有益性的原则。

1. 有效性原则

有效性原则是指学习评价的内容应该是所期望评价的内容,也就是评价目标所限定的内容和水平而不是其他无关的内容。但事实上若不强调、不注意,很多评价项目并不能评价我们期望评价的项目。例如,目标是要求应用规则,而测验的却是学生对规则的记忆。

2. 可靠性原则

可靠性原则是指多次评价结果的稳定、一致的程度。可靠性既包括在时间上的一致性,也包括内容和不同评分者之间的一致性。一个可靠的评价项目对于大体相同的学生能得出相似的分数成绩,也不受个别评分人特点和观点的支配。例如,采用兴趣量表测量学生,他们在这一个月的结果如果大致等于三个月前的得分,那么就可认为评价的可靠性较高;又如,对一个学生的答案,有的评分人评为 75 分,有的评分人评为 35 分,则说明评价不可靠。

3. 可行性原则

可行性原则是指学习评价必须充分考虑所具备的评价条件,所采用的方法应符合实际情况。学习评价应考虑其费用、所用的时间及实施的难易程度等因素。例如,对于大班电子线路培训教学的全体学生来说,应该测定他们实际的操作能力,但又不可能设立很多实际操作的评定点,只能采用笔答的测验方法。

4. 公正、有益性原则

公正、有益性原则是指学习评价对所有的学生都应公平合理,并对所有的学生都有所帮助。学习评价必须精确地反映课程目标,学生也应当确切地知道如何对他们进行评价,学生有权询问考试的材料性质、考试的形式和结构、考试的时间长度等问题。此外,学生应该知道评价对他们的益处,来自评价的反馈能够使学生充分地了解自己的优缺点,而如果评价结果不能反馈给学生,那么学习评价的效益就会受到影响。

二、学习评价标准对学生的影响

教师应该为学生设定适当的评价标准,评价标准正是由目标所决定的。因此,在目标确定时就要注意,目标应确定在学生的"最近发展区"内,这样才能鼓励学生努力学习,提高他们的学习成效。

教师应对以下几点引起注意。

(1)评价的重要性。评价对学生越重要,标准的激励作用则越明显。例如,由于期末、升学等考试的重要性远高于平时的随堂考试或小测验,因此学生的学习动机更强烈,在复习时投入的时间和精力更多。

（2）标准的合理性和一致性。评价标准应该与学生的实际学习情况相关联，并且对于所有学生都应一视同仁。否则，学生会怀疑评价的有效性，认为努力程度、学习水平与最终评价结果无关，从而削弱了学习动机。

（3）标准应确定在学生的"最近发展区内"。评价标准对于每个学生都具有挑战性，需要付出努力才能达到。评价的目的是鼓励学生进步，所以标准应该超过他们的当前水平，这一点对于形成性评价尤为重要。

三、学习评价的分类

（一）不同阶段的学习评价

美国心理学家布卢姆把在教学过程中不同阶段实施的学习评价分为三类：诊断性评价、形成性评价和总结性评价。这三种评价在教学活动的不同阶段表现出不同的功能和作用。

1. 诊断性评价

诊断性评价一般在教学开始前进行，目的是摸清学生的现有水平以便安排教学。诊断性评价可以了解学生对新学习任务的准备状况，确定学生的基本能力和起点行为。通过诊断性评价，教师可以确定学生需要学习什么，对教学方法的选择和学生分班、编组等提供依据，从而有利于教师在教学设计过程中，为学生提供适合其特点的学习环境。通过诊断性评价，教师还能研究和分析出学生学习困难的原因，是产生于教学之中，还是产生于教学之外；是智力因素，还是非智力因素等。

2. 形成性评价

形成性评价一般是在教学过程中实施的，其目的是了解学生在教学过程中是否已达到教学目标的要求，以及没有达到的原因或困难，以便及时调整和作出改进。形成性评价一般是教师通过按教学目标编制的形成性测量来进行，也可以由学生对自己的学习状况进行自我评价。形成性评价的主要特点是，它的主要目的不是给学生评定等级，而是改进学生的外部学习条件和内部条件；它的测试次数比较频繁，根据教学目标的不同可多次进行，通过比较多次评价的结果，可以得到学生学习变化的信息，为师生提供必要的反馈；它侧重于教学的改进和不断完善，具有前瞻性。

3. 总结性评价

总结性评价是在一个完整的教学过程结束之后对学生进行的评价，如一个单元、章节、科目、学期结束时。总结性评价的主要目的是评价教学目标的达到程度，检查教学工作的优劣，考核学生的最终学习成绩。它可以为评价学生的学习方法、教师的教学方法提供依据，为以后的教和学的活动指明努力方向。总结性评价的特点是，它注重学生对某门课程整个内容体系的掌握，对学习成果进行全面的确定，重点考查学生达到学习总目标的程度；它的概括性水平一般较高，评价的内容包括的范围较广；一单元的总结性评价，一般可作为学习后续单元的诊断性评价。

（二）不同比较标准的学习评价

根据评价时比较标准的不同，可以把评价分为常模参照评价和标准参照评价。

1. 常模参照评价

以学生团体的平均成绩作为参照标准，将学生的成绩在学校或班级排名次，说明某一学生在学生团体中的相对位置。它注重个体之间的比较，根据其在集体中的相对位置来说明评价结果。例如，选拔、编班等就属于常模参照评价。

2. 标准参照评价

标准参照评价是以教学目标作为标准评价学生是否达到特定的标准及达到标准的程度。它不以比较个人之间的差异为目的，不考虑其他个体对任务的完成情况。

3. 两种评价的比较

常模参照评价的主要目的是比较学生的能力水平，排列名次，它属于相对评价的方法；标准参照评价的主要目的是确定学生的能力水平。由于这两种评价工具的设计方法不同，对于教师来说，应该在头脑中有一个清晰的目的。

按照标准参照评价设计评价工具，使用教学目标指导选择要评价的知识和技能，这样，就可以确定测试题目类型的领域和范围。而常模参照评价在确定评价工具材料的范围上要更为广泛。

在确定评价测试题时，常模参照评价的程序是首先对所要评价的学生的样本进行一次试验，取得数据后考察测试题目的难度水平（答对这个题目的学生数与学生总数的比）；其次，去掉太容易的题目（大多数学生答对的）和太难的题目（仅是个别学生答对的），这样就得到了比较标准的常模参照评价的测试题。因此，常模参照评价是以学生的平均水平为设计标准和选择评价题目的。相比较而言，标准参照评价的测试题目是按照预定目标编写的。以教学目标为标准，测试题目要涵盖目标的所有范围和难度水平。在测试试验进行以后，不能去掉那些被大多数学生答对的题目，因为这正是期望的结果，它说明教学是有效的。此时，应注意那些多数学生答错的题目，看看这些题目的编写是否合理，并要检查对这些题目的目标策略是否应该修正。

常模参照评价得到的常常是一个比较分散的分数系列。标准参照评价得到的分数往往相对集中，如果教学有效，那么大多数的学生会得到高分数；如果教学无效，那么大多数的学生会得到低分数。

任务实施

学习评价的方法

一、教师自编的成就测验的基本步骤

教师自编的成就测验是教师根据自己在教学各个阶段的需要，自行设计与编制的测验。在实际教学中，教师需经常对学生进行评价，而此种测验过程简单，因而是教师应用得最多的测验。教师自编的成就测验的测验规模限于校内或班级，并以教师本人的经验来估计测验的可靠性、有效性和实用性。

（1）确定测验的目的。测验是为形成性目的，还是总结性目的，或是诊断性目的，不同的测验目的，决定了测验的长度和题目的取样，也会影响测验题型的变化。

（2）确定要考查的学习结果。根据布卢姆的目标分类，教师希望考查的教学目标是知道、领会，还是分析、综合，测验的重点应该与特定的目标相一致。

（3）明确所要考查的教学内容。测验的内容是教学内容的抽样，因此试题对于所要考查的教学内容应具有较高的代表性。

（4）对计划考查的学习结果选择适合的题型。教师自编的成就测验，只有在熟悉各种测验类型的特点和功能的基础上，才能编制出适当的测验。

二、标准化测验

标准化测验是指由专家按照一定程序编制适用于大规模评价个人学习成就水平的测验，这种测验的命题、施测、评分和解释，都有一定的标准和规定，因此，具有较高的可靠性和有效性。它的特点为：测验是由专门机构或专家学者按一定测验理论和技术，根据全国或某地区所有学校的共同教育目标编制的；所有受测者所做的试题、时限等施测条件完全相同，计分手段和分数的解释也完全相同；测验都以常模为根据，是由全国或地区中抽取有代表性的样本团体来建立的；测试规模大，整个地区、国家以至国际上都可统一使用。由此可见，它是评价学生学习成就的重要工具。比较典型的标准化测验如美国举办的托福考试（TOEFL），主要考核非英语国家留学生的英语水平。

较常用的标准化测验有以下三种。

（1）单科成就测验。单科成就测验是评价学生在某一学科中的学习成就水平的测验。

（2）综合成就测验。综合成就测验是在一次测验中同时测量学生不同学科的学习成就水平的测验。

（3）诊断测验。诊断测验评价学生学习某一学科的优缺点，以帮助教师发现学生的学习困难。

在选择标准化测验时，教师应该注意考虑测验的目的和意图，是分类、选拔还是评价学习进步；注意测验的适用年龄、施测的方法等是否适用于特定的学生。总之，要强调测验的实用性。由于标准化测验对施测者的要求较高，因此教师在使用测验前需要查阅测验手册，确定自己是否可以实施，如超出自己能力的测验，则需要求助于专家共同完成。

三、非测验评价

在教学实践中还存在其他非测验性的评价方法，这是因为教学目标是多样化的，不仅有知识和能力的认知目标，还有态度、情感等目标，因此，反映学生的学习水平的信息也就自然呈多样化的状态，如学生上课的纪律情况、举手发言的次数、学习习惯、对学科的兴起等都是评价的重要信息。而这些信息的收集仅靠测验的方法是无法获取的。非测验评价方法有很多，这里我们主要介绍观察法和调查法。

1. 观察法

观察法是指为达到某种评价的目标，教师专注于学生的行为和所处环境并记录所观察的内容，从而获得必要资料的方法。观察法是教师在教学过程中常用的一种收集反馈信息的方法。如果连续地对学生作观察记录，就会得到许多珍贵的教学信息，从而可以发现教学方案的不足之处，进而加以修改。

观察法可以全面地观察了解包括教学现场气氛、偶发事件等在内的各种教学情况和问题。它还可以不依赖被观察者的语言能力，对各类学生的反应都能做到比较客观的了解。另外，它也可以创造性地处理和分析从教学现场中所获得的各种信息，把无规律、不成体系的大量信息按一定的规律和顺序加以分类和整理，找出问题的原因和解决问题的对策。观察法的基本操作过程如下。

（1）在观察前准备一些小卡片，并组成观察者小组。

（2）在观察过程中将所需记录的信息尽量简明地写在卡片上。

（3）进行事后讨论，将卡片分类，汇集相似的卡片，形成卡片组。

（4）根据每个卡片组的内容，确定每个卡片组的名称。

（5）主要从原因和结果、顺序性关系、相互矛盾这三个方面去分析研究各卡片组之间的关系。

2. 调查法

调查法又可分为问卷法和访谈法。作为教学数据的收集方法，问卷法更具有工具性质，我们主要讨论问卷法。

问卷法是通过书面形式向回答者提出问题，从答案中获取数据的方法。问卷法没有预先确定的标准答案或正确答案，一般采用无记名式，它不受时间和空间的限制，在短时间内可获得较多的信息，并且比较容易地处理和具有真实性。

问卷法的回答形式一般有三种：选择一个答案的单一回答法、选择几个答案的多重回答法、随意书写短文的自由记述法。

下面介绍一个简单而十分有效的用多重回答法设计的问卷。

关于你的学习情况，请在适当的号码上画圈。

A. 你能理解老师的讲解吗？　　　　　1 2 3 4 5

B. 你对教学内容有兴趣吗？　　　　　1 2 3 4 5

C. 你做预习和复习吗？　　　　　　　1 2 3 4 5

D. 你的学习态度是积极的吗？　　　　1 2 3 4 5

1—不是　2—基本不是　3—哪个也不是　4—基本是　5—是

将问卷收回后，就应对所得数据进行处理和分析。首先，应做一张数据分布表；其次，算出每个问题项的平均数，并将平均值用虚线连接起来，这样就可以了解学生整体的情况。同时，可用数据分布表很容易地比较某一学生与平均值的差别，也可以比较学生与学生之间的差别，如图2-6所示。

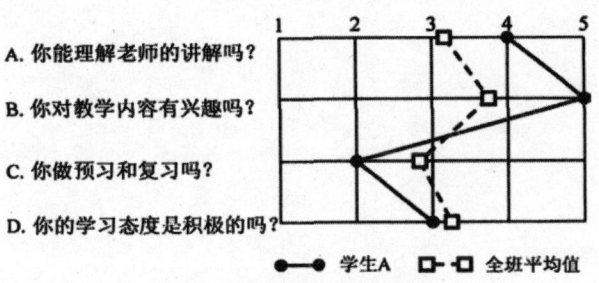

图2-6　数据分布图

这里需要注意的是，调查结果最终不应是数字的简单罗列，应该用容易理解的表示方式加以描述，这样具有亲切、易懂和易记的优点。近年来，随着计算机在学校不断得到普及应用，我们可以方便、直观地画出图表，科学、准确地作出评价。

思考与练习

1. 简述教学设计的基本定义。
2. 教学设计过程的模式有哪些环节？试画图予以说明。
3. 教学设计要作哪些前期分析？几项分析的关系如何？
4. 加涅把学习结果分为哪几种类型？试述其具体含义。
5. 结合本专业课程，运用马杰的 ABCD 法，编写一个具体的学习目标。
6. 制定教学策略的依据有哪些？
7. 简述选择教学媒体的几种模型。
8. 学习评价的原则有哪些？
9. 学习评价按阶段分类有哪几种类型？
10. 结合本专业实际，从教师的角度，自编一套成就测验题。
11. 结合教育实习，对你要进行的课堂教学进行整体设计。

项目三 教学媒体和环境的管理与应用

学习目标

1. 理解教学媒体的基本概念。
2. 能够较为合理地选择和使用各种教学媒体开展教学。
3. 了解现代教育技术环境的组成与分类。
4. 知道演示型多媒体教室、交互型多媒体教室、多媒体网络教室的异同及其教学功能。
5. 知道校园网的构成和主要教学功能。
6. 知道"班班通"教学环境的主要教学功能及使用。
7. 了解智慧教育环境的特点及主要的教学功能。
8. 了解常见数字化教学平台的特点及主要的教学功能。
9. 能够合理地选择和使用慕课平台的资源进行自主学习。

任务一 教学媒体的应用

任务导入

说到教学媒体，大家肯定可以说出很多教学媒体的名称，如幻灯机、投影仪、计算机、电子白板等。但是，到底什么是教学媒体？教学媒体与其他的传播媒体又有什么不同？如何正确地选择与应用教学媒体？关于这一点，上一章中已有所涉及，让我们通过这一节的学习来进一步认识。

任务描述

教学媒体的选择原则合方法是什么？

相关知识

一、教学媒体的相关概念

1. 媒体

媒体（Media）又称媒介，指一切承载、传输、控制信息的材料和工具。媒体有两种含义：①承载信息的载体，如广播、电视、计算机、网络、杂志、报纸等；②存储和传递信息的实体，如录音带、录像带、光盘、磁盘及相关硬件设备。

2. 教学媒体

关于教学媒体的定义，目前还没有统一的定论，有人把教学媒体定义为传播的通道，它能把教学信息从信源传送给信宿；也有人将其定义为记录和传递教学信息的介质。最初的"教学媒体"仅仅指美国20世纪60年代出现的教学机器，现在它已用来泛指"任何用于传播知识的通信手段"，既包括教材等印刷材料，也包括模型、图片、幻灯片、电影、电视、计算机、网络等。

瑞泽（R. A. Rersir）和加涅认为教学媒体是指传递教学信息的物理手段。据此，教师、教科书、录音磁带、用于教学的电视节目和计算机软件等都是教学媒体。由一般媒体发展为教学媒体至少需要具备两方面的要素：一是媒体只有用于储存与传递以教学为目的的信息时，才可称为教学媒体；二是媒体用于教与学活动的过程时，才能发展成为教学媒体。因此，可以把以传递教学信息为最终目的并用于教学活动过程的媒体定义为教学媒体。

3. 数字化教学媒体

"数字媒体"作为一种新媒体是近几年出现的一个新概念，美国《连线》杂志将新媒体定义为"所有人对所有人的传播"。数字化教学媒体是指以数字化形式存储和传递教学信息的教学媒体。即数字化教学媒体是以二进制形式存储和传递教学信息的多种形式的媒体文件，如文本、图形、图像、视频和音频等形式的文件，用于教学的网页或博客等，也包括能存储数字媒体文件的设备，如多媒体计算机、交互式电子白板和各种移动终端设备。

数字化教学媒体应用于教学活动，能够使教学信息传递更加标准化，教学过程更加生动有趣，学习者的学习效率更高。通常数字化教学媒体在教育传播过程中的主要功能有：传递信息、存储信息和控制过程。

课堂练习

请比较媒体、教学媒体和数字化教学媒体三者之间的异同点，将结果填写到表3-1中。

表3-1　媒体、教学媒体和数字化教学媒体的异同点

	媒体	教学媒体	数字化教学媒体
不同点			
相同点			

课堂练习

上网查资料，了解这两年有哪些新的媒体和技术正在或将对教育产生重大的影响，填写表3-2，并积极分享你的观点与见解。

表3-2　新媒体和技术及其影响

新的媒体和技术	产生的影响

二、教学媒体的分类

教学媒体从不同角度可以分为不同的类型。可以根据它们承载、传递和控制信息的方式、方法、自身形态的特点以及表现形式等加以区分。这样既便于对教学媒体有一个总的认识，了解它们的特性和功能，又便于在教育教学中能够有效地加以开发和利用。从总的情况看，目前比较具有代表性的分类方法主要有以下 2 种。

1. 按教学媒体发展的先后划分

教学媒体按发展的先后划分，可分为传统教学媒体和现代教学媒体。

（1）传统教学媒体

传统教学媒体主要包括语言、文字、印刷材料、图片、黑板、挂图、模型和实物及教师的各种表情和体态等。这些媒体历史悠久，使用方便，在过去和现在的教育教学活动中，一直担当着传递教育教学信息的主要或重要媒体的角色，在将来的教育教学活动中，仍将是传递教育教学信息的重要媒体，是人类教学不可或缺的工具。

（2）现代教学媒体

现代教学媒体是近代才产生和发展起来的，如录像和多媒体计算机等。需要指出的是，现代教学媒体是一个发展的概念。随着现代信息技术的发展，目前现代教学媒体主要是指基于计算机和网络等现代信息技术的教学媒体。

2. 按教学媒体作用于人的感官和信息的流向划分

按教学媒体作用于人的感官和信息的流向划分，可分为视觉媒体、听觉媒体、视听媒体和交互多媒体。

1）视觉媒体指发出的信息主要作用于人的视觉器官的媒体，如教科书、黑板、挂图、标本、幻灯和投影等。

2）听觉媒体指发出的信息主要作用于人的听觉器官的媒体，如广播和录音等。

3）视听媒体指发出的信息主要作用于人的视觉器官和听觉器官的媒体，如电影、电视和激光视盘等。

4）交互多媒体是指使用多种感官且具有人机交互作用的媒体，如多媒体计算机。

此外，按技术特性，有电光投影媒体、电声录音媒体、电视录像媒体、电算智能媒体及电信传播媒体之分；按信息传播方向可分为单向传播媒体（如电影、电视和录音）和双向传播媒体（国际互联网的聊天室、视频点播、个别辅导及角色扮演等）；还有以媒体的信息呈现形态进行分类等。

无论何种分类，都很难说是十分准确的，因为如此众多的媒体，特别是依靠高科技所形成的现代化媒体，由于其技术上的综合性及功能上的丰富性，无论按哪种出发点分类都可能形成与其他类的交叉。例如，语言实验室按其功能、配置不同划分就有听音、听说、视听、视听说、听说对比以及多媒体语音实验室等分法。

三、教学媒体的功能和特性

1. 教学媒体的功能

教学媒体在教育传播中的功能主要是传递信息、存储信息和控制过程。具体到教学过程中，教学媒体的作用包括以下几个方面。

(1) 展现事实,获得直观经验

利用媒体手段,可以提供有关科学现象、事物形态、物质结构等事实,使学生获得真实的直观经验,便于识记。

(2) 创设情境,建立共同经验

根据教学需要,利用媒体呈现相关情节、景色和现象的或真实或模拟的场面,创设情境,激活学生已有知识,建立共同经验。

(3) 提供示范,便于模仿

教学媒体可以提供一系列标准的行为模式,方便学生练习和模仿。例如,软件的视频教程提供了非常标准的操作模式,运用这些教程再加上教师的课堂指导,既可以避免教师的重复劳动,还可以带来更好的教学效果。

(4) 呈现过程,解释原理

教学媒体可以呈现某一典型事物的运动、成长、发展的完整过程,帮助学生理解典型事物的特性、发生和发展过程的规律和原理。特别是电视、录像、计算机等教学媒体;可以向学生提供一些特别典型的视频资料,在一定程度上优化了教学过程。

(5) 设置疑点,引发思考

教学媒体可以提供能引发学生思考的典型现象或过程,作为分析、思考、探究的对象。

2. 教学媒体的特性

研究教学媒体特性的目的是更好地帮助教师选择和使用教学媒体,以支持有效的教与学活动。下面从传播信息内容的表现方式、传播方式和传授关系3个维度来分析传统教学媒体的特性,如表3-3所示。

表3-3 传统教学媒体的特性

分析维度	特征描述
表现形式	物质实体性
	具有感官性和全息性
	区域性
	信息的有限性
	不易复制和存储
	不易检索
传播方式	实效性不强、更新慢
	综合性低
	互动性低
传授关系	透明性较低
	更高的可信度和记忆度
	不自由
	难做到个性化
	多元性较差

表3-4 数字化教学媒体的特征

分析维度		特征描述
表现形式	数字化	将任何连续变化的信号转化为一串由0和1表示的信息
	感官性、全息性	对受信者感官的刺激更倾向于人性化
	全球化	可以不受时空限制
表现形式	信息的多样性与无限性	在信息传输量上具有无限的丰富性，在信息形态上具有纷繁的多样性
	可存储、易复制	数字化的文本、视频或音频等媒体都可以复制和存储
	易检索	用户可以很方便地输入关键词进行媒体资料的检索
传播方式	方便迅捷性	既可以同步实时传播，也可以异步非实时传播
	综合性	实现了文字、图片、声音、图像等传播符号和手段的有机结合
	互动性	双向互动传播，高度体现人际传播的特点
传受关系	透明性	由于数字媒体的全球性、超媒体、超链接等特点，故更具有开放性和透明性
	多元性	传播主体的多元性、传播文化的多元性、传播方式的多元性
	自由性	允许受众在许可的时间和地点接受信息与发布信息
	个性化	支持真正的个性化

表3-4反映出数字媒体在表现力、重现力、传播力、参与性和可控性5个方面的特征。当然，不同的数字媒体在上述5个方面的特征和能力也是不一样的。

任务实施

教学媒体的选择原则和方法

一、教学媒体的选择原则

教学中常将两种以上的媒体组合使用，因为各种教学媒体都有各自不同的特点和长处，使用两种以上的媒体来传递信息，可以使媒体之间互相补充。另外，多种媒体的恰当组合，能更好地调动学生的多种感官参与活动，有效地提高学习效率和记忆水平。通过现代教学媒体的适用时机及考虑其主要因素，在选择与组合现代教学媒体时应遵循以下原则。

1. 目标性原则

要根据课堂教学目标和教学内容选择现代教学媒体。例如一堂语文课，如果教学目标是着重培养学生的听说能力，就应考虑选用录音媒体；如果教学目标是通过看图让学生造句或作文，提高观察能力，就应选择投影或幻灯。不管选用哪种教学媒体，都是为达到课堂教学目标服务的，都是服从于教学任务这个大局，决不能想用哪种媒体就用哪种媒体。

2. 最优化原则

多媒体组合教学的研究与实践表明：围绕教学目标选择教学媒体时，必须根据不同媒体的功能特性，充分发挥各种教学媒体的特长，选择使用最能表现相应教学内容的媒体种类，同时还要对多种媒体进行优化组合，如表3-5所示。

表3-5 教学媒体组合策略

区域号	组合媒体的特征	典型媒体组合举例	适用的教学方法	开发成本
I	□单向传播　■双向传播 □媒体感官性单一　■媒体感官性丰富	交互式电子白板＋小组学习终端＋个人学习终端＋虚拟学习社区	讲解、演示、个别辅导、操练与练习、自主学习小组讨论、全班交流、合作学习法	高
II	■单向传播　□双向传播 □媒体感官性单一　■媒体感官性丰富	电子讲稿＋多媒体课件	讲解、演示、全班交流	较低
III	■单向传播　□双向传播 ■媒体感官性单一　□媒体感官性丰富	印刷材料与黑板组合	讲解	低
IV	□单向传播　■双向传播 ■媒体感官性单一　□媒体感官性丰富	交互式电子白板＋课堂互动反馈系统	讲解、个别辅导、操练与练习、小组讨论、全班交流	适中
V	■单向传播　■双向传播 ■媒体感官性单一　■媒体官性丰富	黑板＋交互式电子白板＋电子讲稿＋多媒体课件＋虚拟学习社区	讲解、演示、个别辅导、操练与练习、自主学习、小组讨论、全班交流、合作学习法	较高

3. 适度性原则

在教学过程中应适当多采用些教学媒体，因为多种媒体传递的教学信息量一般会比只用一种媒体传递的教学信息量要大，但这并不是说媒体用得越多越好，还要考虑学生能不能接受，如果不能接受，再多的信息又有什么用呢？因此不该放录音一定不放录音，不该放录像坚决不放录像。

4. 反馈互动原则

反馈是课堂教学结构不可缺少的部分，是检测学习效果、了解学习动态的重要途径，也是体现以学生为中心，发挥学生主体作用的重要方法。应用现代教育技术提高教学效果，必须通过多种途径和多种形式建立最佳反馈渠道，既要让学生及时准确地获取反馈信息，以便将更多的知识内化为自身素质；又能使教师及时了解学生的学习态度、智力因素及非智力因素发展程度，以便调整自己的教学方式和策略。

5. 经济与实效相结合的原则

一般来说，媒体组合不宜过于复杂，而以简洁实用、少而精、省时省力、易于操控为佳。要讲究教育经济学原理，以较小的代价取得较大的效果。能用传统教学媒体讲清楚的则不用现代教学媒体，能用简单媒体的则不用复杂媒体，能用低成本媒体的则不用高成本媒体。现代教学媒体操作总要占用一定的教学时间和资源，因此教师课前要熟练掌握所使用媒体的功能和操作方法，各种附件和软件要准备齐全。就我国目前国情来说，经济实效尤为重要，要提倡因陋就简，勤俭节约，就地取材，用有限的经费迅速发展和推广多媒体教学。

二、教学媒体的选择方法

人们在大量的媒体应用实践中逐步总结出了一些选择媒体的方法、程序或模型，这里主要介绍问题表和流程图两种模型。

1. 问题表

问题表实际上是列出一系列要求媒体选择者回答的问题，通过对这些问题的逐一回答，比较清楚地发现适用于一定教学情景的媒体。下面的一组问题便是例子。

- 所需媒体是用来提供感性材料还是提供练习条件？
- 该媒体是用于辅助集体讲授还是用于个别化学习？
- 媒体材料与学生的认知水平相一致吗？
- 教学内容是否要作图解或图示的处理？
- 视觉内容是用静止图像还是活动图像来呈现？
- 活动图像要不要配音？是用电影还是录像来表达视听结合的活动图像？
- 有没有现成的电影或录像及放映条件？

问题表列出的问题根据实际情况可多可少，可按逻辑排序。这种模型出现较早，并为其他一些选择模型提供了基础。

2. 流程图

流程图建立在问题表模型的基础上。它将选择过程分解成一套按序排列的步骤，每一步骤都设有一个问题，由选择者回答"是"或"否"，然后按逻辑引入不同的分支。回答完最后一个问题，就会有一种或一组媒体被认为是最适合于特定教学情景的媒体。

媒体选择的流程图可以根据不同需要设计成各种形式，下面介绍几组不同教学组织形式下的教学媒体选择流程图，如图3-1所示的集体授课媒体选择流程图，图3-2所示的个别化学习媒体选择流程图，图3-3所示的小组相互作用的媒体选择流程图。

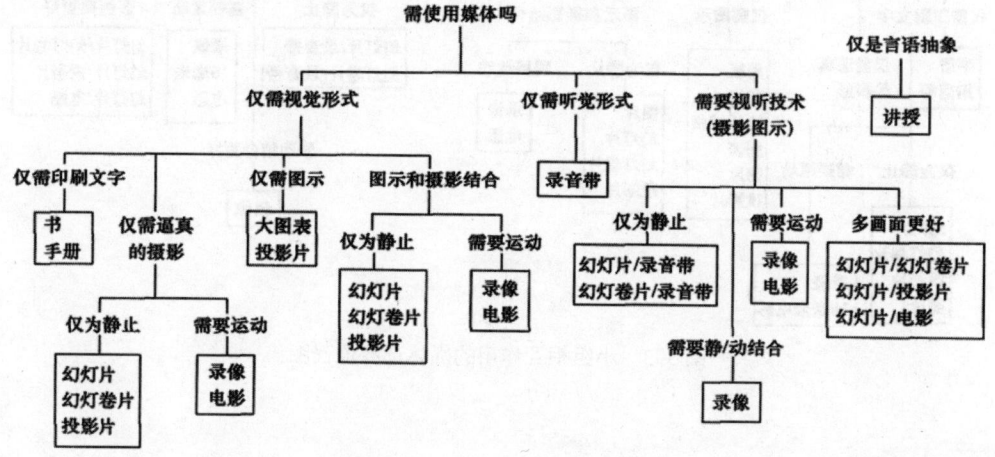

图3-1 集体授课媒体选择流程图

流程图是辅助教学媒体选择的很好的工具，它为教师选择合适的媒体、进行教学决策提供了思维步骤和明确指向。

课堂练习

根据上述学习内容，请结合教学媒体选择流程图，选择若干个媒体特性维度进行教学媒体的组合，并与同伴交流、分享你的媒体组合方案，说出你的观点。

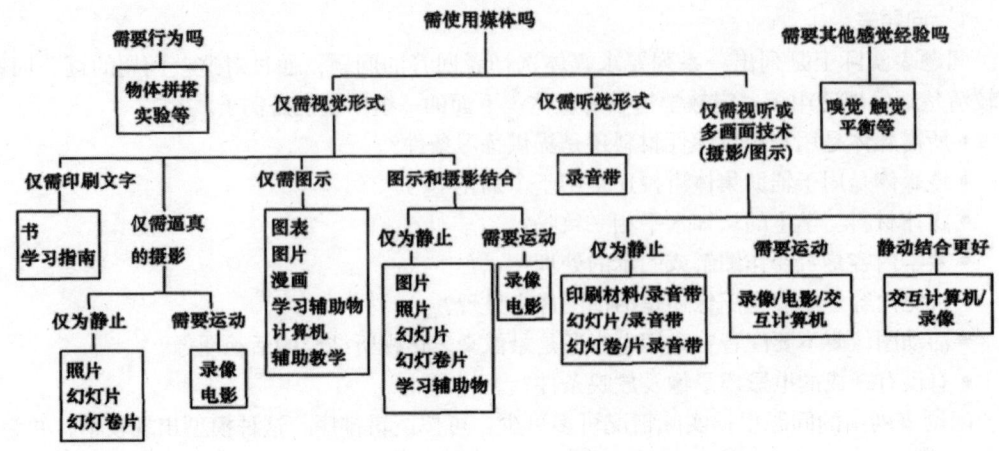

图 3-2　个别化学习媒体选择流程图

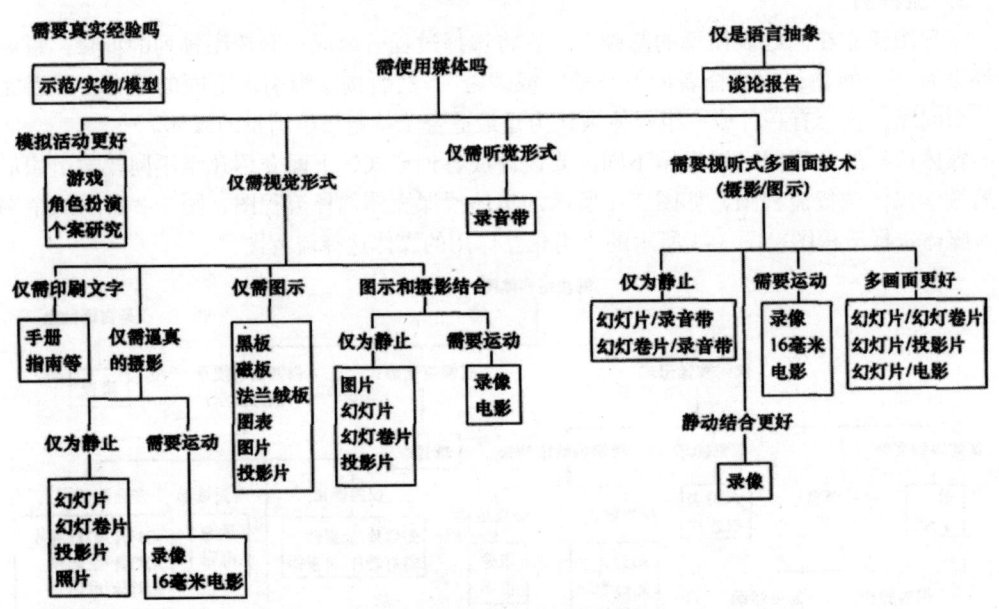

图 3-3　小组相互作用的媒体选择流程图

任务二　信息化教学环境概述

任务导入

自从学校教育诞生以来，教学就离不开特定的场所与设施，教学环境作为教育研究的重要内容，越来越受到人们的关注与重视。信息化教学环境是一个由不同要素构成的复杂系统，随着多媒体技术和网络技术的飞速发展，以及我国"校校通"工程、农村中小学现代远程教育工程、"班班通"工程、"三通两平台"工程的先后实施，很多中小学的信息化教学环境得到了极大的改善，多媒体教室、网络教室及智慧教室等成为当前中小学主要的信息化教学环境，为广大教师实践新的教育理念、教学模式和方法提供了优良的支撑平台。

任务描述

信息化教学环境的组成与分类是怎样的？

相 关 知 识

信息化教学环境的内涵与特征

一、信息化教学环境的内涵

教育部在2011年颁布的《教育信息化十年发展规划（2011—2020年）》中明确提出：要建设智能化教学环境，提供优质数字教育资源和软件工具，利用信息技术开展启发式、探究式、讨论式、参与式教学，鼓励发展性评价，探索建立以学习者为中心的教学新模式。信息化教学环境为学校提供了现代化的教学手段和新型的教学模式，是推动学校教育信息化的必要条件。

信息化教学环境条件主要包括以下几个方面：

- 现代学习资源设计开发的条件，主要指各种开发环境。
- 现代学习资源利用的条件，主要指各种应用环境。
- 现代学习过程设计、开发与利用的条件，主要指新型的教学模式，现代教育技术环境要为创建现代学习过程或新型的教学模式创造条件。
- 学习过程和学习资源的现代管理与评估条件。

二、信息化教学环境的特征

为了满足现代化教学的需要，信息时代的信息化教学环境的特征主要表现为：

- 数字化：包括硬件设备、软件平台和信息资源的数字化。实现数字化可以加快信息的传播速度和范围，提高信息资源共享的效率。
- 网络化：以计算机网络技术为支撑，将所有设备和各类信息链接起来，实现信息资源的高度整合和广泛传播，使原来封闭的校园走向开放与共享。
- 多媒体化：所有设备都能处理、传输与呈现多媒体信息，教学信息的表征是多元化的。
- 智能化：设备和软件平台、资源都具有一定的智能性，学习者能够参与到高度互动和个性化的智能环境中，便于探索新的个性化的学习模式。
- 系统化：硬件和软件的建设应运用系统工程方法，从整体效能出发，注重相互之间的协调与配套建设，确保系统功能得到充分发挥。
- 人本化：软硬件环境的建设要以人为本，符合人性化的要求，便于使用与操作，有利于调动学习者的积极性，有利于实施个性化的教学等。

任务实施

信息化教学环境的组成与分类

信息化教学环境按照功能的不同可以分为两类：

一类是支持教师教学活动和学生学习活动的教学支撑环境，是课堂教学活动或学生自主学习活动赖以进行的各种客观条件的综合。

另一类是支持教师备课与交流，以为教师和学生提供服务和资源为主的教学资源环境。

教学支撑环境按照教学环境中所采用的硬件、软件技术及开展的教学活动的不同，可以分为3类：

一是以多媒体教学为主的媒体化教学环境，主要包括多媒体教室、语言实验室等。这种教学环境一般通过屏幕投影向学生呈现文本、图片、动画、音频、视频等多媒体教学信息，在实际教学中既可以应用现代信息技术教学手段，又可以应用传统教学手段，教学方法灵活多样，并且构造简单，只需要对普通教室略加改造即可。

二是以网络教学为主的网络化教学环境，主要包括多媒体网络教室、校园网、因特网，以及支持网络教学的网络教学平台与各类管理与控制软件等。网络化教学环境充分利用多媒体计算机技术和网络通信技术，通过各种信息媒体，如文本、声音、影像和信息交互技术，为学生提供多样化的、丰富的资源，实现双向互动交流，能够为学习者的自主学习和协作学习提供支持。

三是以云技术为基础，以物联网为支撑，构建泛在式学习空间、个性化学习方式、智能化教学管理、一体化教学资源与技术服务等智慧特征的教育环境，以优质资源的共建、共享和先进信息技术的整合应用为中心，实现教育公平，提高教育质量，推动教育教学改革的发展。教学资源环境以提供服务和资源为主，主要包括电子备课室、电子阅览室、数字图书馆、学习资源中心等。随着信息技术的快速发展，知识的存储载体和传播方式发生了根本性的变化，这种教学环境拥有大量的教学信息资源，主要为教师和学生的自主学习和查阅资料服务，它不同于传统意义上的教学场所。

课堂练习

结合你在中小学学习的亲身经历或信息化教学的亲身体验，思考教师应用现代教育技术授课能否明显地提高教学效果，现代教育技术环境给教师和学生带来了哪些冲击，教师和学生如何才能够更好地适应这种新的教学环境。将讨论要点写在下面的横线上。

_____
_____
_____
_____
_____
_____
_____
_____
_____

任务三　多媒体教学环境

任务导入

多媒体教学环境集音频、视频、计算机网络、通信、智能化和自动化等信息化技术于一体,现阶段的多媒体教学环境建设技术正在从以模拟音像为主体的传统模式迅速向全数字化多媒体系统集成应用为主的新兴领域发展,一个全新的信息化时代已经到来,各种类型的数字化教学中心、网络学堂、多媒体教室、多媒体视听环境日新月异。多媒体教学环境要求各级各类学校及培训机构提供基于其本身目标功能的全面解决方案。"具有中国特色、技术水平先进、应用标准统一、操作简单便利"的教学环境对推进信息化时代教学手段、教学模式的变革,对促进优质教学资源共享均具有重大意义。

多媒体教学环境是指在传统教师的基础上,将多种不同类型的教学媒体有机地组合在一起,这些教学媒体通过屏幕投影向学生呈现文本、图片、动画、音频、视频等多媒体教学信息,以实现教学过程与教学效果的最优化。

任务描述

分析交互式电子白板的功能

相关知识

演示型多媒体教室

所谓演示型多媒体教室是指利用计算机技术将视频、音频、文字、图像、动画等媒体技术密切结合,将多种媒体合理汇集在一个教室内,发挥不同媒体的优势,优化教学过程的教学场所。演示型多媒体教室通常可分为简易型和多功能型两类。简易型多媒体教室一般配备有黑板、多功能讲台、计算机、投影仪、投影屏幕、功率放大器、音箱、中央控制系统、多功能讲台等设备;多功能型多媒体教室一般在简易型的基础上另配有视频展台、DVD、录像机、卡座等。一般来讲,简易型配置即可满足常规教学的需要。

1. 多媒体教室的系统构成

多媒体教室由多媒体计算机、多媒体液晶投影仪、数字视频展示台、中央控制系统、投影屏幕、音响设备等多种现代教学设备组成。

- 多媒体计算机是演示系统的核心,教学软件都要由它运行,而且在很大程度上决定演示效果的好坏。
- 多媒体液晶投影仪是整个多媒体演示教室中最重要的也是最昂贵的设备,它连接着计算机系统、所有视频输出系统及数字视频展示台,把视频、数字信号输出显现在大屏幕上。
- 数字视频展示台可以进行实物、照片、图书资料的投影,是一种非常实用的设备。
- 中央控制系统用系统集成的方法,把整个多媒体演示教室的设备操作集成在一个平台上,所有设备的操作均可在这个平台上完成。

● 投影屏幕用于和投影仪配套使用。

2. 多媒体教室的教学应用

多媒体教室适用于各类学校进行的多媒体教学、课例教学、专题演讲、报告会、学术交流、演示及娱乐等，其主要教学功能有：

（1）课堂演示教学。教师利用多媒体系统将教学内容直接投影到大屏幕上，也可以利用多媒体模拟演示宏观世界的现实场景和微观世界的事物运动。这种方法传递的教学信息比较直观、明了，能够带给学生视听等多方面的感官刺激，可以提高学生的学习兴趣，从而提高教学质量和教学效率。

（2）播放各种教学课件和软件。教师准备的多媒体教学软件可以通过多媒体教学系统播放出来，增强教学效果。多媒体教室可以播放各种视频、音频软件，如录像带、VCD、CD等。

（3）搜索教学资料和信息。多媒体教室一般与校园网、因特网相连，教师在教学过程中，可以根据自己的需要，随时调用所需的教学信息。

（4）常规教学。多媒体教室也称综合教室，它不仅能进行多媒体教学，还可以进行传统的常规教学，只使用黑板、粉笔即可。

二、交互式多媒体教学系统

这里提到的交互式教学系统，主要都是基于交互式硬件设备的，例如交互式电子白板、交互式触摸一体机、交互式液晶书写屏等。交互式多媒体教学系统相对于传统多媒体教学的优点在于，教师在授课过程中可以直接在授课界面上进行课件的讲解、批注、编辑等，方便教学。

1. 交互式电子白板的概念

交互式电子白板是电子感应交互白板（硬件）与交互白板操作系统（软件）的集成。它融合了计算机技术、微电子技术与电子通信技术，成为计算机的一种输入/输出设备，是人（用户）与计算机进行交互的智能平台。交互式电子白板系统工作原理图如图3-4所示。

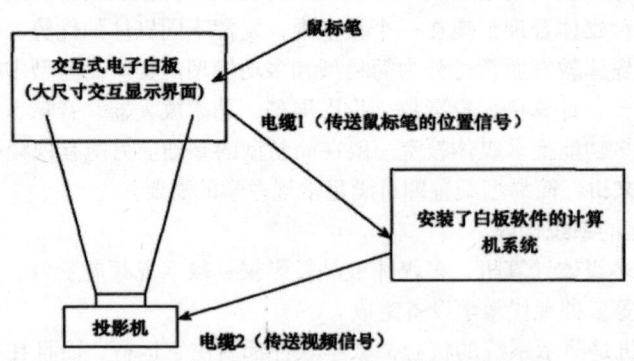

图 3-4　交互式电子白板系统工作原理图

2. 交互式电子白板的种类

交互式电子白板可分为复写式、外围式和交互式3类。根据不同的标准，交互白板可有不同的分类。依据交互白板功能实现的关键技术——精确定位测试技术，交互白板可分为电磁感应技术白板、红外线技术白板、电阻膜技术白板、超声波技术白板和CCD光扫描技术白板。这5款不同类型的交互白板各具特点和优劣。张祖芹在《简析交互白板》中从多个方面进行了详细分析，如表3-6所示。

表3-6 交互式电子白板的种类和特性

类型 比较项目	电磁感应技术白板	红外线技术白板	电阻膜技术白板	超声波技术白板	CCD光扫描技术白板
定位	定位相对精确	比较精确	定位相对精确	定位相对精确	
书写上式	使用专用笔不可触摸	手指或教鞭即可书写	直接触摸操作	使用专用笔	多点同时触摸
反应速度	一般	较快	较慢		
使用寿命	较长	较长			
所受干扰	易受到强电磁波的影响	易受强红外线光的影响		易受强噪声和温度影响	
是否易划伤	害怕划伤	不怕划伤	面板一旦划伤则不能使用		新技术，尚未发展成熟

3. 交互式电子白板课堂教学应用的模式

在实现教学结构与模式的多元化方面，交互式电子白板比之当前用于课堂教学的其他信息技术装备具有更大的灵活性和适应性。综合目前已有的教学案例文献分析发现，当前交互式电子白板的课堂教学应用模式主要有三大基本类型：教学资源模式、情境创设模式和交互整合模式。3种教学模式的基本特征比较如表3-7所示。

表3-7 交互式电子白板媒体教学应用3种模式的特征比较

类型 比较项目	教学资源模式	情境创设模式	交互整合模式
电子白板的教学功能与角色	提供教学资源，辅助教师教学	提供学生完成学习任务的情境	将网络的个性化分析、交互交流和实时追踪与学习过程分析融入教学中
适用的学习活动	补充教学素材不足，扩展学生学习经验	专题型、问题型需要进行探究教学的内容	培养学生与他人交流、突破时空限制的学习，以及实施自主性学习
教师、学生、技术媒体三者的交互角色	教师教学、技术辅导、学生被动学习	学生与技术交互，教师协助	教师、学生与技术媒体角色动态转变
常用教学策略	操作与练习、举例示范与媒体呈现	探究教学、问题解决、情境模拟和游戏式学习	合作学习、讨论与整合式学习

4. 交互式电子白板的教学应用

（1）利用电子白板的整合性，丰富课堂教学的资源。交互式白板能够实现丰富多样的教育资源的灵活整合。交互式白板的计算机工作界面能从网络中调用海量的各类资源（包括各类计算机和网络软件课件，播放各类多媒体光盘和视音频材料等），老师们一方面可以在这个资源的海洋里吸取大量的知识来武装自己，另一方面可以利用这个大仓库里的物质来构成自己上课时所需要的材料。同时，老师还可直接调用交互白板内置的多种资源库，主要有活动挂图资源库、注释库、超链接库、动画库等。每一种资源库都可以建立各自的树形目录结构，按学科和班级等进一步分类，方便查找和调用。师生在教学实践中可以依据各自的需要不断调整、修改、增添直至重构这些内置的资源库。而且，交互白板支持在课堂教学师生交互情境中教育资源的现场创作和再加工，从而不断形成和积累可重复使用的鲜活的教育资源。

（2）利用电子白板的交互性，构建互动学习的模式。交互式电子白板的出现有效地解决了课堂教学教师和学生之间互动的难题，把传统教学手段和多媒体教学有机整合在一起，让教师能轻松利用多媒体教学设备开展教学活动。具体体现为：

①人机交互：在白板系统的支持下，教师无须到主控台前，可以即时用鼠标笔直接打开各种计算机文件（包括多媒体素材与课件）；可把多媒体元素嵌入挂图中，或制成链接，随时调用；可以通过页面跳转按钮快捷地跳到已有板书内容的任意一页；ACTIVBOARD 的"拉屏"和"聚光灯"等功能使得逐部分显示板书内容轻而易举。

②课堂人际交互：包括师生交互和生生交互，把白板作为一个交互的中介和平台，完成大多数常见的教学任务。通过师生交互实现教学内容传递和接受，教师根据交互反馈进行动态调整；通过生生交互实现学习过程中的对话协作、展示、共享自己的学习成果等。

③资源间交互：这是基于交互白板系统支持下对不同种类资源的教学利用的过程。资源包括计算机本机的各种媒体资源、交互白板资源库资源、教师自己制作的课件、来自 Internet 的资源等。

（3）利用电子白板的灵活性，提升课堂教学的效果。通过电子白板建构的互动课堂，增强了教学的灵活性。体现在：

教师在教学过程中可以利用交互白板技术使色彩单调、呈现材料类型止于手写文字和手绘图形的黑板变得五彩缤纷，既可以往一样自由板书，又可展示、编辑数字化的图片、视频，这将有利于提高学生的学习兴趣，保持其注意力。

教师在教学过程中还可以根据不同课程需要和学生年龄特点灵活运用不同的提问和答题方式进行教学，并即时批注、圈点、修改学生的答案，让学生在充满活力的课堂中主动获取知识。

（4）利用电子白板的记录性，有效地进行教学评价。交互白板可以记录下白板上发生的教师教学和学生学习过程的所有细节。在白板上发生的所有课堂教与学的过程都可以以最通用的格式记录下来，这使师生能更多地参与到集体学习或交流反馈中。交互白板便于演示计算机软件和上网的操作过程并呈现教学材料的动态和细节，在必要时可以回溯和重现操作过程和细节，教师可以利用电子白板的这一优点，来进行有效的课堂评价。

任务实施

交互式电子白板的功能分析

一、视觉辅助功能

交互式电子白板视觉辅助功能主要表现在改善授导型教学的信息呈现方式。教师需要根据学生的身心发展规律，调动学生多种感官接收教学信息，提高学生信息输入的数量、质量和针对性，并注意激发学生的学习兴趣，支持学生的接受学习和发现学习等有意义的学习方式。在这一应用层级中，教师的角色定位是学习资源的提供者和学习活动的引导者。作为视觉辅助工具，交互式电子白板的教学功能主要表现在以下方面。

1. 书写与绘图功能

除操作计算机之外，书写和绘图是电子笔的重要基本功能。要使用电子笔进行书写或绘

项目三 教学媒体和环境的管理与应用

图,首先要进入注解模式。进入注解模式后可以发现:鼠标的箭头不见了,取而代之的是一个圆点。这时可以使用电子笔进行书写和绘图。

交互式电子白板提供了多种不同类型的笔,为书写、标注与绘图提供了丰富的全方位支持。例如,毛笔,书写效果具有书法的特点;荧光笔,一般用于标注,以强调和突出重点;排笔,笔锋较齐,写出的字立体感较强,具有突出的美术字效果,适合书写英文、阿拉伯数字等。各种笔型的书写效果如图3-5所示。各种笔型都可以自由更改选择不同的书写笔迹、书写颜色,以及笔画宽度、颜色、透明度等,如图3-6所示。

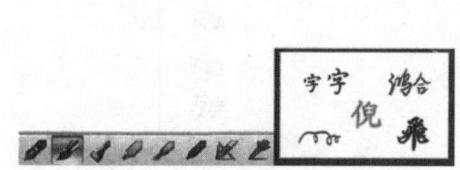

图3-5 各种笔型的书写效果

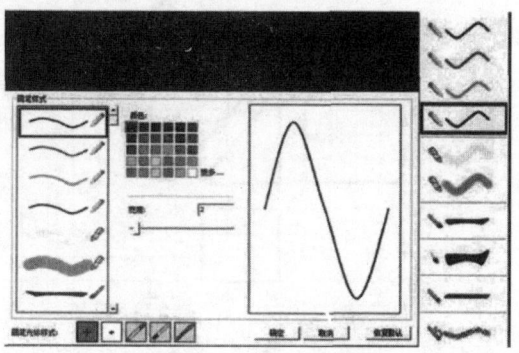

图3-6 画笔工具的设置

在教学过程中,教师合理使用画笔工具来规划板书,可以突出重点,提高审美能力,还可以使课堂趣味横生。如在数学课《认识周长》的教学中,教师利用荧光笔工具画出路径周长,突出周长的概念,如图3-7所示。

交互式电子白板的电子笔除书写功能外,还提供了强大的绘图功能。例如,直线与几何图形工具,可以绘制直线和各种规范的圆形、三角形和矩形等几何图形,大大提高了板书中的绘图质量;智能画笔工具,可以将手绘的不太规范的几何图形转换为标准的几何图形,几何图形的绘制效果如图3-8所示。

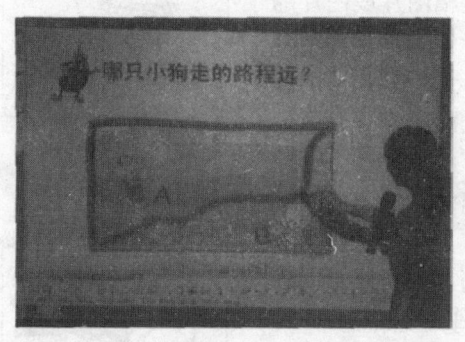

图3-7 数学课《认识周长》中荧光笔工具的运用

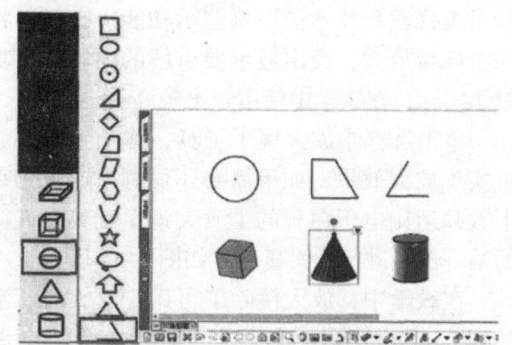

图3-8 几何图形的绘制效果

2. 移动缩放功能

在交互式电子白板中,无论是文字还是绘制的图形,都可以进行再次加工,如进行缩放、移动等各种变换。单击选中被加工的文字和图形,通过拖动控制点和旋转手柄,即可根据教师的意愿对选中对象进行缩放和移动。如在数学课《勾股定理》的教学中,为了证明勾股定理，教师画出了一个正方形，然后让学生在电子白板上移动、旋转正方形，改变正方形的大小，使之边长分别与三角形的三边相等，最后通过正方形的面积证明直角三角形的三边关系，如图3-9所示。

3. 擦除功能

选择电子白板的【电子板擦】工具，可以根据需要擦除相应的内容，并能对电子板擦的属性进行灵活设置，如图3-10所示。

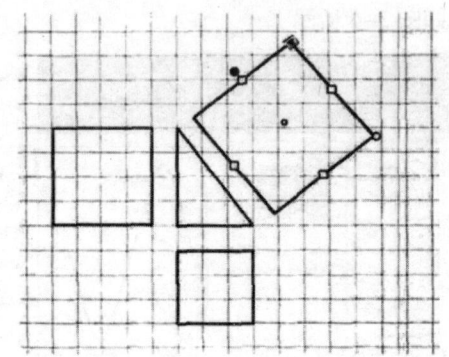
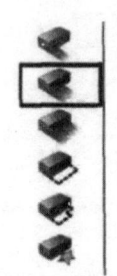

图3-9 《勾股定理》教学中缩放、旋转等功能的运用　　图3-10 【电子板擦】工具的设置

注意：橡皮擦工具并不是万能的，组合后的内容、手写智能识别的内容、几何工具绘制的图形这三种情况不能直接擦除。

在教学中，教师可利用电子板擦擦除与观察对象无关的信息；也可擦除观察对象的重要信息，如先将重要信息输入页面中，用与背景同色的画笔涂抹覆盖，需要显示时使用电子板擦擦除画笔涂抹的部分即可将重要信息显露出来，由此引导学生去感知信息；还可辅助教师演示、解题，引导观察者（学生）跟随教师的思路进行观察和理解。

4. 放大镜功能

交互式电子白板不仅保留了传统黑板的功能，而且还优化提升了现代教育技术的屏幕演示功能。它可以将整幅图片或图片的某个区域放大，突出显示要讲解的内容。该功能针对性强，贴合教学实际，在教学中使用频率较高。

单击选择【放大镜】工具，移动到需要放大的图像部分，即可实现放大效果，如果需要还可调节放大倍率。例如，在生物课上教师运用电子白板的【放大镜】工具对人体消化系统示意图上的某一器官进行放大显示，如图3-11所示。

在教学中，放大镜除了可用于放大看不清的局部、放大事物的细节以引起学生的注意外，还可以照顾教室中坐在后排的学生，突出教学重点，提高课堂效率。如在英语课中，教师使用放大镜功能放大英文单词，并移动放大镜强调重点单词。

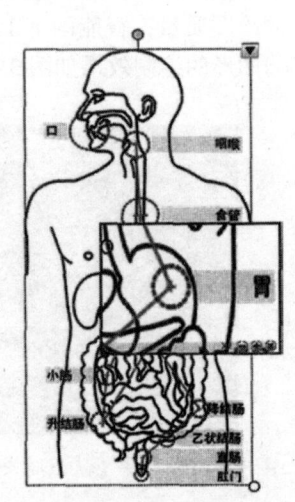

图3-11 生物课上【放大镜】工具的运用

5. 探照灯功能

交互式电子白板的【探照灯】工具可以照亮屏幕的某一个区域，从而将学习者的目光吸引到屏幕上需要关注的地方。当屏幕上有很多内容时，探照灯可

以起到牵引视线、集中注意力的作用。教师可利用此功能对教学内容进行强调、提示、点拨，让学生在有意注意中加深印象。

单击【探照灯】按钮，屏幕上会只显示探照灯的光斑，将其余部分隐藏起来。用电子笔拖曳探照灯的图标可以移动光斑的位置；也可以自由改变光斑的形状、大小，以及背景的透明度、颜色等属性，如图3-12所示。

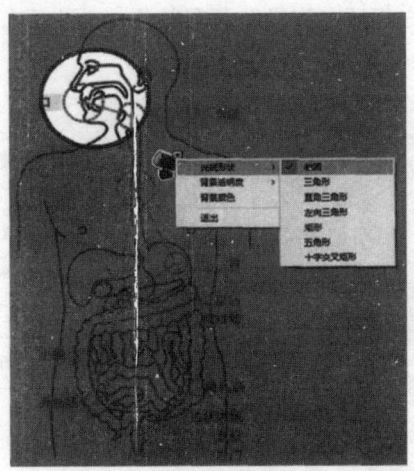

图3-12 【探照灯】工具的设置和运用

在教学中，一方面，教师可以设置并使用大小和形状不同的探照灯，形成观察者的视觉焦点，并在与有一定透明度的被遮挡部分的对比中体现主次观察；另一方面，教师可以通过移动探照灯的光斑，让观察者的视觉焦点按照教师的引导，进行对比观察。例如，在英语教学中，教师在讲解新单词时，事先把新单词及其释义都呈现在电子白板上，每讲到一个新单词，就把探照灯聚焦在这个单词上，此时，探照灯在英语单词教学中起到了吸引学生注意力、调动学生学习单词兴趣与积极性的作用；在小学自然课的课堂上，可以通过探照灯来聚焦昆虫的局部细节，排除其他信息的干扰，让学生注意力专注于此，清晰地观察昆虫的局部特征，加深对昆虫身体结构的整体认识，如图3-13所示。

 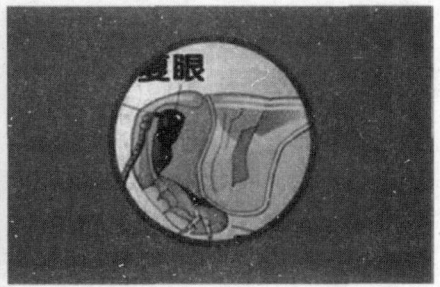

图3-13 【探照灯】工具的教学应用

6. 幕布遮罩功能

幕布为课堂教学互动提供了一种非常简单而实用的方式，即遮盖与显示。被遮盖的内容可以是PowerPoint幻灯片、Word文档和图片等所有类型的资源，可以根据需要有针对性地展示特定的教学内容。教师无须任何加工，就可以使原来静态的资源具有交互的特征，实现了动态使用教学资源。

在课堂讲解时，教师只要用电子笔在工具栏内找到【屏幕幕布】按钮，单击一下，再将电子笔移至幕布上方，徐徐向下拉，需要演示或讲解的内容就会随着幕布的拉动而缓慢地显示出来。拉幕的方向不仅可以从上到下，还可以从右向左，拉开方式由属性设定，而且可以多次拉动。有些品牌的电子白板还允许设置幕布颜色、更改幕布的明暗度，或用喜欢的图片做幕布。图 3-14 显示了屏幕幕布的设置和运用方法。

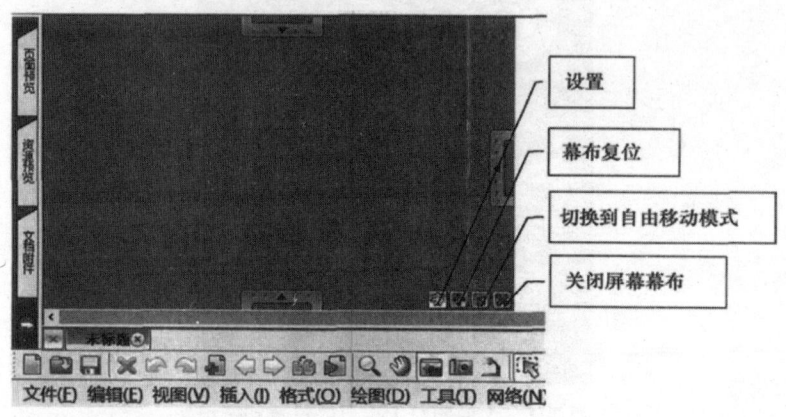

图 3-14　屏幕幕布的设置和运用方法

在教学过程中，可以控制幕布大小，以及上下、左右或向任意方向进行遮盖或显示，非常适合递进式观察。观察者随着视觉信息的逐步或顺序的获取，进行递进式的逻辑思维或认知活动。例如，在英语复习课上，使用幕布功能逐一呈现语法规则，以核对的方式调动学生回忆，并集中学生的注意力；在小学数学练习课上，教师在进行习题讲授时，先引导学生思考解题的第一步，用幕布盖住比较难的第二步，启发学生思考，然后逐渐显现解决问题的过程，最终获得答案。这种呈现方式，有利于学生随着教学思路进行学习和思考。图 3-15 是运用幕布逐步显示竖式解题的过程和步骤，图 3-15 是教师运用幕布逐步显示本节课的学习目标。

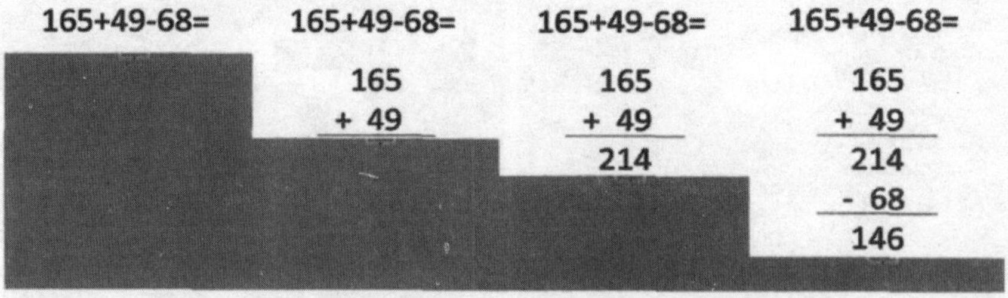

图 3-15　上下方向拉开幕布显示解题过程

7. 回放功能

对较为复杂的观察对象，常常需要在其他的教学环节中进行重复观察，以利于学生的深入认知。教师可以用交互式电子白板的一键式回放功能，支持学生对认知对象的进一步感知，还可以设置回放的速度等。

例如，在语文复习课上，教师为了让学生更好地复习本周学习的生字，先使用资源库中的背景田字格书写汉字，利用回放功能，带领学生复习生字的笔画结构和书写笔顺，提高学生的学习效率，如图3-17所示。

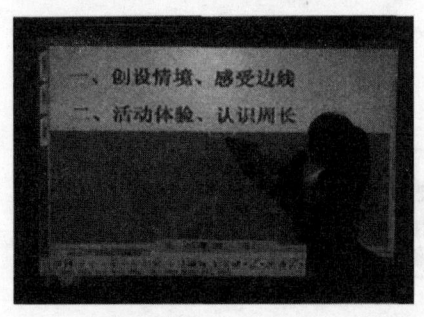

图3-16 运用幕布逐步显示本节课的教学内容　　图3-17 利用回放功能展示汉字的书写过程

8. 页面

在传统的黑板教学过程中，教师有时会对黑板分块使用，比如将黑板最左边区域作为本堂课的要点目录区，每讲一个要点就在那里写一行；而将黑板的其余部分作为讲解区，写满了就擦去。当一堂课需要进行总结时，就可以用黑板最左边目录区的文字进行总结回顾。在使用PPT教学的时候，老师是将PPT的一页当作一块黑板来使用，换一页就相当于"擦去"黑板的内容。

在交互式电子白板教学中也有页面的概念。在教学中，建议按照教学活动来分割页面，即一个教学活动用一个页面，把该教学活动所需的文档资料，如试题、PPT、图文、影音资料等先放在页面的不同角落，需要时拉到屏幕中央展开，不需要的时候最小化拖到一边。教师在备课时要考虑：在45分钟的时间内需要组织几个教学活动，每个活动要花多少时间，需要什么样的资源，这些资源放在屏幕的什么位置，页面会怎样布局，等等。这些设计与师范教育中板书的设计原则类似。

9. 常用工具箱

交互式电子白板还设有常用工具箱，往往是一些辅助数学教学的常用工具，如圆规、直尺、量角器、计算器等。这些工具在其他学科教学中有时也会使用。

（1）圆规工具。

工具箱中的圆规与使用圆规教具类似，先在屏幕上选中圆心所在的位置，然后选择半径的大小，再将圆规旋绕一周，即可得到一个圆形，如图3-18所示。

（2）直尺工具。

交互式电子白板中的直尺和普通直尺操作略有不同，需要先选择直尺的度量单位，将光标放在刻度尺的右下角，屏幕上会出现刻度尺的单位，选定某个刻度单位，就可以用该尺子去测量线段长度，如图3-19所示。

（3）量角器工具。

在教学过程中，可根据需要调整量角器的"形状""刻度""游标""透明度"等设置，如图3-20所示。

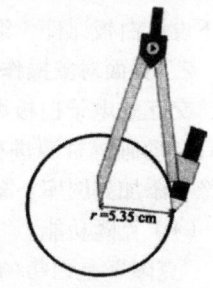

图3-18 圆规工具的运用

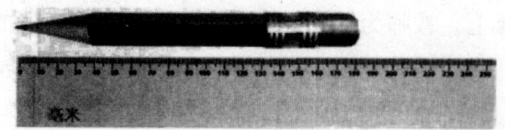

图 3-19 直尺工具的运用

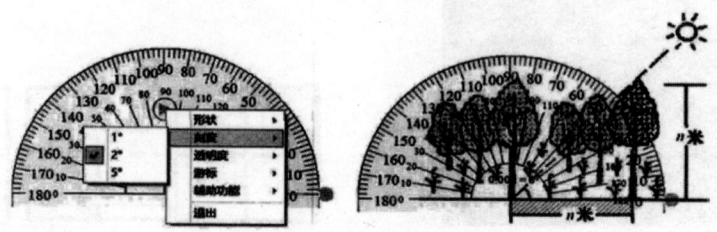

图 3-20 量角器工具的设置和运用

二、基于资源的学习支持环境

在传统的多媒体教学环境中,课件的播放通常是线性的,牵引着教师和学生一步步地达到预定的教学目标。即使在某个环节允许有多个分支选择,也是教师事先设计好的。当学生的思维或认知水平与教师预设的内容并不一致时,教师很难对课件进行修改,只能在黑板上另辟"战场"开展补救性教学,或者一带而过,从而忽略了学生的学习需求,导致课堂教学效率和质量的降低。而在以交互式电子白板为核心技术的课堂教学中,则能很好地协调预设与生成的矛盾关系。

交互式电子白板一般都有一个资源库,可以提前将可能用到的教学资源放在其中,需要时将资源拖曳到白板的绘图区域。根据学习的需要,把看似分离却能相辅相成的资源工具和网络服务等有机、动态地联合在一起,为学生创造一个宽松、和谐的个性化学习环境,使学生在学习的过程中能够实现互动与分享,从而可以创建以学习者为中心的课堂,教师可以真正实现以学生的观点来引领和发展课程的新课改目标。

1. 窗口模式

在窗口模式中,软件系统以页面为单位组织资源对象,教师或学生可以通过增加页面、删除页面、翻页等操作管理资源对象。这样不仅可以利用窗口模式中的页面功能作为资源学习中的线性导航,还可以使用可视化素材型的资源库实现非线性导航,有效支持基于资源学习的多分支结构学习。在利用交互式电子白板进行教学时,建议更多地在白板软件的窗口模式下设计白板课件,组织课堂教学。

2. 页面对象操作

交互式电子白板可以对资源进行各种操作,以实现更高级的资源应用。使用者不仅能对图片、动画等资源进行操作,还可以对书写、绘制的内容进行操作。其常用功能包括克隆、镜像、添加到图库、超链接等。

(1)克隆功能。

"克隆"是白板的一个重要的特色功能,适合需要大量拷贝重复图案的教学。选择需要"克隆"的对象,在右键下拉菜单选择【克隆】,即可实现对象的"复制+粘贴"效果。在教学中,教师或学生可以利用该功能迅速产生多个相同的对象,如产生多个相同的空白小组评价量表等，用于支持基于资源的学习活动。如果将对象设置为"无限克隆"，则可通过直接拖曳对象，实现复制操作。如在数学课上，教师多次克隆四个苹果的图片，然后放在天平上，帮助学生理解 1 个西瓜和 16 个苹果的等价关系，如图 3-21 所示。

图 3-21　无限克隆功能的运用

（2）镜像功能。

利用交互式电子白板的镜像功能，可将对象在水平或垂直方向上进行翻转，以生成新的再生资源，如图 3-22 所示。这一功能往往与其他功能配合使用。

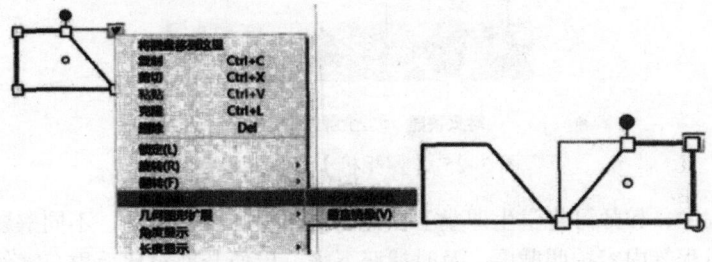

图 3-22　镜像功能的运用

除此之外，电子白板软件还提供旋转、翻转、组合、锁定、图层顺序等功能。

（3）添加到图库。

对需要重复使用的对象，可将其添加到电子白板资源库中，方便多次调用，如图 3-23 所示。教师或学生使用该功能可以随时保存新生成的再生资源，并可完成对再生资源的编辑、分类、重命名等资源管理操作。

（4）超链接。

交互式电子白板可为对象添加超链接。超链接的对象可以是一个网页、文档中的其他页面、磁盘文件或者文档附件等，如图 3-24 所示。

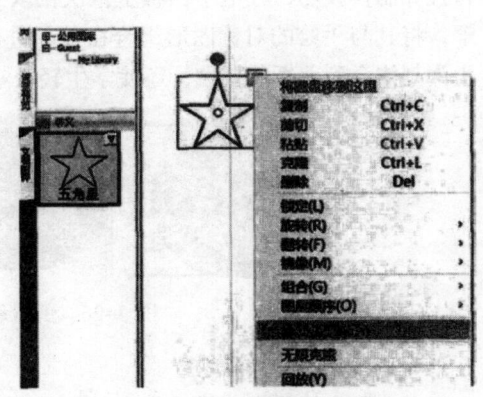

图 3-23　添加到图库

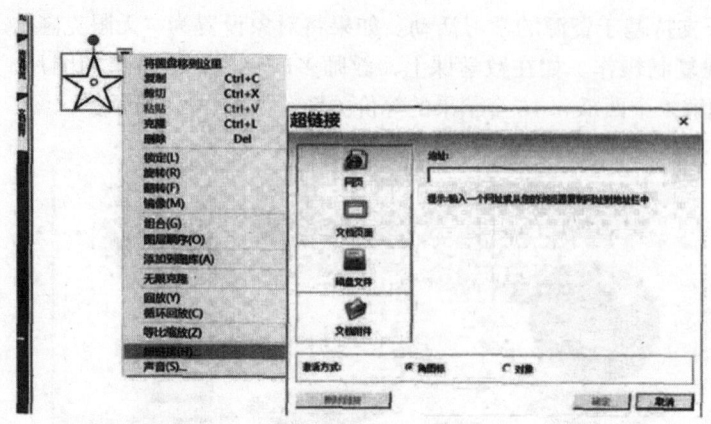

图 3-24 超链接的设置

3. 照相机功能及其应用

交互式电子白板的【照相机】工具实际上就是一个截图工具。鼠标单击【照相机】按钮，会出现截取方式的选择，从左到右分别是：区域快照，即截取某一个区域；对象快照，即截取某一个对象；不规则区域快照，即截取不规则区域；全屏快照，即截取整个交互式电子白板的内容，如图 3-25 所示。在课堂上，教师可把来自网页、课件、学生练习的内容随时截取下来，保存到交互式电子白板的资源库中，从而完成再生资源的回收。

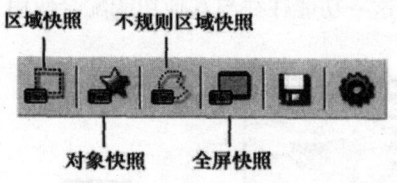

图 3-25 【照相机】工具的设置

在教学过程中，教师可将学生课堂上在电子白板上的练习结果、不同解题方法、教学创意、教学演示过程等内容拍照截屏，及时捕获下来，以便开展对比反思、案例式教学或纠错诊断教学等基于资源的学习。例如，在一堂介绍剪纸的美术课中，老师为了讲解剪纸的对称特性和制作技巧，在电子白板上依次截取了剪纸的 1/4 和 1/8 图形，最后就图形的 1/8 展开讲解，将其与手绘的对称图形组合在一起进行比较。这种截取重组的资源运用方式，不仅让学生深刻体会到剪纸的特性，还使学生轻松掌握了剪纸的制作技巧，如图 3-26 所示。

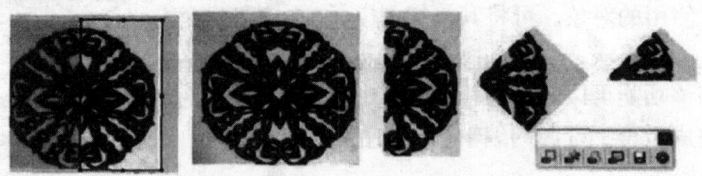

图 3-26 剪纸教学中照相机功能的运用

4. 手写识别功能

在电子白板的窗口模式中，教师和学生可以随时启动手写识别功能，不仅能够自动识别英文、中文或数字符号等，还可以将识别出的内容转换为印刷体，并进行必要的编辑处理。

教师或学生利用该功能可以便捷地完成再生资源制作。

5. 资源库

资源应用是信息技术融入教学的重要环节。教师能否灵活、恰当地使用资源，在很大程度上决定了课堂教学的成败。交互式电子白板的资源库由"公用图库"和"个人图库"两个部分组成，如图3-27所示。

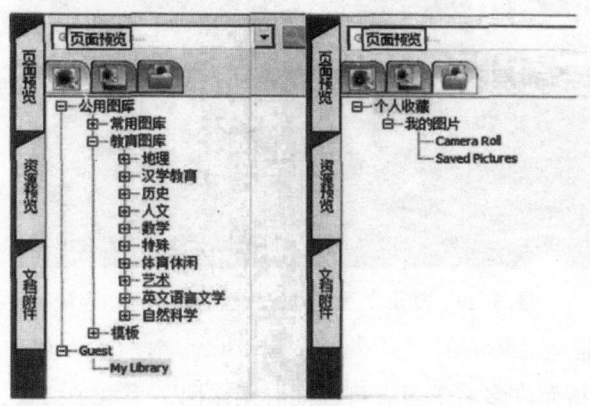

图3-27 巨龙Whiteboard 9.0白板软件的公用图库与个人图库

公用图库是随交互式电子白板应用软件一同安装进入计算机中的，普通用户可以查看和使用其中的资源，但无权修改或删除。公用库又分为常用图库、教育图库和模板三类资源。

个人图库支持普通用户根据自己的需要，增加或删除文件夹中的资源，支持使用者组织与管理资源。例如，在小学科学课《食物链》的教学中，课程一开始，教师使用故事引入教学，教师一边讲故事，一边从电子白板资源库拖曳出蝉、螳螂、黄雀的图片，配合教师的讲解，使故事生动、有趣。故事讲完后，让学生在电子白板上画出这些动物之间的食物链。在小学英语课上，教师为了向学生强调"四线格"的书写运用，可设计一个"调位置"的小游戏——首先打开【公用图库】→【模版】→【英文】，调出"四线格"模版，再摆放一些待纠正位置的字母，让学生做字母拖曳练习，然后让其他学生评价摆放位置是否正确，最后做针对性练习，以规范和巩固字母的标准书写，如图3-28所示。

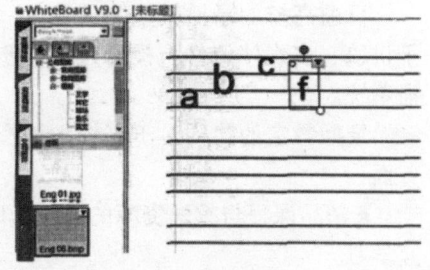

图3-28 英文模版的设置和教学应用

三、协同构建平台

根据研究发现，利用交互式电子白板的网络接入功能和多点触控功能可改善面对面教学与远程学习中的合作学习与协同学习的质量，提高学习者与内容的深度互动，强化学习者个体和集体的认知加工与知识建构。

1. 网络接入功能

"网络接入"是指交互式电子白板通过接入网络可以实现应用共享、文件传送、网络合作学习平台、异地通信等功能。交互式电子白板支持来自异地的不同课堂的学习者群体之间共享白板，开展协同学习活动与远程合作学习，如图3-29所示。

图3-29　基于交互式电子白板的远程互动课堂

2. 多点触控功能

"多点触控"是指允许多名学习者可以同时操作同一个电子白板，他们不仅可以各自观看、操作、使用同一信息，还可以彼此相互观摩、交换信息和进行讨论，从而完成对所学知识的深化理解与意义分享，最终实现个人知识建构、组级知识建构和班级内的知识建构。

交互式电子白板作为协同建构平台，往往需要大量的辅助设备和系统配合，如基于交互式电子白板的录播系统和双向视频会议系统等支持非实时或实时的协同交互。

任务拓展

课堂录播教室环境

目前高校的录播教室除了具有一般的多媒体教学功能外，还具有可以将授课教师的电子讲稿、多媒体课件与授课过程同步录制下来，根据需要合成为实时影像资源的多功能录播系统。

录播教室的建构对于高校教学资源建设有着极其重要的意义。其作用主要体现在两个方面：

●精品课程与教学资源的建设，以实现学校优质精品课程资源的网络共享，促成网络交互学习。

●在教学观摩、研究、评价、管理等方面，通过观摩教师的行为、讲话、板书、师生互动、课件等教学过程的录像，配合教学评估质量监测系统，更好地对教师的教学过程进行评价管理，以提高教学质量。录播教室的系统结构图如图3-30所示，教师实景图如图3-31所示。

一、课堂录播教室的功能

（1）录制功能。录制视频是录播教室的最基本功能。一般要满足实现全自动单画面录制模式、多画面资源录制模式等多种方式，并且支持多路视频和VGA信号。这些信号有多种组合方式，将场景内主讲教师的画面、电子文稿、教师板书、学生反应及声音信号通过摄像机、拾音器等设备录制下来，保留最完整的动态教学过程，形成可以点播的多媒体文件。

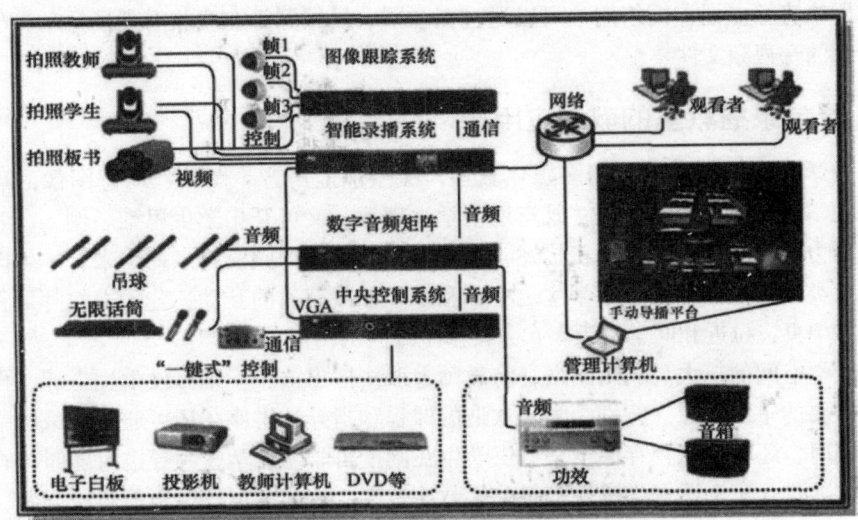

图 3-30　录播教室的系统结构图

图 3-31　录播教室的实景图

（2）编辑功能。考虑到录播系统在自动录制状态下不能思考的傻瓜特性，其录制的视频难以满足较高的画面要求，有时需要对画面资源进行后期编辑处理。不但可对自动合成的视频进行后期编辑处理，还可对录制下来的多路音视频资源进行编辑，增加字幕、特效，使最终形成的文件内容更加丰满。

（3）自动跟踪定位。在教学活动中，教师和学生都是动态变化的，为了精准捕捉教室内主要活动对象的行为，并有序展现各行为对象的不同镜头画面，录播系统必须采取有效的技术手段跟踪行为对象所在位置，避免出现空画面、空镜头、画面感不好等情况。

（4）场景自动切换。在全自动录制模式下，应根据需要对教师、学生、电子讲稿、教室场景等画面进行必要的切换。这种场景切换能较好地反映教学的动态全过程，尤其对教师的细节、学生的互动及板书有较精细的表现,使录制的音视频画面更加生动,重点突出,避免单幅画面的单调感与空洞。

(5)网络直播点播。网络用户可以通过互联网、局域网等在线收看现场活动,也可以在线浏览录制的音视频文件。

二、课堂录播教室的教学应用

(1)教学方式的突破。采用多媒体教学,文字加上声音、图片、动态图像,活跃了课堂,展现在学生眼前,身临其境,既有助于学生理解,又可开拓学生思维。例如,工科类教师对机械、力学的原理很难用语言描述,上课时把已备的视频资料点播出来,学生即可豁然开朗;语言类教师可随时漫步于学生之中,和学生形成有效的互动;艺术类教师可将创作地点移到教室中央,拉近和同学的距离,方便师生之间的沟通。

(2)教学空间的扩大。利用网络,将教师上课广播出去,一则方便学生上课,再则减少了教师不必要的重复教课。特别受学生欢迎的课程和指导性讲座,还可通过广域网络传到远程教室。同时,还可将课程存储下来,供学生在网上再学习。学校领导也可随时检查教师讲课情况。例如:合班上课及学术性报告的人数比较多,一间教室往往不能解决问题,运用录播教室可实现在任意多媒体教室的观看。

(3)教学时间的灵活、师生选择的开放。把教师授课过程录制下来,存于服务器,任学生课后随时点播,使学生有了自己编排的课程表,也便于学生课后复习。师生在打破空间和时间的约束后,师生之间的自由选择带来很大的空间。学生完全自由选择自己喜欢的教师。学校就可以选择受学生欢迎的教师,教学质量可大大提高。

(4)教学课件制作成本的降低。录播教室建成以后,一节精品课前期只需要一名导播教师实时进行音视频的处理和一名教师进行实时的录制,后期只需要一名编导教师进行简单的编辑,制作一节精品课的时间仅为2h左右,时间成本大大缩短。

总之,录播教室系统以其全面的功能、独有的特色走进现代多媒体教学课堂,实现了多媒体教学设备的诸多功能,将普通的教室升级为影音、图文实时交互的教学环境,让学生更容易接受,提高教学效果。录播教室系统的开发,使多媒体教室管理更加科学、高效,具有广阔的应用前景,并将在现代化高校教育建设中发挥越来越重要的作用。

课堂练习

结合你的学习经历,谈谈多媒体教学环境与传统教室相比,有哪些优势和不足,填写在表3-8中。

表3-8 多媒体教学环境与传统教室的比较

多媒体教学环境类型	优势	不足
演示型多媒体教室		
交互式电子白板		
课堂录播教室		

任务四 网络教学环境

任务导入

网络教学环境是在充分利用多媒体计算机技术和网络通信技术的条件下,通过各种信息媒体,如文本、声音、影像和信息交互技术,为学生提供多样化的、丰富的资源,实现双向交流互动,并为学生的自主学习和协作学习提供支持的信息化教学环境。它主要包括多媒体网络教室、校园网、因特网及支持网络教学的网络教学平台和各类管理及控制软件等。

任务描述

掌握 Blackboard 平台及其教育应用

相关知识

一、多媒体网络教室

利用网络技术、现代多媒体技术、计算机技术的网络化多媒体教室,从一个单纯的教学资源传播的独立教学单元转变为教学资源采集、整合和传播的交互式网络教学环境,彻底改变了传统多媒体教室在教育教学中的作用,并能有效确保设备的安全。目前使用的多媒体教室大多为网络控制型多媒体教室。

1. 多媒体网络教室的基本组成

多媒体网络教室采用本地控制与远程控制相结合。系统结构图如图 3-32 所示。

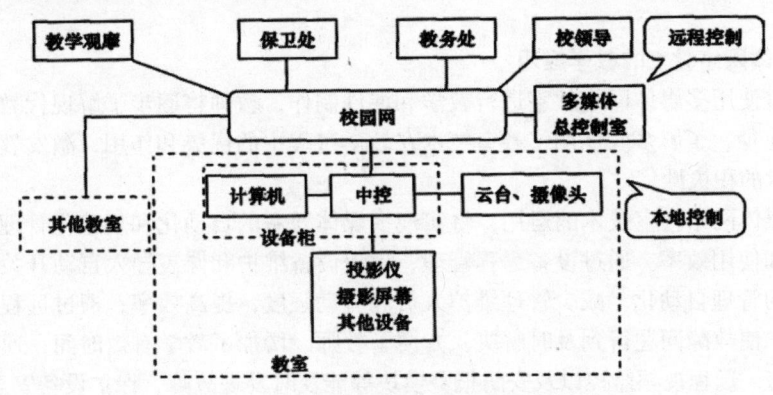

图 3-32 网络多媒体教室的系统结构图

2. 多媒体网络教室的主要功能

(1) 多媒体教室远程控制。通过总控制室,远程控制投影开关、屏幕升降、设备供电、红外遥控、计算机屏幕监视、锁定、解锁、关机等操作进行控制。

(2) 多媒体教室本地中控。操作控制面板对投影仪、电动屏幕、计算机、功放设备、

DVD、录像机、展台等的控制切换、扩声设备音量的调节。

（3）多媒体教室的远程帮助。在总控制室，可以利用对讲系统远程解决教师使用上的一些问题；也可以利用多媒体教室计算机的远程监视和控制功能，总控制室的管理员进行远程登录控制（鼠标/键盘）帮助解决。

（4）设备状态的自动监测。通过网络可以监测每个教室中控的供电、计算机的开关、投影仪的开关、显示器内容、灯泡使用时间、音视频设备的使用状态，并通过网络传送到总控制室，使每个教室的状态一目了然。

（5）电子课表功能。可以根据课表对教室的相关设备进行定时开关，输入后的电子课表能与教务处提供的课表数据库动态更新。

（6）电子锁控制。设备柜配备电子锁和 ID 卡门禁系统，可以用普通的钥匙或 ID 卡将设备柜打开，操作设备；也可以通过中央控制计算机远程将电子锁打开或关闭。

（7）主讲教室/听课教室交互式多媒体教学。主讲教室讲课内容（包括教学场景视音频信号、计算机 VGA 信号、实物展台的信号）通过网络能实时传送到其他任意教室（听课教室），实现主讲教室的示范教学，并可实现双视频流教学；主讲教室讲课内容能实时录制，供后期进行课件制作和作为教学资源。同时，主讲教室和听课教室可以进行双向交互式多媒体教学，可进行双向对讲。

（8）网络巡查、听课。在控制室或分控室通过网络可随时看到各教室场景、听到声音，并可控制摄像机的镜头、云台动作。在不干扰正常教学的情况下实现巡查、听课、在线实时教学评估。

（9）网上教学观摩评估。任意一个计算机信息结点、多媒体教学终端机结点经授权后可监控指定班级的授课现场，并可直接操作各监控点摄像机，任意捕捉摄录授课、听课动作、场景，以便进行教学观摩评估或课件采集。

（10）资源点播功能。资源服务平台提供视音频素材点播服务、课件素材点播服务、素材上传管理和检索等功能。网管人员可以通过资源服务平台本地实现对于公共资源的上传、分类等管理。

3. 多媒体网络教室的教学应用

（1）通过使用多媒体网络教室进行教学和课件制作，教师将逐步了解现代教育技术在教学中的应用途径，了解多媒体网络教室技术在教学过程中的优势和作用，激发教师主动使用现代教育技术的积极性。

（2）多媒体网络教室技术的运用，将实现多媒体教室的自动化和规范化管理，提高多媒体教室管理和使用效率。通过设备远程管理、远程设备维护和课表导入自动开关设备等实现多媒体教室的管理自动化，减少管理维护人员和劳动强度，提高效率；通过远程监控协助教师操控设备，使故障问题得到及时解决，方便了教师，增加了教学有效时间；通过远程检测设备及其状态，远程视频监控以及安防报警模块等能及时发现故障，保护设备安全。

（3）多媒体网络教室技术的运用，打破了一个教师同一时刻只能在一个教室上课的传统。这既能充分发挥优秀教师的作用，又能暂时缓解师资不足的矛盾，也有利于师资培养、名师的成长和精品课程的打造。

（4）多媒体网络教室技术的运用，促进教学资源建设和共享，推动网络教学的开展。网络控制型多媒体教室的教学资源主要有 3 类：教师制作上载的教学资源；学校购买或交流的教学资源；通过主讲教室的录课主机制作的教学资源。这些网络教学资源不断积累和丰富，通过网络和授权，可以跨校访问，从而构建一个师生相互学习和交流的网络教学平台。

（5）多媒体网络教室技术的运用，推动了学校数字校园建设。为了较好地实现网络多媒体的功能，就必定要有相应的教学管理网络系统，以适应这种教学与学习模式的需要。因此，随着多媒体网络教室的建设与应用，必定会推动数字校园建设，以适应新的教学模式。

二、校园网

随着教育部提出的"校校通"方针的贯彻执行，全国越来越多的学校开始建设校园网，并且把建设校园网视为学校办学条件现代化的标志。一般来说，校园网是一个发展的概念，通常是指利用网络设备、通信媒质和相应的协议以及各类系统管理软件，将校园内的计算机和各种终端设备有机的集成在一起，同时又通过防火墙与 Internet 连接，以用于教学、科研、学校管理、信息资源共享和远程教育等方面工作的局域网。

1. 校园网的组成

校园网的硬件通常有服务器、工作站、网间互连设备、传输媒质和网络软件等部分组成。校园网的一般模式如图 3-33 所示。

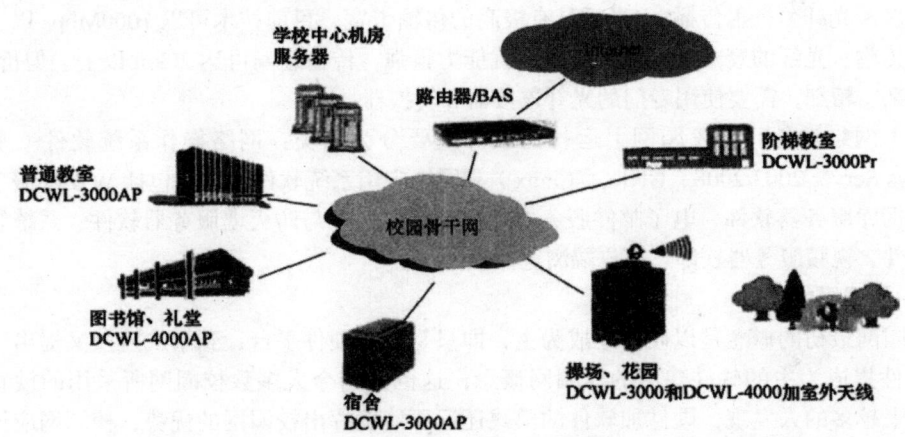

图 3-33 校园网的一般模式

（1）服务器。服务器（Server）是网络上一种为客户端计算机提供各种服务的高性能计算机。服务器根据其在网络中所执行的任务不同可分为 Web 服务器、数据库服务器、视频服务器、FTP 服务器、Mail 服务器、打印服务器、网关服务器、域名服务器等。对于小型的校园网络往往把 Web 服务、FTP 服务、数据库服务等集于一台服务器上。

（2）工作站。在校园网中工作站（Workstation）是一台客户机，即网络服务的一个用户。但有时也将工作站当作一台特殊应用的服务器使用，如打印机或备份磁带机的专用工作站。工作站一般通过网卡连接网络，并需安装相关的程序与协议才可以访问网络资源。

（3）网络互连设备：

①集线器（HUB）。集线器是计算机网络中连接多个计算机或其他设备的连接设备。HUB 主要提供信号放大和中转的功能。把一个端口接收的信号向所有端口分发出去。有些集线器还可以通过软件对端口进行配置和管理。

②交换机（Switch）。交换机的外形与集线器很接近，也是一个多端口的连接设备，主要区别在于交换机的数据传送速率通常要比集线器快很多。学校网络中心的核心交换机往往还具有路由功能。

③路由器（Router）。路由器是连接多个网络或网段的网络设备。通常路由器有两大典型功能，即数据通道功能和控制功能。数据通道功能一般由硬件来完成，控制功能一般用软件来实现。

④防火墙（Firewall）是指一种将内部网和公众访问网（如 Internet）分开的硬件或软件技术。

（4）常用的网络传输介质：

①双绞线（Twisted Pair），是由两根相互绝缘的铜导线按照一定的规格互相缠绕而成的网络传输介质。常用的无屏蔽层双绞线由 4 对双绞线和一个塑料护套构成。在当前的技术下，传输数据的距离一般限定在 100m 范围内，双绞线是目前局域网中使用最多的传输媒质。

②光纤（Fiber）。光纤是以光脉冲的形式来传输信号材质以玻璃或有机玻璃为主的网络传输介质。它由纤维芯、包层和保护套组成。光纤按其传输方式可分为单模光纤（直线传播）和多模光纤（折射传播）。光纤具有极高的传输带宽，目前技术可以 1000Mbps 以上的速率进行传输。光纤的衰减极低，抗电磁干扰能力很强，传输距离可达 20km 以上。但价格高，安装复杂、精细，需要使用专门的光纤连接器和转换器。

（5）网络软件。在校园网上运行的软件主要分为两类：网络操作系统软件（主要有 Windows Server 2003/2008、UNIX、Linux）和网络应用系统软件（主要包括 WWW 服务器软件、数据库服务器软件、电子邮件服务器软件、Web 代理与防火墙服务器软件、系统管理服务器软件、视频服务器软件、客户端浏览器软件等）。

2. 校园网的功能

校园网最初的概念是以硬件集成为主，即只是一个硬件平台，到第二阶段又提出以教学应用软件集成为主的软件建网的校园网概念，这也是当今大多数校园网所采用的模式。现在，越来越多的人发现，硬件加软件的模式还远不能发挥出校园网的优势，校园网应该建构在全新的教育模式上，而不应依附于传统的教学模式，所以诞生了"硬件＋软件＋现代教育"模式的新一代校园网概念。因此，建设校园网的真正目的在于为学校师生提供教学、科研和综合信息服务的高速多媒体网络。

（1）信息发布。学校的 Web 主页犹如学校的一个窗口，学校可以通过这扇窗口向世界各地的人们充分展示学校的形象。学校主页上可以发布学校的各种重大事件、会议通知和安排，也可以发布各种公文，这样既节省了时间和费用，又增强了公示的效果。

（2）教学应用。校园网的主要功能就是教学应用，它可以由网络教学平台提供支持，以网络教学信息资源作为信息的来源，运用多种网络工具完成网络教学任务。

①网络教学平台。网络教学平台是学校开展网络教学活动的支撑系统，它可以包括网络备课、网络授课、网上课程学习、网上练习、在线考试、虚拟实验室、网络教学评价、作业递交与批改、课程辅导答疑、师生交流、教学管理等模块。因此，一个完整的网络教学平台一般具有以下功能：

● 支持教师备课、授课、提问答疑与讨论、作业布置与批改、题库维护、组织考试与活动、试卷分析等功能。
- 支持学生选课、学习、递交作业、提问、讨论、实验、查阅资料、考试等功能。
- 支持基于流媒体的网络实时与非实时授课系统。
- 支持教务人员进行学生管理、课程管理、资料管理、教学质量分析等功能。
- 支持教师通过各种网络工具，相互之间或与外校的教师之间进行教学方法、教学艺术的交流与探讨。
- 支持连接 Internet，实现远程教育。利用远程教学方式，使得那些受客观条件限制的学校的学生学习其他学校的课程成为可能。

②教学信息资源库。教学信息资源库是学校进行网络教学的重要组成部分，它包括多媒体素材库、教案库、课件库、试题库、学科资料库等。同时，资源库还可以为师生提供全文检索、属性检索等功能，提供资源的增减与归类，还可以提供压缩打包下载等功能。

（3）管理应用。建立在校园网基础上的学校管理信息系统（MIS）可以为学校在人事、教务、财务、日程安排、后勤管理等方面，提供一个先进的分布式管理系统，将会使原有的管理模式从纵向的、单通道的，主要依靠个人的经验、判断和决策的简单模式，发展成为现代的、多向的、多通道的、网络状的复杂模式，从而提高管理效率，达到事半功倍的效果。

基于校园网的信息管理系统将大大提高原有人工管理或单机管理系统的效率，扩大管理系统的应用领域；能更加及时地收集、统计、分析学校的各种信息，以利于学校的行政管理和教学管理，充分发挥学校的整体功能，更好地为教育工作服务。

基于校园网的计算机管理信息系统，在功能上具有以下特点：

①共享数据库资源。可以避免同样的数据在多处重复存储的浪费现象，如全校学生、教职工的基本信息就可以为校内各个管理部门所共享。

②共享软硬件资源。可以在本系统没有相应资源或本系统负载已满时，将新任务交给其他系统处理，并且避免了某些软件研制上的重复劳动。

③提高办公效率。校园网还给学校建立办公自动化提供了技术基础，可以通过校园网迅速传递、复制或保存各类信息，将大大节约人力、时间、纸张印刷或交通差旅费用。

学校通过校园网可以建立一个集中和分散相结合的分级、分布式数据库管理系统，既实现学校各部门之间大量数据的共享，同时也为管理人员及时提供数据、快速做出决策提供了帮助。

利用校园网提供的通信功能，可以为教职工和管理人员提供较完善的多媒体电子邮件（E-mail）功能，能向各部门和管理人员发送各类通知、布告等消息。学校还可以利用校园网召开电子会议。

（4）科研应用。校园网可以使用户共享各类计算机软件、硬件资源及学术信息资源，从而提高科研的效率。另外，校园网还可以降低科研的成本。科研人员可以通过校园网形成一个工作小组，在不同办公室里的科研人员可以很方便地通过网络与其他成员交流设计思想和设计方案。同时，人们还可利用校园网的对外联网，检索世界各地的信息资料，也可以使用电子公告栏（BBS）与世界各地的专家探讨最新的思想，发表、交流学术观点，交换论文等。

3. 校园网的教学应用

校园网在教学中的应用是多种多样、多层次、多方面的，它对教育思想、教育观念、教育手段、教育方法、学习制度、学习方式，以及教育结构、考试制度等，都带来了很大的影响并起到推动作用。其在教学方面的应用体现在以下几个方面：

（1）应用校园网对教学过程提供直接支持。校园网为教师提供了制订教学计划、备课、授课的网络环境，教师可以通过校园网进行网络教学，为学生提供联系、虚拟实验、课后自修、考试及评估的网络环境，可以在网上布置作业及为学生答疑等。学生可以在网上接受指导和获取新知识，而且可以通过网络课件进行自主学习，与教师和同学进行网上交流。

教师还可以通过校园网搜索备课素材，参考其他教师的教学计划，了解学生的反应，适时调整教学进度。此外，还可以对学生的个体发展情况进行追踪，适时记录，真正做到因材施教、个别化教学。

（2）应用校园网支持学生的日常办公和管理工作。利用校园网可以开展现代化的行政事务管理，如教职工的档案管理、学生的学籍管理、学校工资财务的管理、各种教育物资的管理、图书管理、成绩统计分析、课程的编排及校内外各种公文的管理等，是学校内部真正实现无纸化办公，节约开支。利用校园网，学校各部门均能方便、快捷地获得其他部门的信息，提高工作效率；实施信息共享、融合，增强了透明度。

（3）可以与Internet连接。与Internet连接是校园网的重要应用之一。它使学校把空间投向更广阔的社会空间，极大地扩展了师生获取信息的途径，增强了校内外的沟通，并能发布教育信息。同时，校园网拓展了自己的应用范围，Internet在学校教育中的应用亦纳入校园网的应用范围中。

总之，建设校园网的真正目的就在于为学校师生提供教学、科研和综合信息服务于一身的高速多媒体网络。通过综合运用多媒体技术、网络技术和虚拟现实技术，充分发挥现代信息技术的集成性、控制性交互性，可以从各个角度为信息化教学提供支持，从而提高学生学习的质量和效率，达到优化教学过程、提高教学质量的目的。

任务实施

Blackboard 平台及其教育应用

一、Blackboard 平台简介

Blackboard 平台（全称为"Blackboard 网络教学管理平台"）是专门用于进行网络教学、辅助课堂教学并提供教师与学生之间、学生与学生之间交流、互动功能的网络教学平台。2003 年，北京毕博信息技术有限公司（Blackboard 在中国的全资子公司）将该平台引入国内。截至 2018 年上半年，中国已有数百家教育机构在使用 Blackboard 平台推动教学过程管理、教学改革和教学模式创新。

Blackboard 平台以课程为核心，教师可以在平台上开设网络课程，学习者可以自主选择要学习的课程并自主进行课程内容的学习。不同学习者之间以及教师和学习者之间可以根据教学的需要进行讨论、交流。Blackboard 平台为教师、学生提供了强大的施教和学习的网上虚拟环境，成为师生沟通的桥梁。图 3-34 是某高校 Blackboard 平台登录界面。

项目三 教学媒体和环境的管理与应用

图 3-34 Blackboard 平台登录界面

二、Blackboard 平台的主要功能及教学应用

Blackboard 平台拥有一套强大的核心功能，便于有效地管理课程、制作内容、生成作业和加强协作，从而协助学校达到与教学、交流和评价有关的重要目标。用户登录后可进入各自的控制面板界面，对自己所用界面的功能模块进行配置。同时，教师和学生可以不限时间、不限地点地通过控制面板对平台进行操作，教师可以对平台内容进行组织管理甚至远程授课，学生可以在线获取各种信息、学习资料，进行在线学习、考试等活动。利用 Blackboard 平台开展教学活动的基本流程如图 3-35 所示。

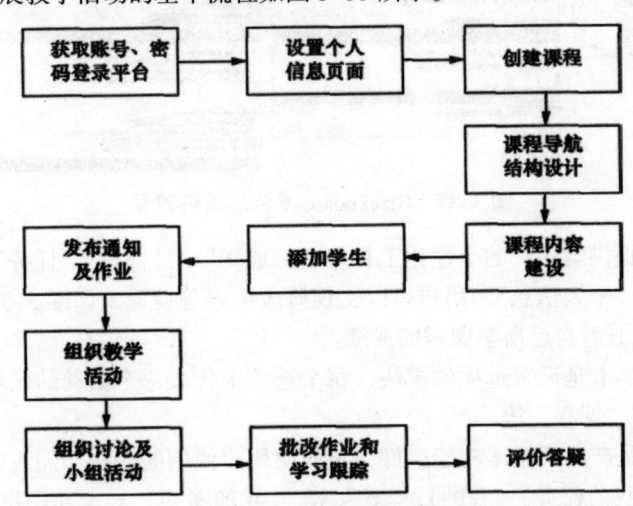

图 3-35 利用 Blackboard 平台开展教学活动的基本流程

1. 课程准备工作

使用 Blackboard 平台开展教学活动之前，首先需要做一些必要的准备工作。

（1）创建账号。

教师第一次使用 Blackboard 平台，需要先创建一个账号。账号只需设置一次，其后在所教授的所有课程中都可以使用它。创建账号一般有两种方式：第一种是在 Blackboard 平台首页上建立"创建账户"链接，用户在线填写申请表申请账号；第二种是由系统管理员预先批量创建账号，将用户名和密码发送给教师和学生，如图3-36所示。一般高校出于安全考虑，往往采用第二种方式。

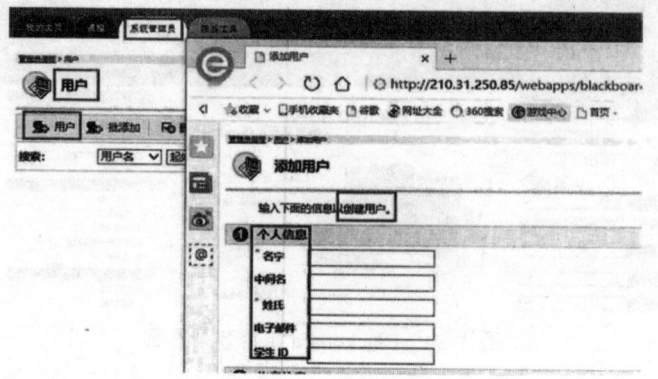

图3-36　Blackboard平台的管理员创建账号

（2）了解系统界面。

Blackboard平台的系统界面主要包括"工具""选项卡""模块"等功能区域，如图3-37所示。

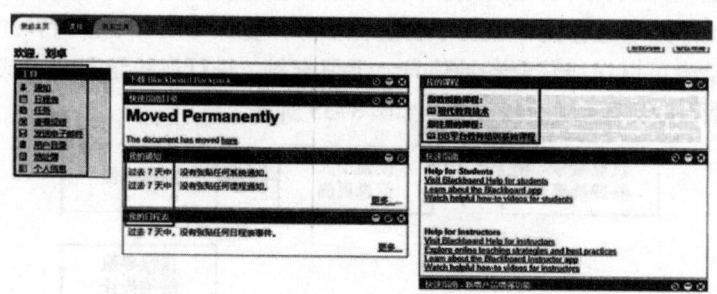

图3-37　Blackboard平台的系统界面

①工具。系统提供给用户的个性化工具包括"通知""日程表""任务""我的成绩""个人信息"等。通过"个人信息"，用户可以实现修改密码等设置，如图3-38所示；通过"我的成绩"，学生可以查看自己所学课程的成绩。

②选项卡。选项卡是设置选项的模块，每个选项卡代表一个活动的区域。用户常用的选项卡有"我的机构""课程"等。

③模块。模块是产品的基本功能组件，是面向用户使用的一些功能入口，包括"我的课程""我的通知""我的任务""我的日程表"等。"我的通知"显示和用户相关的所有通知；"我的课程"是用户所有课程的入口，通过这个模块进入教授和学习的课程。教师和学生通过单击课程名称进入相关课程，才能开展相应的教学和学习活动。

（3）创建课程。

如果系统管理员已经为教师创建了某门课程，教师登录平台以后，就会在"您所教授的课程"列表当中看到该门课程。

如果系统管理员没有为教师创建课程，但为其分配了"课程内容管理者"权限，那么教师可以登录"管理员"面板，通过"课程"模块创建课程。

图 3-38 Blackboard 平台的个人信息工具

如果系统管理员没有为教师创建课程，也没有给教师分配"课程内容管理者"权限，那么教师需要在 Blackboard 平台首页单击【创建您的课程】，填写申请表并提交。

新创建的课程对学生是"不可用"的。教师需要在课程里添加内容，完成后再将它设为"可用"（【控制面板】→【课程设置】→【课程可用性】），学生就能看到该课程主页及其内容。

（4）学生账户和注册。

学生要登录 Blackboard 平台进行学习，首先必须有一个账户，该账户可以由学生自己创建，也可以由教师和管理员创建。其次，学生要学习某门课程，还需要注册（尤其在课程不允许访客访问的情况下）。教师可以让学生自行注册（注册可以有时限，并且可以设密码保护），也可以让他们发送请求，由教师或者管理员进行批准。对学生的管理可以通过【控制面板】→【用户管理】来进行。

2. 建设课程

教师登录 Blackboard 平台，默认入口为【我的机构】。内容区域中【我的课程】里会以超链接形式列出教授和参与的课程，单击课程标题就可以进入该课程主页。教师进入所教授的课程后，找到并单击【控制面板】按钮，进入控制面板，如图 3-39 所示。

控制面板提供了创建课程主页的整套工具，它主要有六个板块：内容区、课程工具、课程选项、用户管理、测验和帮助，如图 3-40 所示。教师通过它不仅可以上传课件，还可以进行和学生交流互动、批改作业、管理学习小组、跟踪学习情况等与网络教学相关的所有工作。

创建一门课程，往往需要进行课程结构设计、添加课程内容、课程存档和导入等相关工作。

（1）课程结构设计。

教师在设计课程结构时往往需要进行个性化设计，包括设计课程结构、菜单风格及设置课程横幅等。

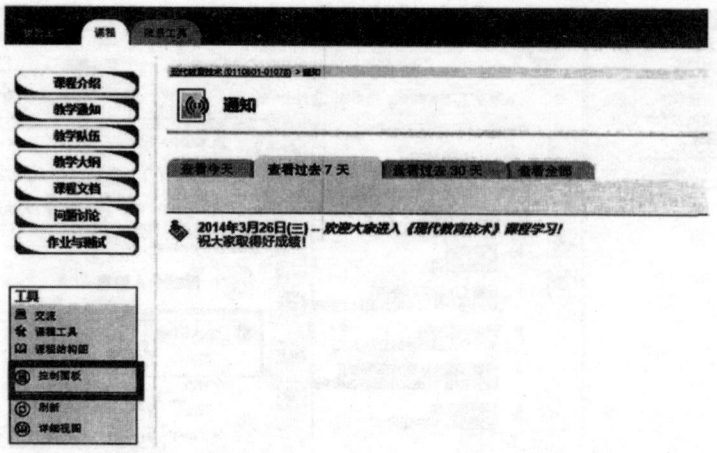

图 3-39　Blackboard 平台的【控制面板】按钮

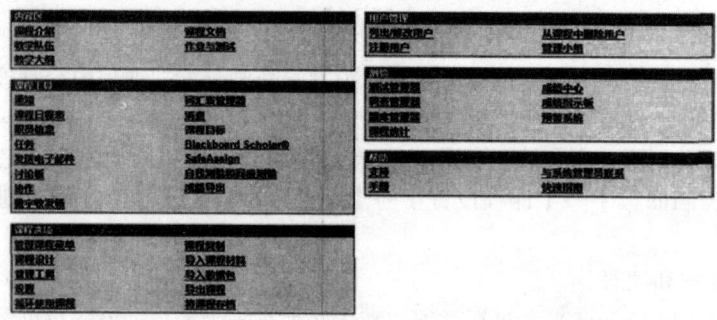

图 3-40　Blackboard 平台的控制面板各功能板块

①设计课程结构（课程菜单）。

A. 添加菜单。添加课程菜单中没有的菜单，如需上传教学课件，先添加【教学课件】菜单，可通过【控制面板】→【课程选项】→【管理课程菜单】来完成。单击【内容区】，选择【教学课件】，单击【提交】即可，如图 3-41 所示。

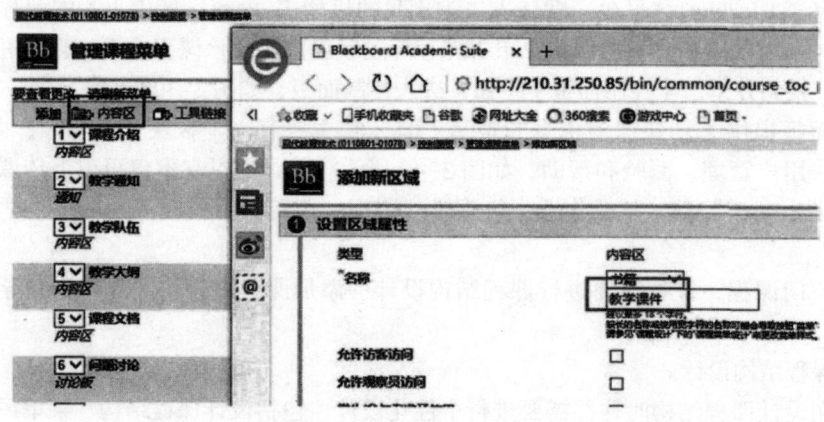

图 3-41　Blackboard 平台添加"教学课件"菜单示例

B. 修改菜单。教师要修改现有菜单的名称，如把"课程信息"修改为"课程大纲"，可以通过以下步骤完成：单击【控制面板】→【课程选项】→【管理课程菜单】，单击要修改的菜单进行修改，输入要修改的名称，再单击【提交】→【确定】就可以完成操作了。

②课程菜单风格设计。教师可以设置课程的菜单显示风格和样式，一般包括三种：章节模式的课程结构，优点是结构清晰，便于学生学习；月份模式的课程结构，优点是便于与教学进度匹配，管理简单明了；教学单元的课程结构，优点是资源集中，便于学生自主学习。菜单显示风格与样式设置界面如图 3-42 所示。

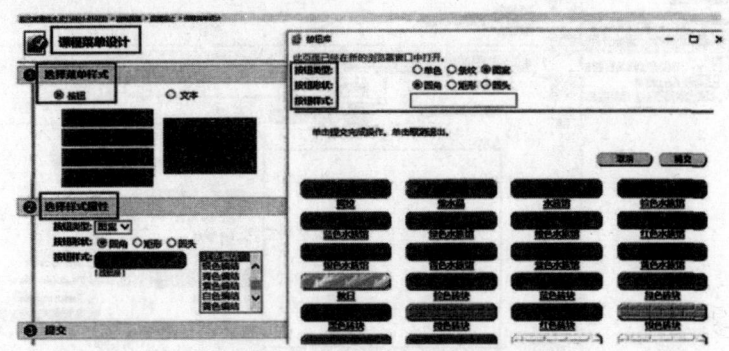

图 3-42　Blackboard 平台菜单显示风格和样式

③添加课程横幅。教师可以为自己的课程添加一张横幅图片来装饰自己的课程页面，操作方法如图 3-43 所示。

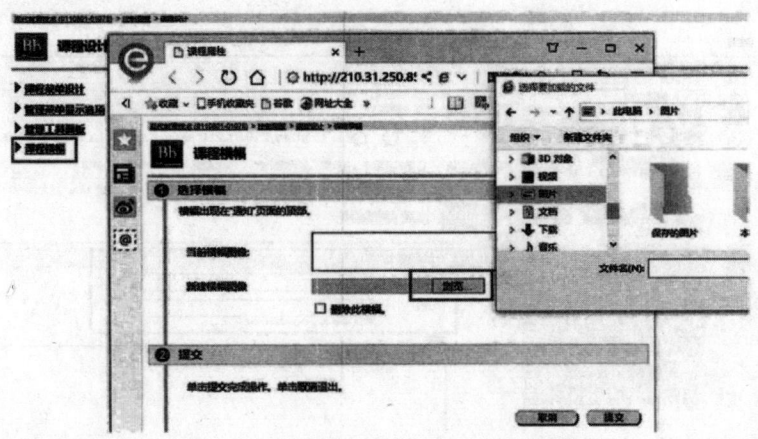

图 3-43　Blackboard 平台添加课程横幅

（2）添加课程内容。

内容管理是课程建设的核心部分，主要供教师发布和管理教学资源，资源可以是教学大纲、授课讲义、网络课件、课后作业、随堂测验和补充材料等内容，如图 3-44 所示。

①添加教学大纲。进入【控制面板】，单击【内容区】→【教学大纲】→【添加项目】，输入名称"教学大纲"，单击【浏览】选择需上传的大纲文件，提交即可，如图 3-45 所示。

②添加外部课程网站链接。进入【控制面板】，单击【内容区】→【学习网站】→【添加外部链接】，输入名称"精品课程网站"，并在 URL 地址栏中输入该网站的地址链接，单

击【提交】→【确定】即可，如图 3-46 所示。

图 3-44　Blackboard 平台添加课程内容

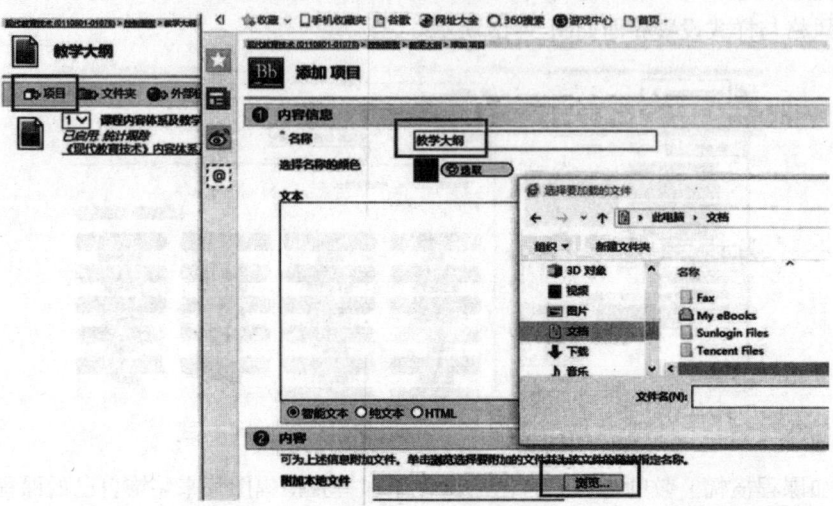

图 3-45　Blackboard 平台添加教学大纲

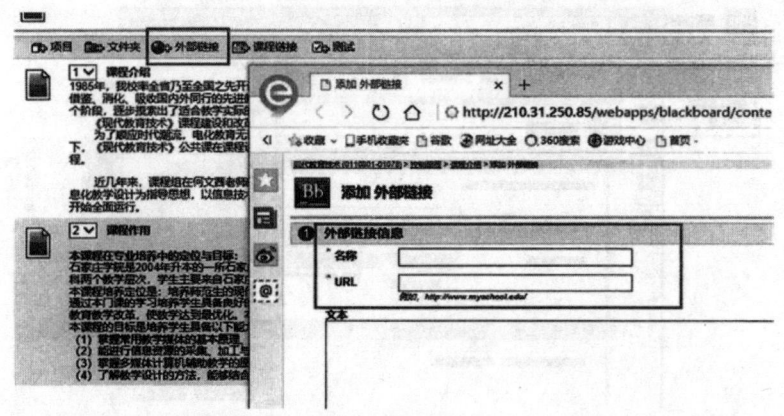

图 3-46　Blackboard 平台添加外部课程网站链接

③添加随堂测试。

A．创建测试。首先进入【控制面板】，单击【内容区】→【作业与测验】→【添加测试】，单击【创建】创建新测试，按照提示输入测验的名称及测验要求，如图 3-47 所示。

B．题型选择。在新打开的页面选择题型，单击题型旁边的【执行】按钮即可，如图 3-48 所示。

C．试题编制。在问题文本处输入"问题的题干"，并输入相应的答案内容，对于客观题标定正确答案的选项，如图 3-49 所示。完成一道题后，教师可以继续选择其他题型，直到完成本次试卷的全部题目后提交试题。

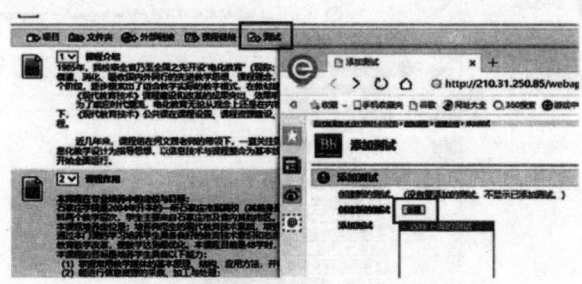

图 3-47　Blackboard 平台创建测试

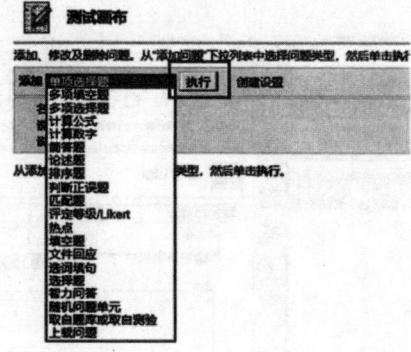

图 3-48　Blackboard 平台题型选择

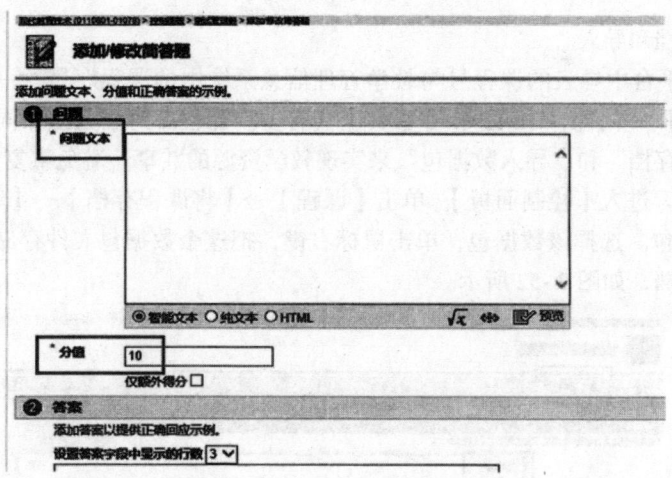

图 3-49　Blackboard 平台试题编制

D. 试卷提交。在【修改测试选项】中把【测试可用性】选项中的"将链接设置为可用"修改为"是"，然后提交，学生即可进行在线答题，如图 3-50 所示。

④添加课后作业。进入【控制面板】，单击【内容区】→【作业与测试】→【添加作业】，并执行。输入作业名称及要求，比如何时提交、如何完成等，如图 3-51 所示。此外，还可添加作业附件。

图 3-50 Blackboard 平台试卷提交

图 3-51 Blackboard 平台添加作业

（3）课程存档和导入。

Blackboard 平台中导入的课程号与教学管理信息系统中的课程序号一一对应，即一位教师给多个班开设同一门课，Blackboard 平台上会有多门课程。对于完全相同的课程内容，可以通过课程的"存档"和"导入数据包"来实现教学资源的共享，避免重复性的链接操作。

①课程存档。进入【控制面板】，单击【课程】→【将课程存档】→【存档】，提交后系统生成一个数据包。选择该数据包，单击鼠标右键，把这个数据包文件存储到本地计算机上即可完成课程存档，如图 3-52 所示。

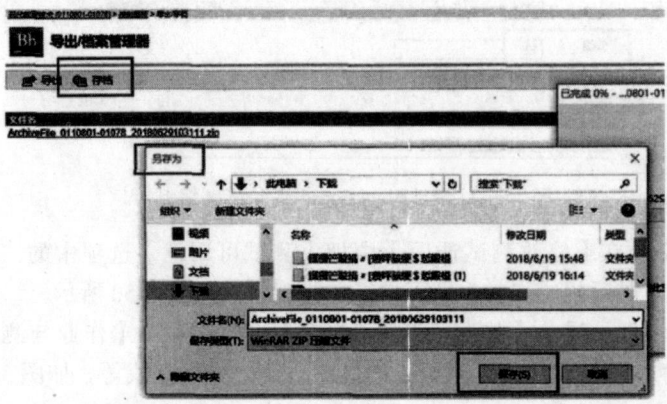

图 3-52 Blackboard 平台课程存档

②在新课程中导入课程文档。打开新课程,在【课程】选项中找到【管理课程菜单】,删除所有课程菜单,为数据导入做好准备工作,如图 3-53 所示。

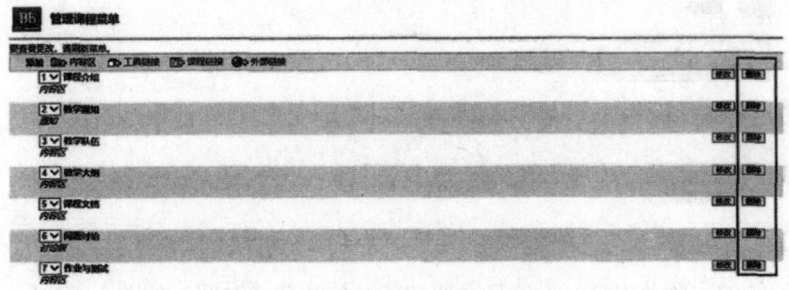

图 3-53　Blackboard 平台删除课程菜单

进入【导入数据包】,把事先准备好的存档数据包上传,选择全部内容并提交后,课程即完成导入,如图 3-54 所示。

图 3-54　Blackboard 平台导入数据包

3. 教学互动设计

Blackboard 平台为课程教学提供了多样化的交互工具,便于教师进行教学和课程信息的发布以及教师与学生之间互动沟通。Blackboard 平台设计的工具主要包括课程通知、课程日程表、教师信息、任务、发送电子邮件、讨论板、数字收发箱、词汇表管理器、消息等。这些在线交流功能,可同时为用户提供异步和同步交流工具,从而增强学习效果。

（1）课程通知。

课程通知功能是一项实用、有效的交流工具。Blackboard 平台作为一个集合多门课程的综合平台,让学生一次访问就能查阅所有该课程的当前通知消息,给教学过程带来极大便利。

①添加新通知。进入课程,单击【控制面板】→【通知】进行通知管理,如图 3-55 所示。

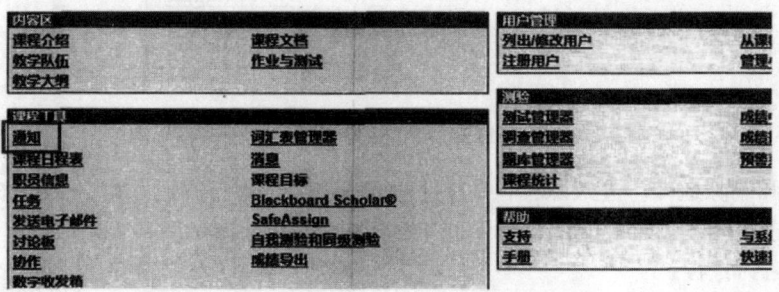

图 3-55　Blackboard 平台的【通知】按钮

单击【添加通知】发布新的通知，如图 3-56 所示。

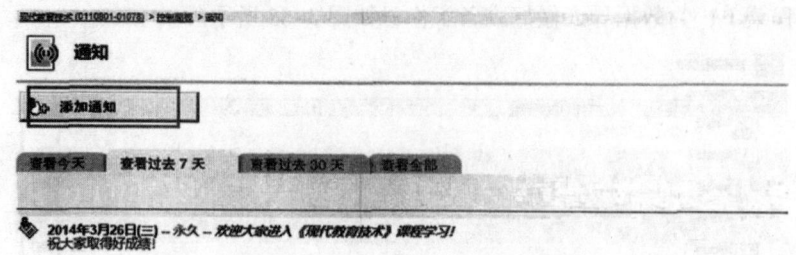

图 3-56　Blackboard 平台添加通知

输入新通知的主题及内容，设置显示通知的开始和截止时间，如图 3-57 所示。

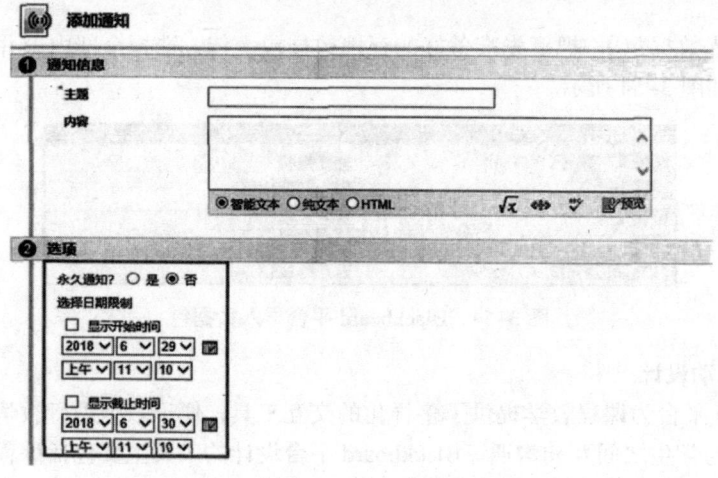

图 3-57　Blackboard 平台设置通知时间

如果要把通知和相关课程内容相关联，可以在【课程链接】处单击【浏览】，选择相应的内容后，单击【提交】即可，如图 3-58 所示。

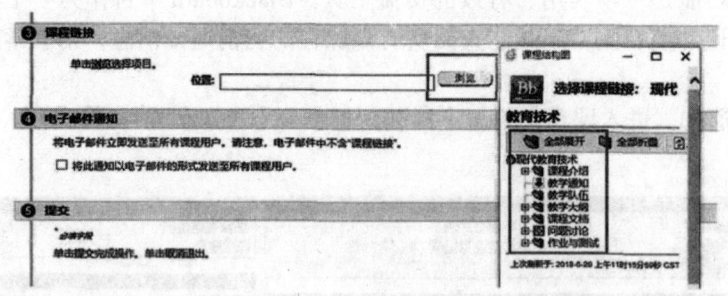

图 3-58　Blackboard 平台设置通知关联的课程内容

②修改和删除通知。进入课程，单击【控制面板】→【通知】，选中想要修改或者删除的通知，单击【修改】或【删除】即可。

（2）课程讨论板。

讨论板支持多议题的异步讨论。教师可以围绕不同的主题设置多个论坛，并嵌入合适的内容区或课程中。教师可以决定学生是否能够修改、删除、匿名留言和粘贴附件等。论坛内容可以根据议题、作者、日期或主题排列和浏览，并支持完全搜索；还可以设置与教学相关的讨论、对教学过程的建议等内容。Blackboard 平台允许以多样化的方式和主题来进行学习、互动：可以根据讨论列表、作者、日期或主题将信息分类，可以追踪已读和未读信息，还可以将多项信息收集到同一页面以方便阅读、比较和打印，等等。

进入课程【控制面板】，单击【讨论板】→【论坛】添加新论坛，可设置新论坛的名称、增加讨论话题等，如图 3-59～图 3-61 所示。

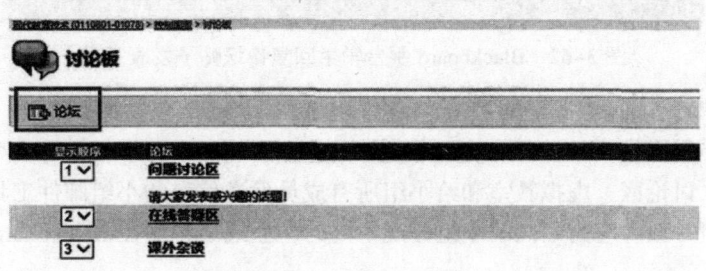

图 3-59　Blackboard 平台添加论坛

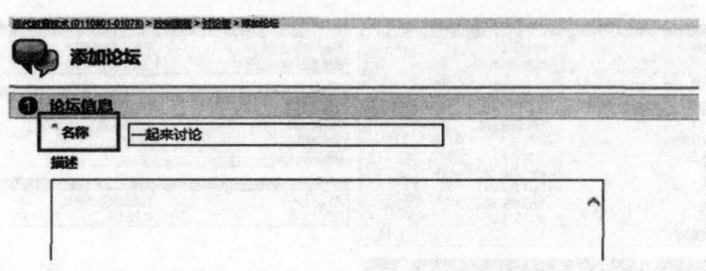

图 3-60　Blackboard 平台设置论坛名称

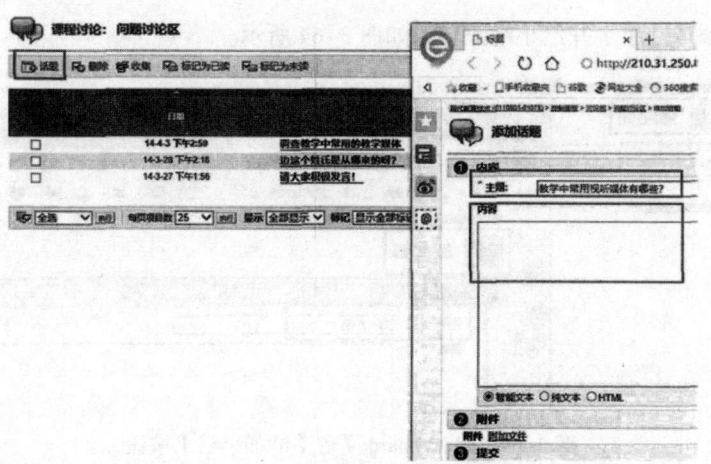

图 3-61　Blackboard 平台论坛新增讨论话题

学生登录平台，找到该课程，单击【讨论板】，即可查看到教师发布的论坛帖子，并可回复帖子发表意见，如图 3-62 所示。

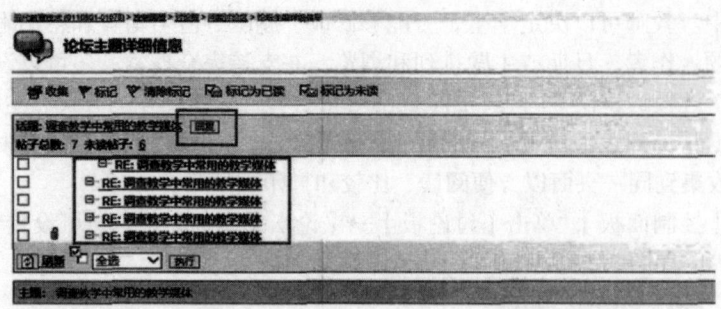

图 3-62　Blackboard 平台学生回复论坛帖子发表意见

（3）管理学习小组。

为了支持小组协作，教师可以使用小组工具建立不同的学习小组，每一个小组都有自己的文件交换区、讨论区、虚拟教室和给小组所有成员发送信息的小组邮件工具；学生可以同时属于多个小组，教师应为不同的小组分配不同的作业或项目。在 Blackboard 平台上进行学生分组步骤如下。

①进入课程的【控制面板】，单击【用户管理】→【管理小组】，如图 3-63 所示。

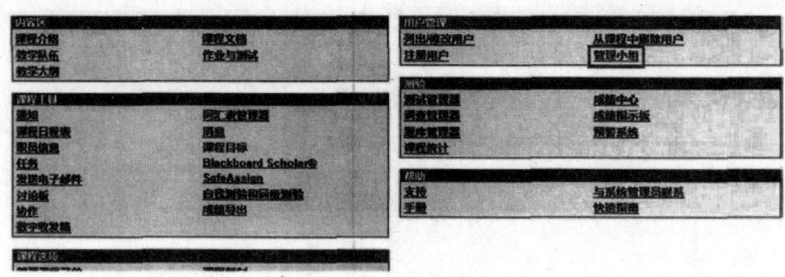

图 3-63　Blackboard 平台【管理小组】按钮

②单击【添加小组】并给小组命名，如图 3-64 所示。

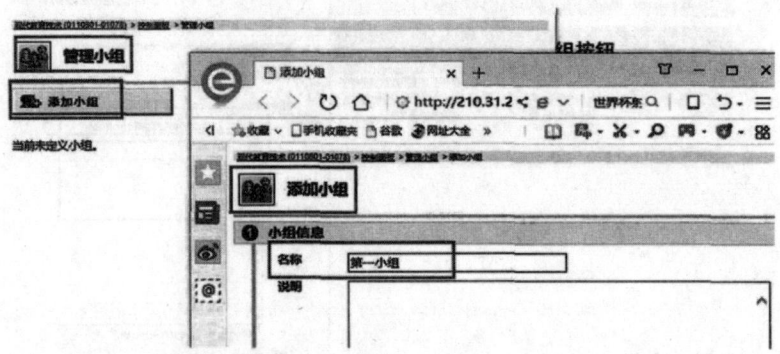

图 3-64　Blackboard 平台【添加小组】按钮

③单击小组后面的【修改】，在新的页面中找到【将用户添加到小组】，勾选相应的学生，单击【提交】即可完成设定，如图 3-65 所示。

项目三 教学媒体和环境的管理与应用

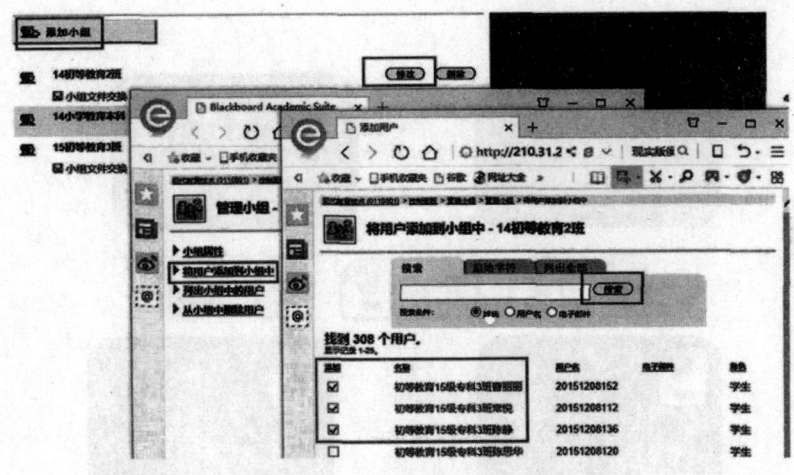

图 3-65　对学生进行分组

（4）博客、wiki 等工具。

除通知、讨论版及设定学习小组外，Blackboard 平台还提供了博客、wiki 等工具，如图 3-66 所示；图 3-67 对 Blackboard 平台提供的各种社交工具教学功能特点进行了对比分析。

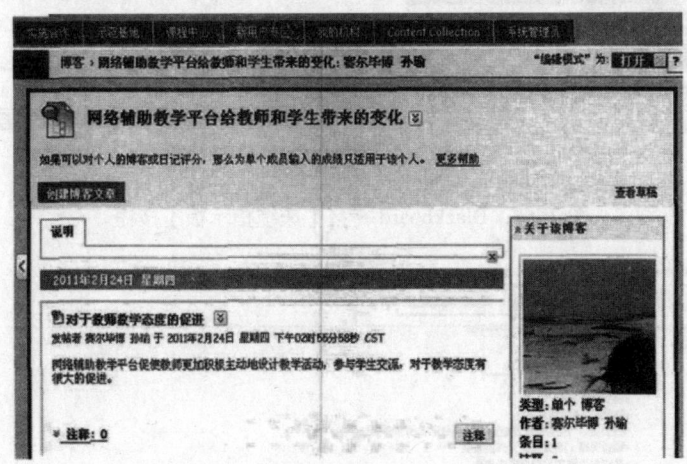

图 3-66　在 Blackboard 平台上创建博客

4. 学习跟踪与教学评价

（1）学习跟踪。

"学业表现统计"用于观察学习进度、显示学生是否已浏览特定的内容。内容跟踪功能对学生平时参与 Blackboard 平台的情况进行跟踪统计，以便更好地把握学生参与的积极程度。

可在【控制面板】的测试区域中查看学生的"成绩提示板"，通过统计结果查看学生的访问情况、发帖量、成绩列表、内容查看等信息，方便教师对学生的学习过程进行总体评价，如图 3-68 所示。

（2）作业上传及批改。

①学生可在【上载作业】界面提交作业，如图 3-69 所示。

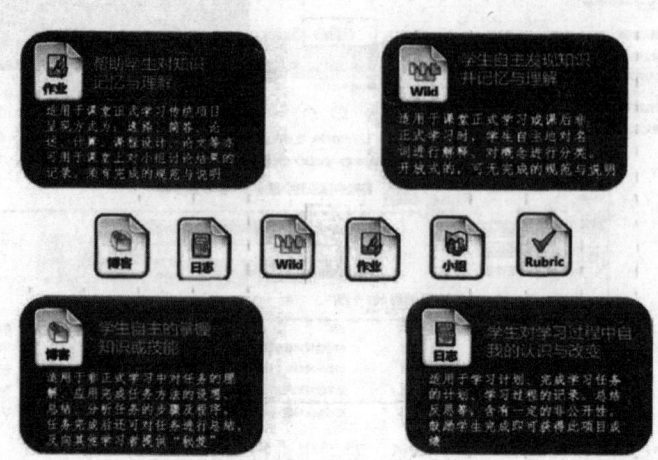

图 3-67 Blackboard 平台提供的社交工具教学功能对比分析

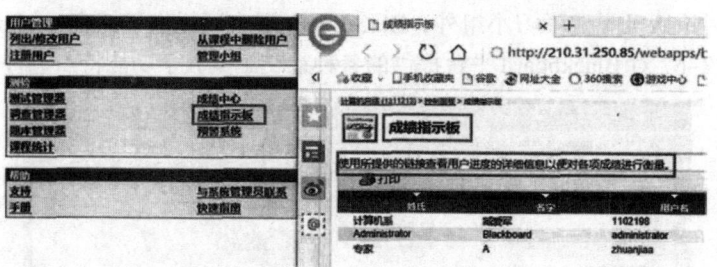

图 3-68 Blackboard 平台【成绩指示板】按钮

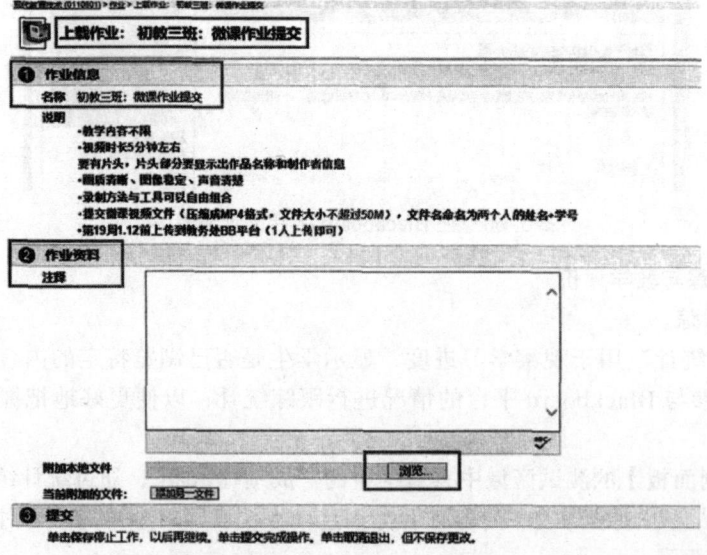

图 3-69 Blackboard 平台学生【上载作业】界面

②教师单击【控制面板】→【成绩中心】，可对学生的作业进行批改，如图 3-70 所示。

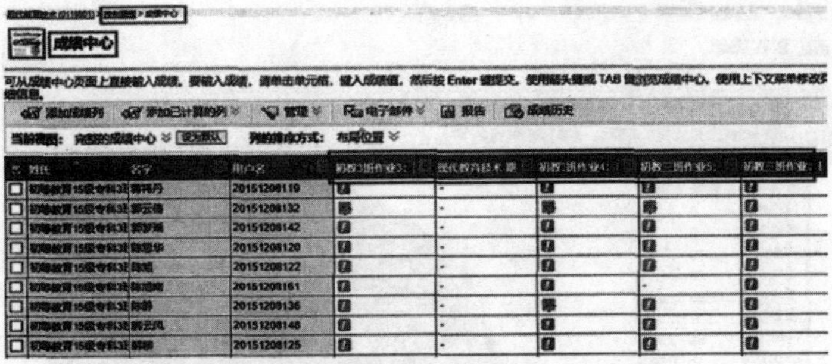

图 3-70　Blackboard 平台教师批阅作业界面

（3）题库和测验。

教师可以利用 Balckboard 平台把个人收集、编制的或学校购置的题库编制成测试方案。测试题目类型包括公式计算、计算题、判断正误、图片热区、评判量表、单项选择、多项选择、排序、匹配、填空、简答、论述、文件上传、句子重组和二选一等。测试题目可以一次性给出，或每次只显示一个；可以选择计时与否、允许多次回答等，如图 3-71 所示。

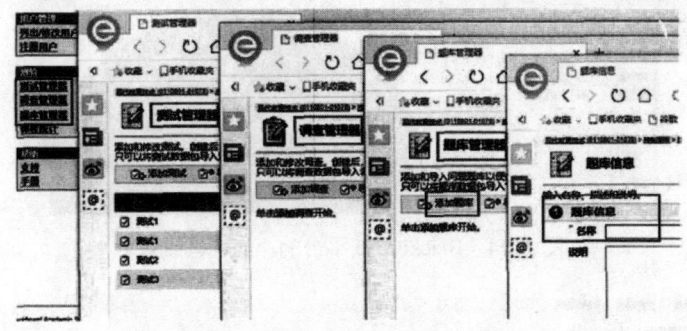

图 3-71　Blackboard 平台的测试、调查与题库

教师可利用测试管理器、调查管理器、题库管理器等工具，通过录入或导入原始试题资料生成试题库；可从试题库中随机生成试卷，生成的试卷可多次重复使用；可设置按时间表上指定的日期和时间自动开放或关闭测验，等等。

（4）教学评价。

教师可以随时了解课程的访问情况，动态地了解学生的学习需求，从而更好地改进网络课程，让 Blackboard 平台成为真正的得力助手。教师可从整体访问、内容区访问、小组访问、论坛访问等四个方面对课程访问情况进行统计、分析，如图 3-72~图 3-75 所示。

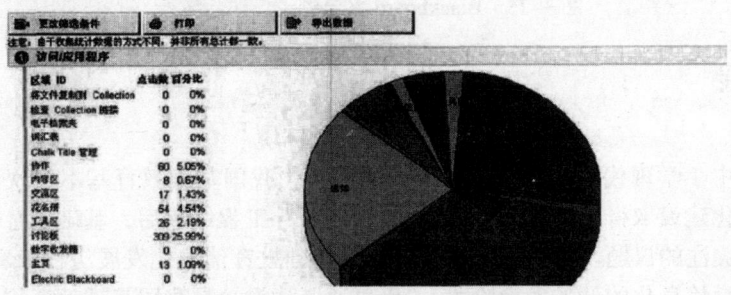

图 3-72　Blackboard 平台的整体访问统计

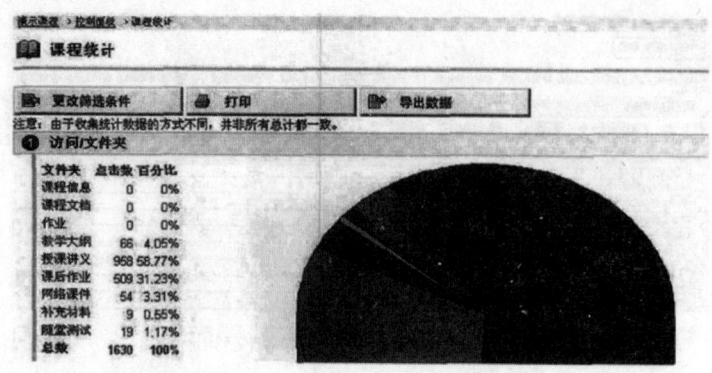

图 3-73 Blackboard 平台的内容区访问统计

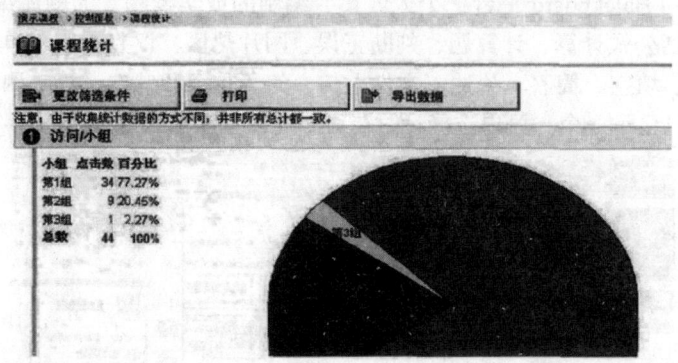

图 3-74 Blackboard 平台的小组访问统计

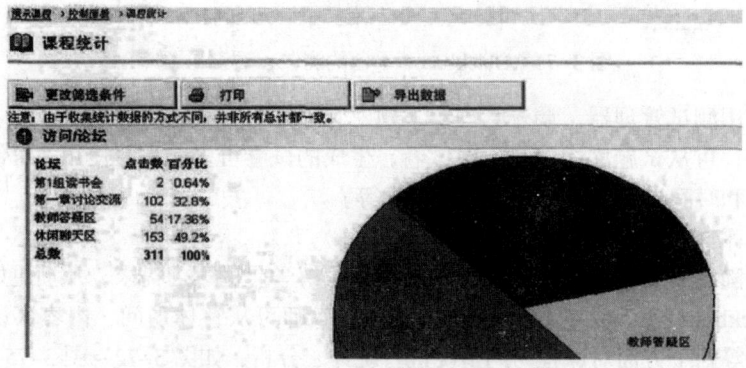

图 3-75 Blackboard 平台的论坛访问统计

任务拓展

"班班通"教学环境

随着农村中小学现代远程教育工程建设的结束，我国基础教育基本实现了"校校通"，基础教育信息化建设取得了阶段性的成果。"校校通"工程结束后，基础教育信息化如何发展，成为人们关注的议题。从事物发展的特点及基础教育信息化发展历程来看，"班班通"无疑是基础教育信息化的新的发展阶段。"班班通"建设，是我国基础教育信息化的历史选择，是深入开展信息化教育、教学的基础。教育部在2008年的工作要点中明确指出要"积极发展中小学现代远程教育，努力推进班班通、堂堂用，让广大中小学生共享优质教育资源"。"班班通"工程的建设，打破了教室、教师、校园的界限，实现了局域、城域无界限，校校互通、资源共享，并由此带来了教育的信息沟通渠道、沟通方式及学习方式的革命性改变。

（1）"班班通"的含义

目前，关于"班班通"的提法虽然较为普遍，但是仍然主要停留在个人的经验层次，尚缺少准确的定义与描述，为了研究的需要，我们对"班班通"的概念和核心内容进行如下界定：所谓"班班通"，是指将与教学相关的信息通道和信息内容通到每个班级，依靠投影机或者电视机等终端显示设备，实现班级间的教学资源共享、班级内的课件演示、电视节目收看等。"班班通"工程是一项包括课程资源开发、传输使用及教育教学整合等项内容的系统工程，是"校校通"工程的深入和发展，是中小学进一步普及信息技术教育，推进教育信息化建设及应用拓展的工程。

"班班通"建设以各个教室的信息化建设为核心。一般来说，"班班通"需要完成如下内容的互通：

①天网：远程教育Ku波段通到每间教室。

②地网：宽带或局域网通到每间教室。

③数字电视网：有线电视或卫星电视通到每间教室。

④数字广播网：校园数字广播通到每间教室。

⑤视频会议网：全校大会、电化教学通过视频会议方式进入每间教室。

"班班通"涉及硬件环境（包括网络设施）、信息化教学资源和教学活动三大要素。基础硬件环境、信息化教学资源是基础，教学活动是在当前硬件环境之下合理有效应用信息化教学资源的过程。"班班通"的建设并不仅仅是硬件系统的连通，更为重要的是为教育信息化提供基础，促进信息技术在教育、教学中的应用，使信息技术变成常规的教学资源和教学手段，从而提高每一堂课的教学质量。

（2）"班班通"的主要功能及使用

中小学"班班通"的实施，在促进课程改革和资源共享方面发挥了重要作用。班班通的设备和资源为学校构建了相对完善的信息环境，在辅助课堂教学、促进学校德育教育、开展教师培训、体现工具性价值等方面具有独特的功能，从而真正实现信息技术对教育发展的影响。

①使日常教学更加高效。"班班通"带来的不仅是大屏幕提示、课件的运用，还有与世界联网，在网络里可以获取教育教学需要的知识，打破了教室的局限，使学生能在有效时间里学习更多的内容，增强了协作与交互学习，提高了学习兴趣。从这个意义上说，"班班通"让Internet在学校领域突破了机房，让计算机惠及每一个教师和学生。

②提供丰富的信息化资源。结合当前中小学实际常用的资源形态和学术界关于资源的已有分类，我们"将班班"通利用的教学资源分为九大类：媒体素材、教学案例、课件、工具（学科工具和通用工具）、网络课程、索引目录、试卷试题、测评工具、文献资料。为教师和学生提供信息化资源，有利于教师获取、组织和管理教学信息，可以实现信息化教学的常态化，供学生自主学习、合作探究，进而培养学生的自主、探究与合作的学习能力。

③改革教学方法。"班班通"环境为学生提供了丰富的自主学习、协作学习平台，有利

于实现协作、发现和研究探究式学习，培养学生的协作精神、创新精神，促进信息能力、高级思维能力的发展，真正满足 21 世纪学生的个性化学习需要。

④实现教学管理信息化。在"班班通"教学环境中，不仅能进行多媒体演示和交互教学，而且资源利用和管理也更加方便，有中控管理和设备管理等功能，教学评估和电子监考节约了人力、物力，减轻了教学负担。

"班班通"工程的实施，是我国教育现代化中手段更新的一种必然，它不仅作为手段，而且将作为新课改后一种全新的方式，展现它与传统教育教学的不同。建设教育现代化装备的最终目的是发挥其功能，但是要最大限度的发挥中小学"班班通"的使用效益，需要每位教师积极主动地参与到学科与现代教育技术的整合研究中，对"班班通"的应用功能进行合理探索与拓展。随着基础教育改革的不断深入发展，只有充分发挥"班班通"的各种功能，学校的现代教育技术应用才能突飞猛进地提升，基础教育改革才能得以突破。

任务五　数字化教学平台的应用

任务导入

精品资源共享课建设是教育部"十二五"期间"高等学校本科教学质量与教学改革工程项目"的"国家精品开放课程"重要组成部分，它是以高校教师和学生为服务主体，同时面向社会学习者的基础课和专业课等各类网络共享课程。精品资源共享课建设以课程资源系统完整为基本要求，以基本覆盖各专业的核心课程为目标，通过共享系统向高校师生和社会学习者提供优质教育资源服务，促进现代信息技术在教学中的应用，实现优质课程教学资源共享。

任务描述

了解精品资源共享课

相关知识

在线开放课程（MOOC）

一、MOOC 的内涵和特征

MOOC 是 "Massive Open Online Course" 的缩略形式，意为大规模开放式网络课程，指课程提供方将课程的相关资源，如视频、学习材料等置于特定的网络平台，供注册者学习，并开辟相应的渠道供学习者相互交流、讨论，教师负责答疑辅导，最后通过某种形式的考试进行学业测评并对成绩合格者颁发相应证书。目前，提供 MOOC 资源的教育平台主要有 Udacity、Coursera 和 edX 三大巨头，吸引了众多世界顶尖高校参与其中。随着网络技术的发展，MOOC 以其区别于传统课堂教学和普通网络课程的独特优势，受到越来越多学习者的青睐，在教育领域发挥更大的作用。作为一种新兴的网络教育模式，MOOC 既不同于传统的课堂教学形式，又与普通的网络课程存在显著差异，呈现鲜明特征。

MOOC 的特征主要体现在以下几个方面：

（1）可扩张性

MOOC 的可扩张性特征是指其教育规模不受空间限制，可根据注册人数的增加而不断扩充教育容量。正是因为 MOOC 具有传统课堂所不具备的可扩张性特征，许多在线课程能容纳成千上万名学习者同时进行同一课程的学习，一些顶尖大学的知名课程教学规模更是达到惊人的程度。如世界三大 MOOC 供应平台之一的 edX 于 2012 年 3 月推出首个在线课程《电路与电子》，吸引了来自全世界 160 多个国家的 154 763 人注册学习。MOOC 的可扩张性大大拓展了单一课程的容量，提高了教育资源特别是优质教育资源的利用效率，这在教育资源供需矛盾日趋紧张的时代，无论对于政府还是学习者个人，MOOC 都将成为重要的选择对象。

（2）开放性

开放性是指 MOOC 提供方将课程相关资源置于特定的网络空间内，任何人都可注册学习。MOOC 的开放性主要体现为两点：一是空间的开放性，即 MOOC 的资源大多呈现在相应的网络平台上，人们只要具备该网络平台所需要的基本软硬件条件即可注册学习；二是学习人员的开放性，指 MOOC 没有限制学习者的身份，无论是否本校学生，无论国籍和年龄，只要对该课程感兴趣，就可以注册学习。世界知名 MOOC 供应平台 edX 在其网站介绍中清晰地表明了开放性这一基本特征："我们提供最优秀的在线高等教育，为任何希望成就自我、不断进步的人提供发展机会。"

（3）交互性

交互性是指在 MOOC 教学过程中，教师和学生通过该课程提供的网络平台进行双向乃至多向交流的特性。MOOC 提供方充分运用现代网络通信技术，搭建社交网络平台，供教师和学生进行交流互动。MOOC 的这一特性增强了网络课程的情景性，使网络课程学习更加接近真实课堂教学，激发了学习者的积极性，提高了教学效果。2012 年 3 月，edX 开通了首个在线课程《电路与电子》，并为该课程配备由 4 位教师、5 位教学助理和 3 位实验助理组成的强大师资阵容，为教学过程中的辅导答疑奠定了良好的人员基础。此外，edX 还通过在线作业、学习论坛、考试等方式进行师生间的双向、多向交流和互动，为该课程营造了良好的学习氛围。课程结束后，MIT 和哈佛大学组建了一个由多位不同学科专家组成的研究团队，对该课程的实施情况进行评估，他们发现，该课程教学过程中，师生之间的交流互动次数达到两亿三千万之多。

（4）自主性

MOOC 的自主性是指学习者在课程学习过程中，较少受外界的约束或影响，更多依靠个人的主观努力，或在学习者自主建立的学习社区的帮助下进行学习。由于 MOOC 注册者的学习动机源于对知识的兴趣与渴求，因而在课程学习中更能发挥主动性和积极性，而且对知识的共同兴趣又促使学习者更容易结成网络学习社区，以相互借鉴和交流。麻省理工学院在对已开设的 MOOC 进行分析时发现，学习者自主开发了许多工具和软件供大家使用，以共同解决在学习中遇到的各种问题，一个有序的学习生态社区正在逐步形成。

二、MOOC 的案例及分析——Coursera "史记" 课程

（1）Coursera 课程平台简介

Coursera 是非营利性的大规模开放在线课程平台，与全球知名大学合作开设免费的在线课程。目前有 626 门课程，这些课程来自世界 108 所知名大学，课程学科分布广泛，Coursera 上课程跨越医学、工程学、生物学、艺术、经济学、人文、管理学、音乐、数学、计算机科学、历史及法律等 20 多个其他领域科目课程。

在学习者没有登录之前，Coursera 的网站首页主要由 3 个部分组成：平台信息、导航区、课程搜索及课程列表区和网站相关信息区，如图 3-76 所示。

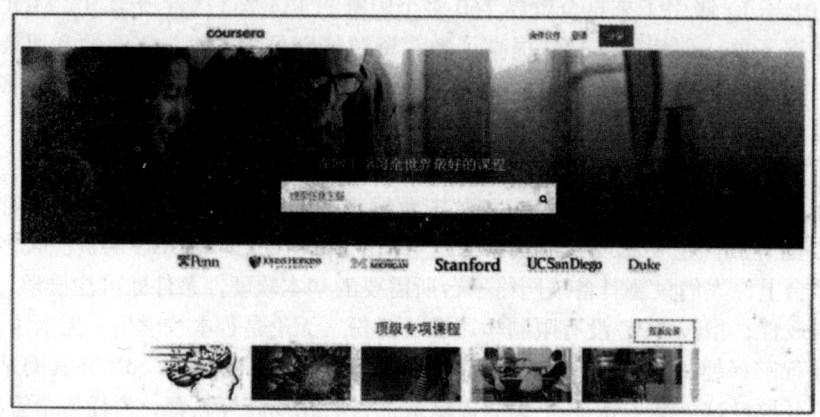

图 3-76　Coursera 课程平台首页

学习者可以直接使用 Twitter、Google 和 Facebook 账户进行登录，学习者登录后进入个人课程管理页面。个人课程管理页面主要由两部分组成：OUR COURSERA、YOUR WATCHLIST。OUR COURSERA 是学习者现在正在学习的所有课程，这里显示课程开课的时间、完成课程学习需要多长的时间和课程进度条等信息；YOUR WATCHLIST 是学习者准备学习的课程清单。课程预览页面内容包括课程简介、课程大纲、学习背景、推荐阅读、课程形式、主讲者介绍、学科种类、常见问题解答和共享课程这几个部分组成。

（2）"史记" 课程页面的组织形式

①课程信息。课程信息主要包含课程说明、授课大纲、评量方式和参考资料 4 个方面的详细信息。课程说明主要就 "史记" 这门课程的课程概述、授课形式和先修知识进行详细说明；授课大纲显示这门课程内容结构组织以周来进行设计；评量方式主要介绍本课程包含的作业次数，每次作业的分数，学习者达多少分数方可取得修业证明等信息；参考资料是主讲者推荐给学习者的一些有关本课程的学习资料的信息。

②课程教材。课程教材包含了课程视频，教学内容界面中呈现的是课程视频目录，是以周的形式呈现。每一周下面有子目录，学习者单击子目录标题即可进入课程视频的学习，如图 3-77 所示。课程视频下面有小型的测试，测试的内容和前面教师讲的内容有关，一般以选择题的形式出现。

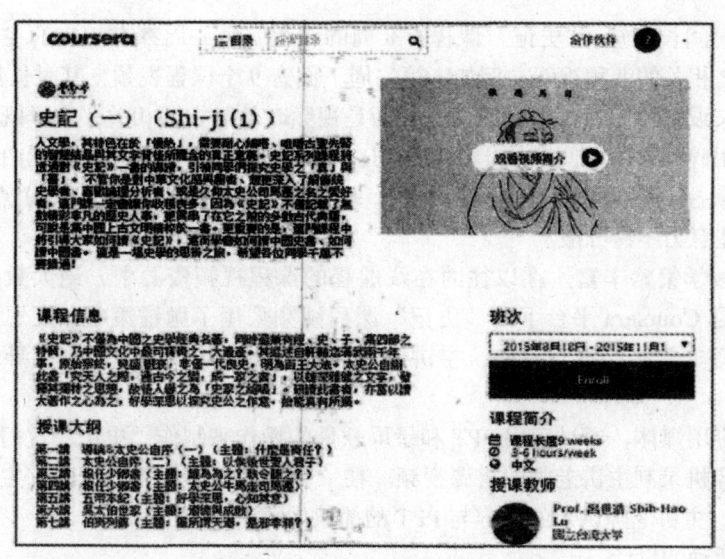

图 3-77 课程视频界面

③作业区。作业区是主讲老师针对本门课程布置的习题作业，教师根据教学内容的设计特点来设计课程作业。每次的习题作业有时间的限定，学习者必须在规定的日期之前提交作业到主讲老师。习题作业的批阅有两种可能：主讲老师或者采用生一生互评机制。主讲教师根据课程特点制定作业互评规定，如"史记"这门课程中，学习者必须在规定的时间之内提交作业，根据作业互评规定每位修课同学须批改 5 份他人作业。通过这种互评机制，不仅可以减轻教师在作业批改的问题，更为重要是学习者通过观看其他同学的作业，达到相互学习的目的。

④交流区。交流区其实就是这门课程的课程论坛，用于同学针对这门课程的发问、讨论和主讲老师答疑、发布通知。这门课程的学习者可以根据课程论坛中自己关注的问题的帖子的发帖时间、帖子的热度及帖子的回复数目来选择，并且课程论坛中的每个帖子都有相应的标签，学习者对于自己在学习这门课程所遇到的问题或疑惑就可以通过标签快速汇总相关帖子。学习者可以查看自己在论坛的活动和通过邮件订阅。从"史记"课程论坛看，课程论坛分成两部分：分论坛和所有主题。分论坛主要内容是讨论区使用规则、第一周讨论区、教材错误和技术问题等讨论话题。

三、"史记"课程设计分析

学习资源、教学活动、学习评价和学习支持的设计是"史记"这门课程的核心内容。

（1）学习资源的设计

在传统的在线课程中使用最多的学习资源就是视频，但以往的在线课程视频设计并没有以网络上的学习者为主体，而仅仅只是传统课程教学场景录制的视频并没有精心设计。这样的课程视频不能满足碎片化的交互学习，而 Coursera 上的课程视频设计不仅满足碎片化学习的需要，而且拉近教与学的距离，可以提高学习者在线学习的积极性。而笔者通过对"史记"课程组织形式的研究以及与传统在线课程的对比，发现"史记"课程视频有下面 3 个特点：

①视频的时间长度短。"史记"课程有8周的课程，每一周都有相应的主题，并且每个主题下面有与之相关的课程视频。例如，第一周下面有9个课程视频，其时长都在10 min左右。这样的时长设计原因有2个方面：一方面是视频时长与主题相关，这样既方便学习者学习，又充分利用碎片化的时间和便于移动学习；另一方面是主讲老师讲课程内容细化有利于学习者学习和掌握，在"史记"这门课程中，一个课程视频只讲解一个知识点或一个问题，这样学习者的注意力不易分散。

②视频中教学策略丰富。在以往的在线课程的课程视频资源中，绝大数的教学策略是讲授策略，但是Coursera平台下的"史记"课程视频采用了抛锚策略、反思策略、案例讲解和问题引领等非常多的教学策略，主讲老师通过运用这些教学策略来引导学习者更好地进行学习。

③视频中应用媒体。通过运用PPT和录屏软件的操作来制作"史记"这门课程的网络课程视频以及摄像机录制主讲老师的讲课视频。在"史记"这门课程视频中有主讲老师的图像和PPT的图像，主讲老师讲课的内容与PPT的播放内容是一致的。

（2）教学活动的设计

"史记"在线课程中的教学活动主要体现在授课教师与学习者之间和学习者相互之间进行问题的答疑、解答的评价或问题或疑惑的讨论。这些教学活动主要通过两部分来完成，一部分是课程论坛：每门课程都有自己专属的课程论坛，学习者可以在这里发帖提出自己在学习过程中遇到的难题，也可以在这里解决学习同伴的难题并且可以得到教师的解答，学习者通过这样的交流可以增强学习动机；另一个部分社交网络工具：随着互联网技术的快速发展，Coursera平台上的课程每个页面上都有社交网络工具，例如可以通过Facebook、Twitter和Google＋分享给其他人。

（3）学习评价的设计

在线课程中评价信息的来源有：测试、作业等学习评价。"史记"这门在线课程的学习评价主要体现在2个方面：一方面是课程视频中的课堂测试题；另一方面是主讲老师布置的课后作业。一般一个课程视频中只包含一道课程测试题，并且在课堂上给于学习者及时的反馈。当一周的课程视频更新完成后，则主讲老师将布置家庭作业，但是不能得到及时的反馈，然而家庭作业的评价不是主讲老师而是采用生—生互评机制，直到互评截止时间后，教师才公布家庭作业的答案，并且对其进行讨论。

（4）学习支持的设计

为了保证远程学习者顺利完成学业，远程教育机构通常要提供学生学习支持服务，其目的是帮助、指导和促进学生的自主学习，提高远程学习的质量和效果。在传统的在线课程中学习支持服务主要通过教师根据学习者的需要和行为进行人工助学来实现的，然而MOOC平台上的课程是面向全球的学习者，一门课程动辄几十万，甚至上百万的学习者，这样人工助学将不能满足学习者学习需求。因此需要在MOOC平台中内嵌越来越多的学习支持服务。在"史记"案例中主要通过学习资源、学习评价和教学活动3个方面来分析，课程中的学习支持服务所需的材料统计如表3-9所示。

表3-9 "史记"课程学习材料统计表

课程名称	史记	
学习支持的类型	资源材料要素	媒体元素类型
学习资源	课程视频	视频
学习资源	课程讲义	PDF、文本
学习资源	参考文献	PDF、网页
学习资源	案例	相关程序
教学活动	课程论坛	网页
教学活动	WiKi	网页
教学活动	课程分享	社交网络平台
教学活动	作品互评	相关程序
学习评价	在线课堂练习	视频
学习评价	在线练习解答	视频
学习评价	课后作业	网页、文本
学习评价	课后作业解答	视频、文本

任务实施

精品资源共享课

一、精品资源共享课的内涵和基本要求

精品资源共享课以政府主导、高等学校自主建设，专家、高校师生和社会力量参与评价遴选为建设模式，创新机制，以原国家精品课程为基础，优化结构、转型升级、多级联动。从精品资源共享课的要求可以看出，精品资源和资源共享是两个基本要求。

1. 精品资源

作为精品资源共享课，是由名师讲名课，应该由学术造诣深厚、教学经验丰富、教学特色鲜明、具有高级专业技术职务的带头人主持团队建设。教学团队结构合理，要包括专业教师和教育技术骨干，能利用现代教育技术进行教学传播和共享。精品资源共享课内容，要求涵盖课程相应领域的基础知识、基本概念、基本原理、基本方法、基本技能、典型案例、综合应用等，课程内容完整全面，能反映本学科领域的最新科技成果。课程质量高，教师能灵活运用多种合适的教学方法和教学手段，能充分调动学生积极性，在同类课程中具有影响力和较强的示范性。

2. 资源共享

精品资源共享课要完整、系统，适合网上公开传播。精品资源共享课的教学资源要求进行分类整理，基本资源和拓展资源要分开，进行规范化、格式化的整合，满足新的精品资源共享课程资源建设的要求。课程教学资源包含基本资源里的教案、视频等素材要根据大纲要求结合实际教学需要，完整系统。各类素材需注重课程资源的适用性和易用性。在技术上，利用先进信息技术和网络技术强化互动交流，为社会提供优质高效的网络共享服务。

二、精品资源共享课的案例及分析——中国地理(北京师范大学)

2013年,北京师范大学的国家精品课程"中国地理"获批成为"评审专家建议入选国家级精品资源共享课立项项目",课程界面如图3-78所示。课程在原有基础上共建共享优质课程教学资源,强化了向广度、深度、精度和共享度四维提升的理念,向高校师生与公众全面开放。因此,课程建设核心围绕教学资源的整合与共享、教学过程的可视化、区域多媒体地理信息传输与共享展开,以更好地适应学习者要求。在教育部统一网站模块结构模式下(见图3-79),突出表现为3方面:一是"三配套"资源库的整合与共享,即教材资源库、视频课程资源库、实践拓展资源库的配套,拓展"中国地理"精品课程共享的广度;二是学习过程资源的整合与共享。中国地理精品资源共享课的资源整合重点由原来指导教学转为指导学习,从教育认识规律出发,构建课程资源框架体系,提升"中国地理"精品课程共享的效率;三是对课程内容进行精细化,"中国地理"共享课程按章节编排课程资源,细化教学要求、教学说明、教学内容等,尽可能完整地重现课堂教学,开展自主学习,以实现教学资源的最大限度共享利用,提高"中国地理"课程共享的深度。

图3-78 国家精品资源共享课——"中国地理"课程界面

通过图3-79总结一下国家精品资源共享课——"中国地理"建设的特点与反思。

1. 教学资源"活化"

国家级精品资源共享课建设的目的之一就是让优质教育教学资源能真正发挥作用,为公众服务。要做到这一点,避免课程成为静态资料集合,就要做到教育资源的"活化"。"活化"是指资源的动态性与可更新性,主要包含3方面:教师梯队活化、师生交流活化与资源信息活化。

①教师梯队活化,主要是指考虑到精品课程向精品资源共享课升级中,课程内容应能可持续性更新,同时考虑到在网络环境下精品资源共享课的新理念与新技术平台,需要年龄结构合理的教师梯队相配套,同时建立师资力量的更新与动态化的长效机制。

②师生交流活化,主要是指共享课程的两端——教师及学生(公众)不应被学习平台或技术割裂开来,而应在新的共享环境下形成师生交流的动态与更新机制。针对"中国地理"

课程实际，它具有区域性、综合性、交叉性和实践性4个显著特点，课程中师生之间的多源信息—多环节教学—师生双向反馈教学理念本身即课程特色。因此提高课程资源有效利用，发展更为便捷的线上线下互动交流方式，在精品资源共享课建设过程中尤其重要。

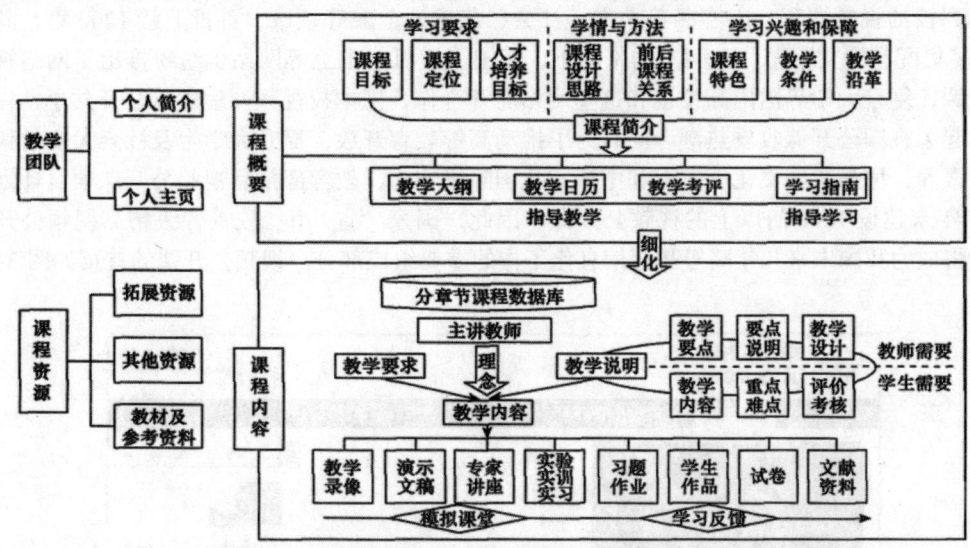

图3-79 "中国地理"精品资源共享课网站模块

③资源信息活化，主要是指精品资源共享课建设中，其形式多样的资源信息能被有效地动态化组织，可以便捷地更新，以使公众能有效利用。以"中国地理"为例，其中包含"大师资源"（周廷儒院士纪念网站）、"实践资源"（遥感影像辨识系统）、"知识拓展资源"（地理动画库）等多种类型资源，同时不断更新。

2. 本土教学资源国际化

国际化的含义除吸收引进国外先进文化、知识资源之外，还有建设具有自身特色的本土文化、知识资源，对外传播以增强影响力。以"中国地理"课程为例，其英文版网站建设，力图从世界的角度看中国，共享中国地理景观实景（照片、遥感影像和录像等）及可用于分析的数据材料、统计图表、专题地图等，凸显全球变化下中国和中国地方文化地理特色。一方面可直接供有学习需求的国外公众使用，另一方面网站中的资源、信息、材料可直接作为对国外进行中国地理教育的第一手材料，产生的辐射作用不言而喻。

任务拓展

视频公开课

一、视频公开课的内涵和基本特点

视频公开课作为一种以视频为表现形式的公开课，在影视制作和传输技术发展的推动下，其公开程度、共享范围不断扩大，影响日益深远。作为"十二五""高等学校本科教学质量与教学改革工程"的重要部分，国家级精品视频公开课建设工作于2011年率先启动，并将其定义为以视频方式记录和传播，以在校学生为服务主体，同时面向社会大众免费开放的科学、文化素质教育网络视频课程与学术讲座。精品视频公开课建设不仅有利于推进教育信息化进程,同时也是实现教育公平、提高教育质量的重要手段,具有重要意义。

2010年11月,网易推出"全球名校视频公开课项目",引进哈佛大学、牛津大学等世界知名高校的视频课程,内容涵盖人文、社会、艺术、金融等领域,首批上线1200集,其中200多集配有中文字幕。在网易的带动下,新浪、搜狐、土豆等网站也纷纷推出了网络视频公开课,复旦大学等国内高校也和这些网站展开合作,把本校视频课程进行公开共享,在国内掀起了视频公开课收看热潮。同时为了推动高等教育开放,提升大学生及社会大众的科学文化素养,增强我国文化软实力和中华文化国际影响力,教育部精品视频公开课项目计划到2015年末建设1000门以上的视频公开课。因此,国家、省/市、校等各级精品视频公开课建设将成为我国未来几年高等教育信息化工作的重要组成部分。视频公开课的首页如图3-80所示。

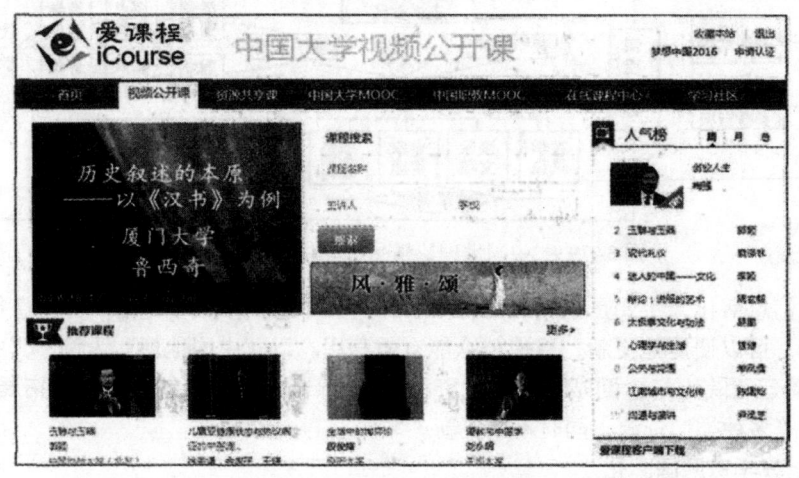

图3-80 视频公开课首页

视频公开课的基本特点如下:

(1)学校建设,政府主导运营,商业机构参与其中的制作运营模式

精品视频公开课采用了一种"政府主导、高等学校自主建设,专家和师生评价遴选、社会力量参与推广的建设模式"。也就是说高校和主讲教师只负责通过遴选课程的建设任务,教育部组织专家和师生对建设完成的课程进行再次评价,通过评价后的课程在教育部负责建设的全国统一平台"爱课程"网站和中国网络电视台、网易等特定媒体进行上线发布。这种模式一方面保证了课程网站运营的开放性、稳定性与安全性;另一方面,也有利于减轻主讲教师和所在学校课程后续维护负担,使其有足够精力用在课程的高质量制作中。

(2)精品视频公开课着力传播我国文明优秀成果和现代科技前沿知识

《国家精品课程建设工作实施办法》要求国家精品课程"需在网上提供不少于45min的现场教学录像",这种视频主要是用来展现精品课程教学团队的先进教学方法和理念,视频内容主要为课程教学实录。首批视频公开课初次通过遴选的选题中,从课程专业分布上看103个选题分布在37个学科门类中,体现了我国首批视频公开课以大学生人文素质教育课程为主，重点建设中国传统文化类、科学技术类和社会热点类、素质教育课程，兼顾其他公共课、基础课、专业基础课的建设目标。

（3）开放的传播渠道，保证了课程的高度开放共享

针对精品视频公开课项目，教育部组织建设了统一的共享服务平台"中国大学视频公开课：爱课程网"，共享平台将通过课程申报遴选和成品评选的视频公开课的上线发布，并通过论坛等方式收集公众意见。除了教育部建设的"爱课程"网，教育部还和中国网络电视台、网易两家媒体单位合作，使中国大学视频公开课在公共网络中共享，和国外知名大学的视频公开课在同一个平台上具有相同的话语权。这样不仅高校师生、教育网内用户可以观看，普通大众也可以方便的通过公共网络学习，提高了我国高等教育的开放水平，有利于建设全民学习、终身学习的学习型社会。

二、视频公开课的案例及分析——《教育技术专业导航》（华东师范大学）

《教育技术专业导航》视频公开课是华东师范大学为教育技术学专业学生精心设计与制作的一门专业导论性质的公开课，课程界面如图 3-81 所示。该课程内容紧贴时代发展前沿，具有一定的指向性和前瞻性，课程以贴近学生视角的方式，为新入学的学生量身定制，内容体系涵盖教育技术领域理论与实践的最新发展和动态，使学生在进入到一个新的学习环境后，以最快的速度融入到新专业的学习中。课程具体介绍了教育技术专业是什么，解决什么问题，以及每一个专业领域的从业者能够做些什么。

图 3-81 《教育技术专业导航》视频公开课课程界面

本课程共包含 3 个模块，第一个模块探讨教育领域对技术的需求，从而帮助学生了解教育技术是一个用技术方法解决教育问题的学科；第二个模块探究技术的发展为教育带来的变化，从而帮助学生进一步领会如何利用教育技术来解决教育问题；第三个模块展示该专业从业者在以技术解决问题的过程中所从事的各项工作，从而帮助学生建立专业学习的方向。主讲教师尽心设计与录制课堂授课环节，并且具有异步的课堂互动环节，以便于师生间的互动交流。

思考与练习

你认为交互式电子白板作为协同建构平台,能够给教师和学生带来哪些好处?

尝试在 Blackboard 平台上创建一门网络课程。

项目四　数字化教学资源的获取与利用

学习目标

通过本章的学习，你应能够达到：
（1）说出数字化教学资源的开发与管理的思想及要求。
（2）数字图形图像的获取与利用及 Photoshop 软件使用。
（3）数字音频的获取与利用及音频编辑软件的使用。
（4）数字视频的获取与利用及视频编辑软件的使用。
（5）根据自己的需要建立文档、图像、音频、视频资源库。

任务一　数字化教学资源概述

任务导入

数字化教学资源是教育信息化的产物，是推动教育教学改革、构建新的教学模式的基本前提。数字化教学资源的有效利用是每一位教育工作者应具备的基本能力，也是每一位教师信息素养的集中体现。加强数字化教学资源管理与应用的最终目的是优化教学，促进师生共同发展。

任务描述

如何对数字化教学资料进行管理？

相关知识

一、数字化教学资源开发的质量要求

教育部教育信息化技术标准委员会制定的《教育资源建设技术规范》，为以数字信号在互联网上进行传输的教育信息建设提供了一般原则，它的目的是向资源的开发者提供一致的标准，以统一开发者的行为，达到资源基本属性结构的一致性，以实现资源在区域内的广泛共享，并为学习者或教育者等对教育资源的查找、评估、获取和使用获得最大效率而提供支持，同时也为不同资源库系统实现数据的共享和互操作提供支持。

教育资源是指蕴含了特定的教育信息，能创造一定教育价值的各类信息资源，特别是能以数字信号在互联网上进行传输的教育信息。数字化和教育价值是它的核心特征，它的开发有相当高的技术要求。《教育资源建设技术规范》从资源开发的角度，定义了各类资源应符合的技术性要求与教育性要求，所有开发者都应以此为标准，以保证数字化教学资源建设工程的质量。

二、数字化教学资源的来源

数字化教学资源的来源主要有三个途径。

1. 现有教学资源的数字化改造

我国现存的教学资源中，除近几年开发的数字化教学资源外，大部分还是在几十年教育教学实践中积淀的印刷品、音像制品等传统教学资源。这些资源数量庞大，且其中不乏精品，即使在今天也仍有较高的教学价值。对这些教学资源进行数字化改造既有经济效益又有社会效益，在挽救一大批有教学价值资料的同时，对于节约有限的教育经费和缓解我国当前优秀教学资源的匮乏意义重大。

随着教育信息化进程的加快，传统的教学资源正在经历数字化改造，如中国基础知识设施工程 CNKI 将众多知识文献进行数字化处理，中国基础教育知识仓库 CFED 将基础教育的众多知识文献进行数字化处理。

数字化改造的具体方法是，将现有教学资源中的图片和文字材料通过数码技术，如数字相机、数字扫描仪，转化为可在计算机上加工、处理、传输的数字化教学资源。音像教材也可借助相关的设备和计算机应用软件进行数字化改造。随着数字技术的进步，传统的广播电视教学所使用的模拟设备逐渐被取代，数字化音像资源在教学中的应用将越来越广泛。

2. 师生创作的电子作品

师生创作的电子作品是在数字化学习环境中产生的一种新型教学资源。电子作品有三种基本类型：①展示型作品，这是学生作业的电子稿，教师可选择最优秀、最典型的学生电子作品，将其发布到网上供其他同学观摩学习；②师生交流作品集，这类作品往往被称为教学作品集，主要来源于教师与学生之间的相互交流，交流作品可能是师生就某一问题的讨论结果，也可能是教师对学生疑难问题的答复；③教师对学生进行评价的作品集，这部分资源来源于教师对学生作品进行评价并给出分数等级的教学评价活动。

3. 由专业人员开发建设的资源

由专业人员开发建设的资源是数字化教学资源的主要来源，其开发和建设一般有以下几个步骤。

（1）初期制作。这是资源开发的第一步，要做的工作有两项。

①由于各种媒体在信息呈现形式上互不相同，为满足不同的教学需求，需收集各种形式的媒体素材。对此，可采取购买、自行创建、网络共享等方式获取文本、图形、图像、动画、音频、视频等所需素材。

②对素材进行分类与描述，即按照某种标准对各种素材资源进行分类，并对每类素材对象的类别、格式等属性作出清晰的描述。

（2）素材集成。经过初期制作的各种素材，在形式上还比较零散，教学功能也比较差，因而需要将各种零散的素材集成为完整的教学资源单元。创作人员可应用多媒体集成软件对文本、图形、图像、声音、动画及影像等素材进行集成编辑。目前，可用于集成多媒体素材的软件有很多，比较常用的有 PowerPoint、Authorware、方正奥思等。经集成后的多媒体素材的教学功能强，可直接应用于教学。

（3）对资源内容标引。经上述加工的素材，还需有专业人员对其进行标引。标引工作包括分析资源内容、给出主题、对资源内容置标等。

（4）质量检查。检查的内容包括标引的正确性、图像、声音及视频的质量、文件大小、格式等。

（5）归档。当资源制作完成后，需要将全部数字化文件归档，存入资源库。将数字化教学资源作入库处理时，一方面，要注意对资源进行分类，以利于快速检索；另一方面，还要对资源进行相应的说明，指出其获取手段、来源及适用于解决的问题等。

任务实施

数字化教学资源的管理

一、数字化教学资源管理的思想

1. 数字化教学资源的管理应采用知识管理的思想

知识管理是将可得到的各种信息转化为知识，并将知识与人联系的过程。知识管理就是要对知识进行规范管理，以利于知识的产生、获取和重新利用。知识管理的基本活动包括对知识的识别、获取、开发、分解、使用和存储。在教育领域，知识管理就是将各种教学资源转化为具有网状联系的规范知识集合，并对这些知识提供开放式管理，以实现知识的生产、利用和共享。

在数字化教学资源的管理过程中应该注意加强对资源的鉴别、分类，并与学习者的需要和实际经验结合，通过资源的使用，使学习者的学习能力和创新能力得到进一步的提高，使资源真正能转化为学习者的知识，这就对数字化教学资源的设计、开发和管理提出了更高的要求，需要开发者和学习者双方合作并进行长期的努力。

2. 数字化教学资源的管理应采取开放的思想，建立开放的数据库

互联网数据不断膨胀，其中不乏大量有价值的教育信息。但是，这类教育资源处于一种零散的分布状态，且形式、内容各异，尽管可以通过搜索引擎指向目标地址，但不利于用户的直接检索和使用。开放的教育资源库不仅体现在能通过其搜索机制，将互联网上的资源地址收录到索引数据库中，更能通过输入接口，将零散、不规范的网络教育资源进行统一标识，纳入更为完整的资源体系之中，这是教育资源库的一大发展趋势。为维护版权利益，虽然资源文件本身仍处于一种零散的分布状态，但面向用户的却是一个虚拟的大型资源库。用户不必进行人为的转换，就能获取规范的教育资源和应用指导。通过技术和属性的规范，定义资源的标准化过滤接口和导入接口，将网上优秀的教育资源的元数据信息自动提取出来，进行标准化过滤后导入自身的数据库中，经过不断的完善与扩充，形成系统的教育信息资源。注意资源库智能性的实现，教育资源库的智能性，最简单的应用是计算机能自动判断学生输入的答案是否正确。其高级应用是学生只要与计算机进行短时间的人机对话，计算机就能判断该学生的知识水平、学习能力和心理特征等情况，然后针对不同学生的情况，选择最合适的教学内容和教学方法，从而有效地促进学生学习。学生也可以进行自我控制，自定步

调。另外，教育资源库的智能性还表现为能够对一些知识点进行简单的调整与扩充，能根据学生的实际水平合理组卷，并能保存学生的成绩，还可以使相联系的题目随机出现等。

3. 学科网站——数字化教学资源管理的新思路

目前，各类教育资源中心对教育资源的管理大多采取了数据库存储的方式，有的将资源文件以二进制数据形式存储在关系型数据库中，对教育资源的管理都是基于对数据库的操作；有的将资源以文件的方式存储，但索引信息存在数据库中。基于数据库的资源管理系统最大的优势是可以存储大容量数据，便于资源的快速检索和定位，但其最大的局限是采用以数据记录为核心的界面视图过于生硬，不符合人们的习惯性认知思维，尤其对于一些非计算机专业学科的教师；而且各学科的资源混杂在一起，良莠不齐，干扰信息太多，对一线教师教学应用支持不直接，功能不强，界面不友好。目前，在广东佛山、珠海等地采用学科网站的方式作资源库的用户前端界面，后台采用数据库对资源存储管理的思路，得到了广大一线教师的认同，为教育资源管理提供了一个新思路。

二、数字化教学资源的管理形式

数字化教学资源的管理形式主要包括：资源的索引编制、发布、修订、删除、传输、审核和检索，等等。数字化教学资源按照学科组织建设与使用，但按照物理属性进行分类存储与管理，资源管理系统应该具备的具体功能如下。

（1）对各种数字化教学资源进行查、录、删、改等基本功能。

（2）输入资料应具备两种形式：单个资料的随机输入、大量资料的批量输入。

（3）支持单键查询功能。对于文本素材，也就是关键词的全文检索功能；其他类型的素材，以布尔逻辑查询所有类型匹配的属性字段；对于不同子类型的素材，应能自动适应其特殊属性（出现并加入检索项）。

（4）素材检索引擎功能还应包括：布尔查询功能、关联查询的段落定位查询、精确查询、模糊查询并支持通配符。

（5）多媒体素材应集成多媒体音频影像查询技术，如可采用"关键帧捕获"技术，根据多媒体资料中场景的变化自动选择关键帧，用于预览或建立索引，以便查询。

（6）要具备良好的导航及检索预览功能。

（7）具备素材的远程提交功能，用户可以通过互联网络远程提交素材。

（8）对于每一个素材，都具备相关素材的显示功能，相关素材可按学科类型、作者或关键词等显示。

（9）评论输入及显示功能。对于每一个素材内容，使用者都可以对其发表评论，并能查看他人所撰写的评论内容。

（10）支持多文件压缩下载功能。当用户选择下载多个资源时，系统能自动将资源文件压缩成一个自解压的可执行文件供用户下载。

（11）提供内容传输管理。支持多媒体上传和下载功能；保证多媒体传输的安全性、稳定性和保密性；集成现有各种成熟技术保证产品传输的及时性和可靠性。

（12）支持基于标准互换格式的资源导入／导出功能。具有能自动生成标准互换文档的接口模块，实现与其他资源库系统间数据的批量导入／导出。

（13）提供与第三方应用程序的接口。允许扩展资源库系统的应用功能，如与电子备课系统的接口。

任务二　数字图形图像的获取与利用

任务导入

图形图像是教学信息中最常见的信息表达形式之一，可以形象、生动、直观地表达教学信息。在计算机中，图形图像是以数字方式记录、处理和保存的。所以，图像也可以说是数字化图像。图像类型大致可以分为矢量图像和位图图像。这两种类型的图像各有特色，也各有缺点，两者各自的优点恰好可以弥补对方的缺点。因此，在绘图与图像处理的过程中，往往需要交叉运用这两种类型的图像，才能取长补短，使处理的作品更完美。

任务描述

如何用 photoshop 软件编辑处理图像？

相 关 知 识

一、图像基础知识

（一）矢量图像

矢量图像也称为面向对象的图像或绘图图像。它是用一组绘图指令描述图形的要素，以数学方式记录图像，在数学上定义为一系列由线连接的点，如 Adobe Illustrator、CorelDRAW、CAD 等软件是以矢量图像为基础进行创作的。矢量文件中的图形元素称为对象。每个对象都是一个自成一体的实体，它具有颜色、形状、轮廓、大小和屏幕位置等属性。既然每个对象都是一个自成一体的实体，就可以在维持其原有清晰度和弯曲度的同时，多次移动和改变它的属性，而不会影响图例中的其他对象。因此，矢量图的优点是信息存储量小，分辨率完全独立，对图形的移动、放大或缩小、旋转、复制、颜色的改变、线条粗细的变化等都非常方便。这些特征使基于矢量的程序特别适用于图例和三维建模，因为它们通常要求能创建和操作单个对象。基于矢量的绘图同分辨率无关，这意味着它们可以按最高分辨率显示到输出设备上。因此，它的文件占有的容量较小，也可以很容易地进行放大、缩小或旋转等操作，并且不会失真，可用以制作 3D 图像，但这种图像有一个缺点，即不易制作色调丰富或色彩变化太多的图像，而且绘制的图形不是很逼真，无法像照片一样精确地描述自然界的景观，同时也不易在不同的软件间交换文件。

（二）位图图像

位图图像弥补了矢量图像的缺陷。它能够制作出颜色和色调变化丰富的图像，可以逼真地表现自然界的景观。它的色彩显示自然、柔和、逼真，适合于表现含有大量细节（如明暗变化、场景复杂和多种颜色等）的画面，并可直接、快速地在屏幕上显示，同时也可以很容易地在不同软件之间交换文件，这就是位图图像的优点。缺点则是它无法制作真正的3D图像，并且图像在缩放和旋转时会产生失真，同时文件较大，对内存和硬盘空间容量的需求也较高。

位图图像是由许多点组成的，这些点称为像素。许多不同颜色的像素组合在一起便构成了一幅完整的图像。

Adobe Photoshop 属于位图式的图像软件，用它保存的图像都是位图图像，但它能够与其他矢量图像软件交换文件，且可以打开矢量图像。在制作 Photoshop 图像时，像素的数目和密度越高，图像就越逼真。记录每一个像素或色彩所使用的位的数量，决定了它可能表现的色彩范围。

（三）分辨率

分辨率是单位面积中包含的像素数量，通常用每英寸多少像素来表示。在已知图像分辨率和图像尺寸的情况下，可以精确地算出该图像中含有多少个像素。例如，一个一平方英寸的图像，分辨率为每英寸16像素，那么该图像就包含 $16 \times 16 = 256$（像素）。分辨率的高低直接影响位图图像的效果，太低会导致图像粗糙模糊，在排版打印时图片会变得非常模糊；而使用较高的分辨率则会增加文件的大小，并降低图像的打印速度，所以掌握好像素的大小是非常重要的。出版印刷时分辨率应大于或等于300像素，文件存储为 TIFF 格式。Web 分辨率可以小于或等于72像素，色彩模式为 RGB。

1. 图像分辨率

图像分辨率就是每英寸图像含有多少个点或像素，分辨率的单位为点/英寸，英文缩写为 ppi，如 72ppi 表示该图像每英寸含有72个点或像素。在 Photoshop 中也可以用厘米作为单位来计算分辨率。当然，不同的单位所计算出来的分辨率是不同的，用厘米计算比用英寸为单位计算出的"点/英寸"数值要小得多。

在数字化图像中，分辨率的大小直接影响图像的品质。分辨率越高，图像越清晰，所产生的文件也就越大，在工作中所需的内存和 CPU 处理时间也就越多。所以，在制作图像时，不同品质的图像需要设置适当的分辨率，才能最经济有效地制作出作品。例如，用于打印输出的图像，分辨率就要高一些；如果只是在屏幕上显示的作品，如多媒体图像或网页图像等，就可以低一些，以便计算机运行和快速处理图像。

2. 设备分辨率

设备分辨率是指单位输出长度所代表的点数和像素。它与图像分辨率不同，图像分辨率可以更改，而设备分辨率不可以更改。如常见的计算机显示器、扫描仪和数码相机这些设备，各自都有一个固定的分辨率。

3. 屏幕分辨率

屏幕分辨率又称为屏幕频率，是指打印灰度图像或分色所用的网屏上每英寸的点数。

4. 位分辨率

位分辨率也称位深，用来衡量每个像素存储的信息位数。这个分辨率决定了在图像的每个像素中存放多少种颜色信息。如一个24位的 RGB 图像，即表示其各原色 R、G、B 均使用了 8 位，三者之和为 24 位。而 RGB 图像中，每个像素都要记录 R、G、B 三原色的值，因此第一个像素所存储的位数即为 24 位。

5. 输出分辨率

输出分辨率是指激光打印机等输出设备在输出图像的每英寸上所产生的点数。

（四）数字图像文件格式

编辑好的图像文件需保存到磁盘上，保存前首先要考虑图像的格式。目前，图像的存储格式有很多种，下面介绍几种最常见的图像文件格式。

1. BMP 格式

BMP 格式是 Windows 操作系统的标准位图格式，采用无损压缩格式，这种格式保存的图像文件占用的磁盘空间巨大，但它不会丢失图像的任何细节，适合于对图像质量要求严格的情况下使用。

最典型的应用 BMP 格式的程序就是 Windows 的画笔。BMP 是用于 Windows 和 OS/2 的位图（Bitmap）格式，文件几乎不压缩，占用磁盘空间较大，它的颜色存储格式有 1 位、4 位、8 位及 24 位，在具体使用时要想达到比较好的效果，至少要达到 24 位。开发 Windows 环境下的软件时，BMP 格式是最不容易出问题的格式，并且 DOS 与 Windows 环境下的图像处理软件都支持该格式，因此，该格式是当今应用比较广泛的一种格式，大多数 Windows 桌面都应用这种格式的图像。但缺点是该格式文件比较大，不适用于网络传输，所以一般只应用在单机上。

2. JPG、JPEG 格式

JPG、JPEG 是最有效、最基本的有损压缩格式，特点是压缩比高，图像文件占用的磁盘空间较小，而图像质量没有明显的变化，为大多数图像处理软件所支持。

JPG、JPEG 格式是按 Joint Photographic Experts Group 制定的压缩标准产生的压缩格式，属 JPEG File Interchange Format，可以用不同的压缩比例对这种文件进行压缩，其压缩技术十分先进，对图像质量影响不大，因此可以用最少的磁盘空间得到较好的图像质量。由于它优异的性能，所以应用非常广泛，而在 Internet 上，它更是主流图像格式。

3. GIF 格式

随着 Internet 的普及，GIF 成了网络图形标准之一。GIF 格式普遍用于显示索引颜色图形和图像，最大支持 256 种颜色，在颜色数很少的情况下，生成的文件很小，适合于在网上传输。由于 GIF 格式对颜色的支持不是很丰富，不能用于存储真彩的图像文件，只适合于表现线条、图表和图标这类图片。由于 GIF 格式支持动画和透明效果，图像文件容量小，所以在多媒体课件和 Internet 上备受欢迎。

4. TIFF 格式

TIFF 格式是主要用于排版的一种位图格式，它是一种点阵格式，是扫描仪和桌上出版系统一种较为通用的图像文件格式。TIFF 格式具有图像格式复杂、存储信息多的特点，3DS、3ds Max 中的大量贴图就是 TIFF 格式的。TIFF 格式的最大色深为 32bit，可采用 LZW 无损压缩方案存储。

5. PSD 格式

PSD 格式是图像编辑软件 Photoshop 专用的位图格式，最大的特点是支持多层和通道，能保存图像数据的每一个细小部分,所以 PSD 格式的文件特别大,不过正是因为图层的存在,它可以存储许多其他格式所不能存储的信息,但这些信息在转存为其他格式时将会丢失,因此最好在储存一个 PSD 文件备份后再进行转换。由于 PSD 格式是 Photoshop 专用的图像文件格式,多数的多媒体创作工具都不支持它,使用 Photoshop 处理好的图片应另存为 JPG 格式。

6. PNG 格式

PNG(portable network graphics)是一种比较新的网络图像文件格式,结合了 GIF 和 JPEG 的优点,具有存储形式丰富的特点。PNG 格式的最大色深为 48bit,采用无损压缩方案存储。Macromedia 公司的 Fireworks 应用软件的默认格式就是 PNG。

二、数字图像的获取

(一)购买图像库光盘

数字化的图形、图像库可以在市场选购到,它们存储在 CD-ROM 光盘上,如底纹、图标、花卉、风景等专集,用户可以根据需要选择购买。

(二)从网上下载

网上大量的信息资源是我们获取图像的有效途径,从网上下载图片的操作步骤如下。
(1)将光标放在网页中要保存的图片上。
(2)右击,在打开的快捷菜单中选择"图片另存为"命令,打开"保存图片"对话框。
(3)在"保存类型"列表框中选择文件类型,在"保存在"框中确定保存文件位置。
(4)在"文件名"框中输入保存文件名称,单击"保存"按钮即可。

(三)利用绘图软件制作

如 Windows 的 PaintBrush(画笔)、Painter、Photoshop 等都可以用来绘制各种图形,也可以对图像进行加工处理。此外,利用 Office、WPS 中提供的绘图工具也可以生成一些 CAI 制作中需要的图形。

(四)扫描仪扫描

使用扫描仪可将照片、图片、美术作品等模拟图像扫描到计算机中,变成通用的数字图像,这是制作位图的一条捷径。

(五)对屏幕图像进行截取

目前,可以利用一些软件截取屏幕上的图像画面,再以文件的形式保存下来,这是一种常见的获得图像的方法。

Windows 操作系统有屏幕抓图的功能,在一般情况下直接按 PrintScreen 按键,Windows 将整个屏幕上的内容捕捉到剪贴板中;若同时按下 Alt + PrintScreen 组合键,可将当前活动窗口的内容捕捉到剪贴板中。想要保存复制剪贴板中的图像,可以打开一个图形图像处理软件,然后选择"编辑"菜单下的"粘贴"命令把剪贴板中的图像粘贴下来,再把它保存成图像文件就可以了。

此外，还有专门的屏幕抓图软件，可以捕捉屏幕上的任何内容，如 HyperSnap-DX、Capture Profession、PrintKey、SnagIt 等。

（六）使用数码相机拍摄

数码相机集成了影像信息的转换、存储和传输等多种部件，具有实时拍摄、数字化存储模式和与计算机交互处理等特点，可以把看到的现象、景物转化为数字信号，直接输入计算机中，是获得数字图像的一种重要途径。

（七）视频帧捕获

利用超级解霸等软件可以将视频图像进行单帧捕获，以静止图像形式保存起来。

（八）利用电视机、摄像机捕获图像

电视机和摄像机通过视频采集卡与计算机相连，视频采集卡可以将模拟信号转换成计算机能接收的数字信号，视频图像以一定的文件格式存储，供进一步使用。

三、数字图像的编辑处理

从各方面获取的图像在使用前均需要进行编辑处理，以适应不同场合的使用要求。数字图像的编辑处理是指利用图像处理软件在图像上进行各种处理，如放大、缩小、旋转、色彩矫正、明暗调整、图像裁减、图像合成、艺术处理、添加装饰等。

处理教学所需要的图像主要包括以下几个方面。

（1）图像调整。主要调整图像的亮度、对比度、色彩平衡、色相、图像尺寸、色彩模式等。

（2）图像修描。擦除一些缺陷或修改一些细节，使图像看上去更完美。

（3）图像裁减。选择图像中需要的区域进行裁减。

（4）艺术处理。使用图像处理软件提供的多种工具，改变图像的效果，如添加画框、改变色彩、删除红眼等，也可以利用软件提供的各种滤镜实现不同的艺术效果。

（5）图像合成。把几幅图像中需要的部分进行合并，并进行必要的加工处理，使之符合教学的要求。

关于数字图像编辑与处理的软件很丰富，Photoshop 是公认的最优秀的专业图像编辑软件之一，它有众多的用户，此外，CorelDRAW、Adobe Illustrator、Macromedia Freehand 等也都是创作和编辑矢量图形的常用软件。

任务实施

用 Photoshop 软件编辑处理图像

Adobe Photoshop 是当今世界上一流的图像设计与制作软件，也是进行图像处理最常用的软件。

一、Photoshop 文件操作

1. 新建图像文件

新建图像文件的具体步骤如下。

(1)打开"文件"菜单,选择"新建"命令,弹出"新建"对话框。

(2)设定文件名、尺寸、分辨率等信息。一般课件中的图像分辨率设定为每英寸72线(约28像素/厘米),制作封面时,为每英寸300线(约118像素/厘米)。在"模式"中设定色彩模式类型。

(3)在"文档背景"中,设定新建文件的背景颜色。白色即背景颜色为白色,背景色即以"色板"调板中的背景色作为背景的颜色,透明即无背景色。

(4)单击"好"按钮,完成新建操作。

2. 打开图像文件

对于保存在磁盘或光盘上的图像文件,可以打开它,然后再对其进行操作处理。Photoshop几乎可以打开所有格式的图像文件格式。打开图像文件的具体步骤如下。

(1)打开"文件"菜单,选择"打开"命令,弹出"打开"对话框。

(2)在"搜寻"列表框中找到图像文件所在的文件夹。

(3)在文件列表栏中选择需要打开的文件,单击"打开"按钮,即可打开图像文件。

3. 保存图像文件

完成对图像的建立、编辑后,就应将图像保存到磁盘中,以便日后使用。保存图像文件的具体步骤如下。

(1)打开"文件"菜单,选择"存储"命令或"存储为"命令,弹出"保存"对话框。

(2)设置保存路径,输入文件名。

(3)设置完毕,单击"保存"按钮。

4. 备份存盘

很多情况下,用户应为文档保存一份备份,以防文件丢失。备份存盘的具体步骤如下。

(1)打开"文件"菜单,选择"存储副本"命令,弹出"存储副本"对话框。

(2)在"文件名"框中,系统自动为此文件名加上"副本"二字,用户也可以根据自己的需要重新设置文件名和扩展名。

(3)设置完毕,单击"保存"按钮。

5. 关闭图像文件

下列方法之一,可以关闭图像文件。

(1)打开"文件"菜单,单击"关闭"按钮。

(2)单击图像右上角 ✕ 按钮。

如果文件在上一次存盘后,作了修改,系统会弹出存盘提示对话框,询问是否存盘。如果需要存盘,单击"是"按钮,否则单击"否"按钮。

二、常用图像编辑操作

在数字图像处理的过程中,最常用的操作是图像的合成。例如,将一幅图像中的某部分或全部进行复制,然后粘贴到另一幅图像中。下面介绍常用的图像操作方法。

1. 选区操作

要对图像进行操作,首先要选中要操作的部分,选区操作是非常重要的。

(1)选择规则区域。在Photoshop中,选框工具可以选取规则的区域。选框工具有矩形选择工具、椭圆形选择工具、单行选择工具、单列选择工具、裁切工具等。以矩形选择工具为例，选择一个矩形区域的具体步骤如下。

①双击工具箱中的矩形选择工具，弹出"选框选项"调板。

②根据需要设置相应参数。

③将光标移到图像区域，光标变成"+"形状，将光标移到适当位置。

④按住鼠标左键向适当方向拖动鼠标，形成一个以光标起始点为顶点的矩形，当矩形拖到适当大小时，即可创建一个矩形选区。

（2）选择不规则区域。利用套索类工具可以选取一个不规则的区域。在 Photoshop 中，套索类工具有三种，即套索工具、多边套索工具和磁性套索工具。利用套索类工具选择不规则区域的具体步骤如下。

①在工具箱中选择套索工具，将光标移到图像上，光标变成套索形状。

②将套索的绳头移到要选择的区域边界上，按下鼠标左键并沿着边界路径移动光标。

③当光标移动的路径闭合时，释放鼠标，则选中该区域。

④扩展和缩小选区。

有时，需要在已经制作完成的选区上再扩大选取一块，可以利用 Shift 键达到目的。具体步骤如下。

①在图像中先选择一个选区。

②按住 Shift 键，在工具箱中选取一个选取工具，将光标移到图框内，则出现一个带"+"的十字形光标。

③再创建一个选区后，释放鼠标左键与 Shift 键。如果这两个选区是分离的，则两个选框同时存在。如果这两个框相交，则这两个框将合并成一个大选区。

（3）保存选区。建立选区是一个费时的工作，如果别的图层再次用到该选区，可以将该选区保存下来，以节省时间。一个图像可以保存多个选区。保存选区的具体步骤如下。

①在图像中设置好要保存的选区。

②选择"选择"菜单中的"存储选区"命令，打开"存储选区"对话框。

③选择是将选区保存在当前图像中，还是保存在另一个图像或新建一个图像窗口进行保存。系统默认为当前图像。

④选择是新建一个通道，还是覆盖原有通道。如果要保存到新通道，输入新通道名称。

⑤单击"好"按钮，保存选区。

（4）调用保存的选区。调用保存的选区的具体步骤如下。

①选择"选择"菜单中的"载入选区"命令，打开"载入选区"对话框。

②选择或输入文件名和通道名称。

③选择是新建选区还是与已设置的选区进行并或交。如果想反相调用选区，则选择"反相"复选框。

④单击"好"按钮，则在目标文档中建立一个存储选区。

注意：反相就是将选区之外的图像变成选区。

2. 图层操作

Photoshop 中的图层可以理解为透明胶片。可以在每一张透明胶片上绘制图像的一部分，然后将多张胶片叠放在一起，就可以看到整个图像。

新建一个图像文件时，系统自动建立一个背景层，这个背景层相当于一块画布。利用

"图层"调板,可以对图层进行创建、复制、合并、删除等操作,也可以隐藏或显示单独的图层。

(1)创建图层。创建图层的具体步骤如下。

①单击"图层"调板上的▶按钮,弹出"图层调板"菜单。

②选择"新图层"命令,弹出"新图层"对话框。

③参数设置完毕,单击"好"按钮。

(2)复制图层。复制图层的具体步骤如下。

①在"图层"调板中单击要复制的图层,使其成为当前层。

②单击"图层"调板上的▶按钮,在"图层"调板菜单中选择"复制图层"命令,打开"复制图层"对话框。

③输入新图层的名称,或者采用默认值,单击"好"按钮。

(3)删除图层。删除图层的具体步骤如下。

①在"图层"调板中单击要删除的图层,使其成为当前层。

②单击"图层"调板上的按钮,在"图层"调板菜单中选择"删除图层"命令。

(4)移动图层。移动图层的具体步骤如下。

①在"图层"调板中单击要移动的图层,使其成为当前层。

②如果需要同时移动多个图层,可在"图层"调板中单击需要同时移动的图层链接标记,将多个图层链接为一个图层组。

③在工具箱中选择"移动"工具,将光标移到图像中,按住鼠标,向适当的方向拖动。

(5)设置图层的可见性。如果要分别编辑图像的某一层,需要将被编辑的图层设为可见,而其他的图层隐藏起来。当图层可见时,在"图层"调板中会出现一个■图标,单击该图标,则消失,图层被隐藏。

(6)链接图层。链接图层是将多个图层链接成一个图层组,这时所有的编辑操作将对图层组中所有图层有效。链接图层的具体步骤如下。

①在"图层"调板中选取参与链接的第一个图层。

②在"图层"调板第二列处,单击要链接的图层,使其出现链接图标■。

③根据需要依次链接其他图层。所有具有图层链接图标的图层和当前层成为一个图层组。

(7)将背景图层转换为普通图层。每个图像都具有一个背景层,背景层在新建图像时自动产生。背景层决定了整个图像的尺寸,因此背景层的图像应该是所有图层中尺寸最大的,否则其他图层中的图像就会被裁剪。

背景层不能进行常规的图层操作。如果需要,可以将背景层转换为普通图层。具体步骤如下。

①双击"图层"调板的"背景图层",弹出"建立图层"对话框。

②输入新图层名称,单击"好"按钮,即可将背景层转换为新图层。

(8)调整图层排列顺序。调整图层排列顺序就是改变图层在图像中的叠放顺序,但是,背景层不可以调整顺序,永远在图像的最底层。调整图层排列顺序的步骤如下。

①在"图层"调板中,选择要改变排列顺序的图层。

②按住鼠标左键不放,将其拖到其他层的上方或下方释放鼠标,层的关系即被改变。

（9）合并图层。合并图层就是将多个图层合并为一个图层，这样，将使图像文件变小，从而节省磁盘空间。合并图层的具体步骤如下。

①将所有图层设定为可见。因为合并图层将删除所有不可见的图层。

②在"图层"菜单中选择"拼合图层"命令。如果图像中有隐藏图层，将弹出警告对话框，以免将有用图层删除。

③单击"好"按钮。

3. 文字操作

在图像上添加文字是制作课件中常见的操作。Photoshop 工具箱中有四个"文字"工具，利用它们可以在图像中添加文字或设置文字模板。

在默认情况下，以前景色作为添加文字的颜色。文字被添加到图像中后，就被当作图像的一部分看待，可以像处理图像一样处理文字。但是，对文字应用了层效果后，就不能再用文字处理的方法处理文字了。

（1）添加文字。添加文字的具体步骤如下。

①在工具箱中选择"文字"工具，光标放在图像中要插入文字的位置，光标变成 I 形时，左击，弹出"文字工具"对话框。

②根据需要设置文字的有关参数。字体：选择安装在 Windows 中的字体。大小：定义文字的大小。行距：相邻两行文字之间的间距。字距微调和字距调整：用于控制字间距，正值使字符远离，负值使字符紧排。基线：用于控制文本在当前行的垂直位置，用此选项可以创建上标或下标。消除锯齿：使文字的边缘光滑。旋转：只对垂直排列的文本工具才有效。选中此项，则文本以顺时针 90°的方向排列文本。颜色：设定文本的颜色。

③若单击"预览"按钮，可以在图像中看到插入文字的效果。若效果不好，可以继续修改。若对显示效果满意，单击"好"按钮，这时，文字就被插入图像中。

④在工具箱中，选用移动工具，把光标移动到文字上，按住鼠标左键，拖动文字到合适的位置。

（2）修改文字。如果输入的文本有错误，或者对文本格式不满意，可以对其进行修改编辑。具体步骤如下。

①将光标放在"图层"调板的文本层的名称上，双击鼠标左键，弹出"文字工具"对话框。

②在文字框中选定文字，然后根据需要重新设置相应的格式参数。

③设置完毕，单击"好"按钮。

（3）对文字使用层效果。对文字设置层效果也就是给文字加上各种阴影、发光、浮雕等效果，从而制作出满意的美术字。具体步骤如下。

①将光标放在"图层"调板的"文字"图层的上，右击，打开"图层"菜单，选择"效果"菜单下的命令，如"斜面与浮雕"，弹出效果对话框。

②选择并调整参数，并可以立即预览效果。

③设置完毕，单击"好"按钮。

三、图像的基本操作

1. 复制图像

复制图像是将整个图像或图像中的一部分复制到剪贴板，再用粘贴的办法，将剪贴板中的图像粘贴到图像的其他部分或另一幅图像。

（1）使用菜单命令。使用菜单命令复制图像的具体步骤如下。

①选定要复制的图像，或用选取工具选取图像中的一部分。

②在"编辑"菜单中，选择"拷贝"命令，这时选定的图像就被复制到剪贴板。

③选择"编辑"菜单中的"粘贴"命令，这时，Photoshop 自动建立一个新图层，并把剪贴板中的图像粘贴到新的图层中。

若要复制所有图层中的图像，应该选择"编辑"菜单中的"合并拷贝"命令。打开另一幅图像，使之处于活动状态，将复制的图像粘贴到另一幅图像。

（2）使用橡皮图章工具。使用橡皮图章工具，能够从图像中取出一个图样，然后以取来的图样为基础，复制到其他图像中，或复制到同一图像的其他位置。具体步骤如下。

①在工具箱中选取一种橡皮图章，如 。

②在其选项调板中设置必要的参数。也可以不加设置，使用默认值。

③在"画笔"调板中，选择某一规格的画笔。将光标放置在图像中，移到某处，按住 Alt 键，左击，设置取样点。

④将光标移动到图像要复制的位置。按住鼠标左键，这时取样点有一个"+"字形的光标，新的位置有一个图章形的光标。在新的位置来回移动光标，结果在新的位置又出现了一个同样的图像。

（3）使用图案图章工具。图案图章工具 ，可以定义图像中的一部分为图案，然后将这部分图案绘制到用选框工具选定的选区中。具体步骤如下。

①选取工具箱中的矩形选框工具，选取图像中的图案。选取一棵树的顶端部分。

②选择"编辑"菜单中的"定义图案"命令，将选区中的图像定义为一个图案。

③打开另一幅图像，再次使用矩形选框工具，在图像中画出一个方框。若不选择区域，则在整个图中复制图案。

④在"画笔"调板中选择一种规格的画笔。选取工具箱中的图案图章工具 。

⑤将光标放在图像的选定区域，即方框中，按住鼠标左键，在框内来回移动，被定义的图案就被复制到新图中。

2. 移动图像

（1）使用工具箱中的移动工具。使用"移动"工具移动图像的具体步骤如下。

①用选框工具选取需要移动的图像。

②在工具箱中选取"移动"工具。

③将光标移动到选取的图像上。

④按住鼠标左键不放，拖动鼠标，被选取的图像也随之移动。

⑤拖到合适的位置后，松开鼠标即可。

（2）使用菜单命令。使用菜单命令移动图像的具体步骤如下。

①用选取工具选取图像中需要移动的部分。

②选择"编辑"菜单中的"剪切"命令，将选取的部分放到剪贴板中。

③选择"编辑"菜单中的"粘贴"命令，Photoshop 将剪切的选区作为一个新图层粘贴到图像的另一部分，在"图层"调板中可以看到增加了一个图层。

④用"移动"工具拖着图层运动，将刚粘贴的内容移动到合适的位置。

3. 变换图像

对于粘贴过来的图像，若位置或大小不合适，则需要进一步进行调整，Photoshop 提供了丰富的调整工具完成这些操作。具体步骤如下。

（1）选择要调整的图像，如果是粘贴过来的图像，只要设置为当前层即可。

（2）打开"编辑"菜单，选择"自由变换"命令，选区边框出现带 8 个控制点的控制框。

（3）进行下列有关操作。

①缩放图像：将光标放在控制点上并拖动光标。如果按住 Shift 键的同时将光标放在 4 个控制点上拖动，则将等比例地改变图像的大小。

②旋转图像：将光标放在选区的外侧，按住光标移动，选区中的图像即可随之旋转。

③拉伸图像：先按住 Ctrl 键，将光标放在控制点上，按住鼠标左键，将其拖到适当的位置即可。

④对称变形图像：先按住 Alt 键，将光标放在控制点上，按住鼠标左键，将其拖到适当位置即可。

⑤倾斜变形图像：先按住 Ctrl + Shift 组合键，将光标放在中间控制点上，按住鼠标左键上下或左右拖动至适当位置即可。

⑥透视变形图像：先按住 Ctrl + Alt + Shift 组合键，将光标放在 4 个角的控制点上，按住鼠标左键拖动到适当位置即可。

（4）调整完毕，双击控制框，确认调整结果；否则在控制框外左击，在弹出的对话框中单击"否"按钮，取消调整结果。

4. 裁切图像

裁切图像就是将图像选区以外的部分裁掉，裁切的图像选区必须为矩形。使用裁切工具裁切图像比较灵活，用户可以事先确定图像的大小，可以将图像进行旋转，再进行裁切。具体步骤如下。

（1）在工具箱中双击"裁切"工具 ✂（位于选取工具中），调出"裁切选项"调板。

（2）选中"固定目标大小"选项后，设置裁切以后图像的宽度、高度和分辨率。

（3）将光标移到图像上，按住鼠标拖动，画出裁切图像的大小。

（4）在选区的周围分布 8 个控制点，用户可以利用这 8 个控制点，对图像进行缩放、移动和旋转操作。

（5）确定了选区的范围后，右击，弹出快捷菜单，选择"裁切"命令。这时选区以外的部分就被裁切掉了。

5. 调整图像文件大小

如果图像大小不合适，利用 Photoshop 可以对其进行精确调整。图像文件的大小是由图像的尺寸和图像的分辨率决定的。图像的尺寸越大、分辨率越高，图像文件就越大。分辨率较高的图像每单位区域使用较多的像素。

改变图像文件的大小有两种途径：一种是改变图像的尺寸；另一种是改变图像的分辨率。改变图像尺寸的具体步骤如下。

（1）在"图像"菜单中选择"图像大小"命令，打开"图像大小"对话框。

（2）在"打印尺寸"栏中输入图像的"宽度"和"高度"值，也可以在"像素大小"栏中输入"宽度"和"高度"的像素值。

（3）选中"约束比例"复选框后，长宽比将保持不变。
（4）设置完毕，单击"好"按钮，图像尺寸即变为设置后的大小。

6. 调整图像的色彩和色调

如果图像在色彩和饱和度上有偏差，可以在 Photoshop 中进行调整。

使用"亮度/对比度"命令调整图像色彩和色调的具体步骤如下。

（1）选择一个需要调整的区域，若不选择，则对整个图像进行调整。

（2）打开"图像"菜单，选择"调整"子菜单中的"亮度/对比度"命令，弹出"亮度/对比度"对话框。

（3）拖动"亮度"和"对比度"滑竿上的滑块，调节亮度和对比度。

（4）设置完毕，单击"好"按钮。

四、用 Photoshop 扫描和处理图像

1. 扫描图像

大多数图像处理软件都支持扫描仪，下面再以 Photoshop 为例介绍扫描仪的使用方法，使用的扫描仪是 SNAPSCAN e50。

（1）安装扫描仪。在扫描仪产品中有详细的说明书和驱动软件，只要按其中的提示即可完成安装。

（2）启动 Photoshop 软件。

（3）选择"文件"菜单中的"输入"命令，单击其子命令 ScanWise 1.4...。

（4）弹出扫描设置界面，将要扫描的图像正面朝下放入扫描仪中，合上盖子，然后单击"预览"（PreScan）按钮进行预扫描，目的是能够选取合适的扫描范围。

（5）预览后，设置合适的色彩和分辨率，选定扫描范围，单击"扫描"（Scan）按钮开始扫描。

（6）扫描完成后，关闭扫描窗口，返回到 Photoshop，这时图片传送到了 Photoshop，可以对它进行修改，或保存备用。

2. 处理扫描照片中的透射阴影

如果被扫描的图像的纸张太薄，图像反面的内容可能会映射到扫描的图像上，影响照片的清晰度。这时需要进行适当的处理，具体步骤如下。

（1）打开需要处理的图像。

（2）选取"魔术棒"工具，在"选项"调板中设置一个合适的容差，如 40。

（3）在图上含有映射区域的地方左击，使其被选中。

（4）将前景色设置为白色，按 Delete 键，选中区域被清除。

3. 提高扫描图像的清晰度

如果扫描的图像不够清晰，可以做进一步处理。具体步骤如下。

（1）打开需要处理的图像。

（2）打开"滤镜"菜单，选择"锐化"子菜单中的"锐化"命令，图像清晰度立即提高，如果还不够，可再次选择"锐化"命令，直到满意为止。

4. 去除图像中的杂色和划痕

如果扫描得到的图像上有杂色和划痕，可以进行修整。具体步骤如下。

（1）打开需要处理的图像。
（2）将"图层"调板中"背景层"拖到调板下面"新图层"图标上，复制一个名为"背景副本"的背景图层。
（3）单击"背景副本"图层，然后打开"滤镜"菜单，选择"杂色"子菜单下的"蒙尘与划痕"命令，打开"蒙尘与划痕"对话框。
（4）调节"半径"和"阈值"参数，直至预览窗口中图像杂色不明显或划痕消失。
（5）设置完毕，单击"好"按钮。

任务三　数字音频的获取与利用

任务导入

对于声音素材，应该根据需要进行必要的编辑。声音编辑软件很多，Windows操作系统提供的"录音机"程序基本可以满足声音简单编辑的需要。

任务描述

如何对声音文件进行简单编辑？

相关知识

一、数字音频基础知识

（一）采样频率

采样频率（sampling rate）是指每秒钟将模拟信号的声波转变为数字信号的次数，单位为赫兹（Hz）。采样频率越高，声音还原得就越细腻，音质也就越好，但需要的储存空间也就越大。采样频率为44.1kHz的声卡每秒钟能对输入的声波进行44100次校验，并将其转变成数字信号，自然采样频率越高，对声音的保真度越高，复制的声音效果也就越好，同时要求的存储空间也就越大。人耳所能听到的声音频率范围为20Hz～20kHz，根据研究，数字音响系统所能恢复的音像频率只能达到采样频率的一半。在多媒体声音技术中，对声音进行采样的三个标准分别是：11.025Hz（语音效果）、25.05Hz（音乐效果）、44.1Hz（高保真效果）。常见的CD激光唱盘所采用的采样频率为44.1Hz。

（二）声道

声道是指声音在录制或播放时在不同空间位置采集或回放的相互独立的音频信号。多声道的立体声比单声道的音质要好很多。比较常见的有双声道、四声道、5.1声道等。双声道声音在录制过程中被分配到两个独立的声道，从而达到很好的声音定位效果。四声道环绕设置了四个发音点：前左、前右、后左、后右。5.1声道其实有六个声道输出，它是在四声道的基础上增加了一个中置声道，一个超低音声道，因为没有包含全音域，所以用".1"表示超低音声道。

（三）采样位数

采样位数（sampling date）表示存储、记录声音振幅所使用的二进制位数，它决定了声音的动态范围。不同的采样位数决定了不同的音质，采样后的数据位数越多，数字化精度就越高，音质就越好，所需存储的数据量也就越大。

（四）常见音频格式

1. WAV（波形文件）格式

Windows所使用的标准数字声音文件称为波形文件，其文件扩展名为.wav。它是对实际声音的采样，可以重现各种类型的声音，能用来记录语音、音乐。由于数据不经过压缩，所以音质好，所占磁盘空间也最大。波形文件可以被其他Windows应用程序调用，其缺点是产生的文件太大，不适合保存时间长的声音，故在实际应用时要对其进行压缩处理。

2. MP3格式

MP3的全称是MPEG-1 Audio Layer 3，是世界上第一个有损压缩的编码方案，也是现在最流行和最通用的声音文件格式。采用MPEG Layer 3压缩标准对波形文件进行压缩而成，削减音乐中人耳听不到的成分，在音质损失很小的情况下，把文件高度压缩。其具有占用空间小、传输速度快的特点。由于采用了高比率的数字压缩技术，只有波形文件1/10的容量，在网上音乐、网络可视电话等方面应用十分广泛，文件的扩展名为.mp3。

3. MIDI格式

MIDI是英文Musical Instrument Digital Interface（乐器的数字化接口）的缩写，与波形文件不同，MIDI文件记录的不是数字化的声音，而是乐曲演奏过程中的指令，它将每个音符记录为一个数字，用来代表音符的声调、力度、长短等信息。播放MIDI文件时，指令信息传递给具有MIDI接口的乐器，指挥乐器再现音乐。在计算机上，MIDI文件经过声卡上的合成器模拟乐器播放出音乐。与WAV文件相比，MIDI文件要小得多，其缺点是表达能力有限，对自然界中真实的声音无法表现，该文件的扩展名为.mid。

4. CDA格式

CDA格式是音乐CD唱片所采用的文件格式，记录的是声音的波形流，音质纯正，缺点是无法编辑且文件太大，文件扩展名为.cda。

5. VOC格式

VOC声音文件是由著名的声卡制造企业Adlib公司首先开发使用的声音文件格式，目前，Creative Labs声卡也使用这种声音文件格式。在许多游戏软件中有VOC文件，VOC文件需要专门的播放软件进行播放。

二、声音素材的获取

（一）利用专门的声音素材库

目前，市场上出售现成的声音素材库，提供了大量的音乐和效果声，这是最直接、最方便获取声音素材的方法。

（二）自行录音

使用计算机录音是制作 CAI 课件时获取声音素材最常用的方法，它只需用户准备话筒和音频线。自行录音的具体步骤如下。

1. **设备连接**

如果录制 CD 唱机、电视机、MP3 等播放的声音，可以将音频线或者 MIDI 线的一端插入声卡的"Line In"插孔中；如果使用的是话筒，将话筒插头插入计算机声卡中标有"MIC"的接口上。

2. **设置录音属性**

双击"控制面板"中"多媒体"图标，打开"多媒体属性"对话框中的"音频"选项卡，在"录音"一栏中选择相应的录音设备。

3. **选定录音的通道**

声卡提供了多路声音输入通道，录音前必须正确选择。方法是双击桌面右下角状态栏中的喇叭图标，打开"音量控制"窗口，设置录音参数。选择"选项"菜单中的"属性"命令，打开对话框。在"属性"对话框中的"调节音量"区中选择"录音"命令，然后在"显示下列音量控制"中选择"线路输入（Line In）"用于外部声音音频电流的输入；如果使用话筒录音，则必须选择"话筒"。单击"确定"按钮后，"音量"窗口就出现各种录音方式的音量控制栏。根据需要，选择要使用的某种录音方式，然后可以根据自己的输入设备调节录音音量。

4. **录音**

使用 Windows 操作系统中的"录音机"录制声音。选择"开始"→"程序"→"附件"→"娱乐"→"录音机"命令，运行录音机程序，打开"录音机"控制面板。选择"文件"→"另存为"对话框，单击"更改…"按钮，出现选择声音格式的对话框，通过"格式"下拉菜单选择不同的编码方法，通过"属性"下拉菜单选择合适的声音品质，设置完毕，单击"确定"按钮，回到"录音机"控制面板，单击红色的录音键，开始录音。

录制声音的技巧及注意事项。

（1）选择一块合适的声卡是工作顺利进行的保证，首先要检查声卡工作是否正常。

（2）录音之前要设置好声音的属性，即采样频率、采样位数、声道。在计算机性能较好的前提下选择参数稍高一些的设置，可以得到较好的音质。录制编辑结束后再酌情压缩。

（3）录音前首先要注意调整好音源的质量。音量过小，会使录制的音频信息显得干瘪，不够饱满，而且会使信噪比降低，音质变差；音量过大，如果声卡的功率有限，就会在录制所有声音中的音强较大部分出现截波，听到"呲呲"的杂音，影响效果。

（4）在录音的具体操作上，建议先单击"录音"按钮，再播放音源，录音结束时，先结束音源的播放，再停止录音。这样可以保证录制声音文件的完整，有利于编辑加工。

（5）录音时应选择在较安静的环境下进行，尽量减小背景噪声。

5. **保存**

录音完成后，单击"停止"按钮，依次选择"文件""保存"或者"另存为"命令，将声音数据保存为 WAV 格式的声音文件。Windows 中的录音机只能录制 60 秒内的声音（录制完 60 秒后，必须将录制的声音保存，然后才能继续录制），如果需要录制长时间的声音，可分别录制，然后用"录音机"的编辑功能将所录制的声音文件按录制顺序连接起来，重新存盘即可使用。此外，还可以选择其他录音软件或者声卡自带录音软件录音。

（三）网上下载

随着互联网技术的飞速发展，网上的信息也日益丰富，音乐文件和一些效果声音都可以下载。由于不同网站上的下载方式各不相同，从网络上下载需要的数字音频资源时，通常面临两种情形。

1. 提供了下载链接

提供了下载链接的情况下，可以直接单击音频下载链接下载所需的音频资源。

2. 未提供下载链接

未提供下载链接的情况下，通常使用专门的下载工具（如迅雷、FlashGet 等软件）下载所需的音频资源。

（四）现有音频格式转化

可以采用软件使各种声音文件进行格式的转换，如《超级解霸 3000》中的"实用工具集"里面的"音频工具"就是一款十分简单的音频格式转换工具。具体步骤如下。

1. 选择音频文件

将要转换的音频文件放置到一个单独的文件夹中。运行《超级解霸 3000》中的 MP3 格式转换器，打开界面，在弹出的对话框中单击"添加目录"或"添加文件"按钮，打开"浏览文件夹"对话框，选择想要的声音文件，单击"确定"按钮，被选中的曲目或文件会出现在"各种音频输入"窗口中。

2. 设置输出方式

在"默认输出"窗口中根据需要选择要转换的类型，单击"设置"按钮，打开设置对话框，对压缩层次、频率、位率、声道、输出路径等进行设置。

3. 进行转化

设置完毕后，选取一个或多个文件，单击"开始压缩"按钮，被选的曲目或文件根据设置进行格式转化。

任务实施

用 windows 操作系统对声音文件进行简单编辑

一、删除声音文件的部分内容

（1）进入"录音机"程序窗口。
（2）依次选择"文件"→"打开"命令，打开要编辑的声音文件。
（3）将鼠标放在滑块上，移动滑动按钮到要删除的位置。
（4）打开"编辑"，菜单，选择"删除当前位置之前的内容"或"删除当前位置之后的内容"选项。

说明：如果要恢复被删除的部分，依次选择"文件"→"还原"命令。

二、多个声音文件合并成一个声音文件（插入声音）

（1）进入"录音机"程序窗口，打开要进行插入操作的第一个声音文件。
（2）将滑块移到要插入另外一个声音的位置。
（3）依次选择"编辑"→"插入文件"命令，打开"插入文件"对话框。
（4）选择要插入的声音文件，单击"打开"按钮，完成保存文件。

三、给解说加背景音乐

（1）进入"录音机"程序窗口，打开背景音乐的声音文件。
（2）移动滑动按钮到要混入另一个解说声音文件的位置。
（3）依次选择"编辑"→"与文件混合"命令，选定解说声音文件。
（4）单击"打开"按钮，完成保存文件。

四、声音文件格式转换

（1）进入"录音机"程序窗口。
（2）依次选择"文件"→"打开"命令。
（3）在出现的对话框中选择要进行格式转换的声音文件。
（4）依次选择"文件"→"属性"命令，出现对话框。
（5）在"选择位置"列表框中选择转换后的文件类型，单击"立即转换"按钮，出现"选择声音"对话框。
（6）在"名称"下拉列表框中选定转换后的声音格式，单击"确定"按钮后进行转换，转换完后单击"确定"按钮，回到"录音机"程序窗口。
（7）依次选择"文件"→"另存为"命令，输入文件名，将其保存下来。

五、增强声音效果

在"录音机"程序窗口的"效果"菜单中提供了许多选项，可以根据需要在菜单中选择相应的命令来改善声音的播放效果。

（1）更改声音音量。在"效果"菜单中选择"提高音量"或"降低音量"选项，可以改变声音的播放音量。
（2）更改放音速度。在"效果"菜单中选择"加速"或"减速"选项，可以改变声音的播放速度。
（3）添加回音。在"效果"菜单中选择"添加回音"选项，可以改善声音效果。
（4）反向。在"效果"菜单中选择"反向"选项，可以颠倒播放顺序。

此外，还可以选用专业的音频编辑软件，如 Gold Wave、Wave Edit 等，对声音进行编辑。

任务拓展

Cool Edit Pro 专业音频编辑软件

Cool Edit Pro 是一个功能强大的音频编辑软件，可高质量地完成录音、编辑、合成等多种任务。只要拥有它和一台配备了声卡的计算机，也就等于同时拥有了一台多轨数码录音机、一台音乐编辑机和一台专业合成器。Cool Edit Pro 能记录的音源包括 CD、话筒、卡座等多种，并可以对它们进行降噪、扩音、剪接等处理，还可以给它们添加淡入/淡出、立体环绕、3D 回响等音效。制成的音频文件，可以保存为常见的 .wav、mp3 和 .voc 等格式。

一、Cool Edit Pro 的基本界面

Gool Edit Pro 的基本界面如下。
（1）菜单栏（A）：共包含 7 个菜单，每个菜单下带有一组相应命令。
（2）工具栏（B）：包含 Cool Edit Pro 中的常用工具。
（3）组织窗口（C）：用于进行文件控制和效果的预设。
（4）音轨控制栏（D）：用于控制各音轨状态。
（5）音轨区（E）：显示音频波形并进行编辑处理的区域。
（6）播放控制区（F）：用于控制播放状态。
（7）缩放控制区（G）：用于控制音轨中波形文件显示的比例。
（8）时间状态栏（H）：用于显示当前音轨的播放时间。
（9）状态栏（I）：用于控制播放状态及速度、节拍等。

（二）使用 Cool Edit Pro 录制声音

1. 录音试听

打开 Cool Edit Pro，选择要录音的音轨。在音轨对应的"音轨控制栏"按下按钮，使该音轨进入录音等待状态。准备好麦克风，在"播放控制区"单击"录音"按钮，即可开始录音。录音完毕后，可在"播放控制区"单击左下方"播音"按钮进行试听。

2. 降噪设置

单击工具栏中的"切换为编辑界面"按钮，切换至波形编辑面板。选择菜单栏中的"效果"→"噪声消除"→"降噪器"命令，打开"降噪器"面板，准备进行噪声采样。

3. 降噪采样

降噪器中的参数保持默认数值，单击"噪声采样"按钮进行噪声的采样。采样完成后，适当调整"降噪级别"。单击"确定"按钮，对录制好的音频降噪前，可先单击"预览"按钮，试听降噪后的效果。如失真太大，说明降噪采样或降噪级别不合适，需重新采样或调整参数。有一点需要说明的是，无论何种方式的降噪都会对原声有一定的损害。

（三）使用 Cool Edit Pro 剪辑、拼合音频素材

1. 打开音频素材

在要插入音频素材的音轨上右击，在弹出的菜单中选择"插入"→"音频文件"命令。在弹出的对话框中，选择需要插入的音频素材并打开。

2. 调整音频的波形显示

单击工具栏中的"切换为编辑界面"按钮，切换至波形编辑面板。可使用"缩放控制区"中的"放大"或"缩小"按钮对音频的波形显示大小进行调整，并可拖动音轨区上方的滑动条更改音频波形显示区域，以方便剪辑。

3. 删除音频

在音轨上使用鼠标左键拖动，选中要删除的部分，按键盘上的 Delete 键，清除即可。

4. 插入音频

剪辑好后，单击工具栏中的"切换多轨界面"按钮，切换至多轨面板。在其他空白音轨上右击，在弹出的菜单中选择"插入"→"音频文件"命令，在弹出的对话框中选择需要插入的音频素材并打开，按住鼠标右键将其拖放至想要插入的位置。

5. 设置"淡出/淡入"效果

选择音轨 1，单击工具栏中的"显示音量包络"按钮和"编辑包络"按钮，并使用鼠标左键拉动音轨上的音量控制线对音轨音量进行调整。可将音轨 2 也做出同样调整，做出"淡出/淡入"效果。

6. 分割音频

在音轨 2 上使用鼠标左键选择其中一段。在工具栏中单击"分割音频块"按钮，将选中的音频文件分割为两段。在分割好的音频块上右击，在打开的菜单中选择"音频块选项"菜单，打开编辑面板。

7. 设置音频块参数

在打开的"声音素材属性"面板中，设置音频块的声相（左右声道）、音量、音调、偏移位置等。

8. 编辑音频块的声相

在工具栏中按下"显示声相包络"按钮和"编辑包络"按钮，对音频块上的声相进行编辑。

9. 试听保存文件

调整完成后可在"播放控制区"单击左下方"播音"按钮进行试听，并对不合适的地方进行进一步调整。全部调整完成后，选择菜单栏中的"文件"→"混缩另存为"命令。在打开的"保存"面板中设置保存路径、文件名、保存格式，进行混缩保存即可。

任务四　数字视频的获取与利用

任务导入

视频 Video 的含义是与电视特别是电视图像相联系的信号。视频是由一系列单独的图像组成的（一幅单独的图像称为一帧），每秒钟在屏幕上播放若干图像，对于我们的视觉就会产生动态画面的感觉；若达到 24~30 帧/秒（fps），就会产生平滑和连续的画面效果。传统的视频设备如摄像机、录像机、电视机、VCD、DVD 所涉及的视频信号叫作模拟视频信号，现代视频设备如多媒体计算机、数字摄像机、数字电视机等涉及的视频信号是数字视频信号，它是用数字形式保存的视频信号。

任务描述

如何对视频素材进行制作与编辑？

相关知识

一、数字视频基础知识

1. 电视制式

电视制式有三种：PAL 制、NTSC 制和 SECAM 制。我国采用 PAL 制，美国和日本采用 NTSC 制。不同制式间互不兼容。

2. 信号格式

常见的视频信号为复合视频（Composite Video）和分量视频（S-Video），复合视频是一种标准视频格式，S-Video 是一种高分辨率的视频格式，现在好的录像机后面都有这两种端口（Video、S-Video）。

3. 视频捕获

通常的视频信号都是模拟信号，计算机以数字方式处理信息，因此在计算机使用之前必须对信号进行数字化采样，即把录像带等模拟视频信号转换成计算机可识别的数字信号，此过程为视频捕获。

4. 视频压缩

由于视频信号包括图像的色彩、亮度、大小等因素，当把模拟视频信号转换成数字视频信号时，对于计算机来说，数据的处理量相当大，这对计算机 CPU 的处理速度和硬盘的容量来说都是一个问题，因此必须对数据进行一定的压缩，这就是视频压缩。压缩前后数据量的比率，就是压缩比。对同一种压缩方式来讲，压缩比也是衡量视频质量的一种标准。压缩比越大，视频质量越差。

5. 视频采集卡

具备视频捕获和视频压缩功能的计算机板卡，用于将视频信号转变为视频文件。

6. SMPTE 时间代码

SMPTE 时间代码是为电影和视频应用设计的标准时间编码格式，它表示为"h：m：s：f"，也就是"小时：分：秒：帧"的形式。一个长度为 00：03：30：02 的视频片段，将播放 3 分 30 秒 2 帧。

7. DV 视频

DV 视频是一种数码视频压缩格式，目前广为流行的 DV 数字摄像机就以这种格式记录视频数据的。它的优势在于记录的图像质量高，可以直接在计算机中进行处理。

二、常见的数字视频文件格式及其特点

1. AVI 文件

AVI 是微软公司制定的一种视频文件标准，是目前应用最为广泛的视频标准，具有多种压缩格式，数据压缩率相对较低，文件容量较大，但具有较好的可编辑性，因此支持 AVI 格式的视频编辑软件很多。AVI 文件中是音频和视频数据的混合，音频数据和视频数据交错存放在同一个文件中。它是视频编辑中经常用到的文件格式，文件后缀名为 .avi。

2. MOV 文件

MOV 是 MOVIE 的简写。MOV 原来是苹果计算机中的视频文件格式，自从有了 QuickTime

驱动程序后，我们也能在 PC 上播放 MOV 文件了，MOV 和 AVI 的文件格式差不多，因此文件大小也相近。

3. MPG 文件

MPG 也叫 MPEG，它是活动图像专家组（moving picture group）的缩写。MPEG 实质是电影文件的一种压缩格式，它具有极高的压缩率、最快的帧速率和较好的图像声音质量，因而近年来得以广泛应用和发展。MPEG 分为 MPEG-1 和 MPEG-2 两种数据压缩标准。目前的 VCD 与 DVD 就是分别采用 MPEG-1 和 MPEG-2 标准。MPG 的压缩率比 AVI 高，画面质量却比它好。

4. 流视频 Real Video（.rm）文件

流视频是指采用流式传输的方式在互联网上播放的一种视频媒体格式。所谓"流式传输"，是指把整个的音频、视频等多媒体文件经过特定的压缩方式解析成一个个数据压缩包，再由视频服务器向用户计算机顺序或实时传送，实现用户一边下载一边观看、收听。

5. VCD 的数据格式

VCD 视频特别常用，视频采样速率为 1.15Mb/s，音频采样速率为 224Kb/s。

6. flv 格式

flv（flash video）是最新网络流行视频格式，其文件压缩率高，采用流式传送，非常适合网络传输，因此大多数视频网站都采用这种格式。

7. 手机视频格式

手机视频格式常用的有 wmv、3gp、mp4 等。

三、数字视频的获取方法

随着数字视频技术的发展，数字视频文件的来源渠道也非常广泛，常用的获取方法如下。

1. 拍摄法

通过数字摄像机（DV）、数字摄像头、数码相机（DC）的摄像功能、手机的摄像功能等可直接将自然影像拍摄成数字视频文件，并通过转接线输入计算机中。

2. 转换法

通过视频采集卡或电视卡等可以把传统模拟视频信号转换成数字视频信号并输入计算机中。

利用视频采集卡可以将录像带、VCD 影碟机上的视频信号转换成 AVI 视频文件或 MPG 格式传送给计算机。

安装好视频采集卡，连接好相关的连接线。

（1）启动视频采集卡附带的软件，设置好相关参数，单击录像机或 VCD 影碟机的"播放"按钮。

（2）当用户从窗口中发现要记录的画面时单击"记录"按钮即可。

（3）记录完毕后，单击"停止"按钮，将采集到的视频信息保存至一个 AVI 或 MPG 文件中。

3. 采集法

VCD、DVD 光盘或多媒体光盘中的视频文件可以采集或复制到计算机中。

4. 网络下载法

网络下载法包括数字视频文件直接下载和流媒体文件流式下载。

5. 用"超级解霸"软件抓取视频文件

对于 VCD 或一些现有的视频素材，可以用"超级解霸"软件抓取。

（1）运行《豪杰超级解霸》组件中的《超级解霸 3000》），进入界面。

（2）把 VCD 光碟放入光驱，在"文件"菜单中选择"播放各种影碟"命令，或选择"打开一个文件""播放多个文件上"命令，单击"播放"按钮▶，开始播放影碟或视频文件。

（3）单击"循环/选择录取区域"按钮，"循环/选择录取区域"按钮变为显示。

（4）用鼠标移动"游标"到达录制视频文件起点处，单击"选择开始点"按钮选择录制起始点，再移动"游标"到达录制终点处，单击"选择结束点"按钮选择录制终点，中间黑带部分为要录制视频 MPG 文件。

（5）单击"录像指定区域为 MPG 文件"按钮，打开"保存数据流"对话框。

（6）输入要保存的视频文件的路径和文件名，单击"保存"按钮即开始数据压缩。

任务实施

视频素材的制作与编辑

一、Ulead VideoStudio 的工作界面

选择"开始"→"程序"→Ulead VideoStudio→"会声会影"命令，进入 Ulead VideoStudio 工作窗口，单击"会声会影编辑器"按钮，打开如图 4-1 所示的工作界面。

图 4-1　Ulead VideoStudio 工作界面

1. 工作界面中各部分的名称及其功能

1—步骤面板，包含视频编辑中七个不同步骤所对应的按钮。单击不同的菜单栏目，将进入相应的操作步骤。

2—菜单栏，包含提供了四个不同命令集的菜单。

3—选项面板，包含用于对所选素材定义设置的控件、按钮和其他信息。此面板的内容会根据你所在的步骤而有所变化。

4—预览窗口，显示当前的素材、视频滤镜、效果或标题。

5—导览面板，导览面板可用于预览和编辑项目中使用的素材。用导览控件可以浏览所选的素材或项目。用修整栏和飞梭栏可以编辑素材。

6——素材库，保存和管理所有的媒体素材。
7——时间轴，显示项目中包含的所有素材、标题和效果。

2. 导览面板各按钮的作用

导览面板如图 4-2 所示。

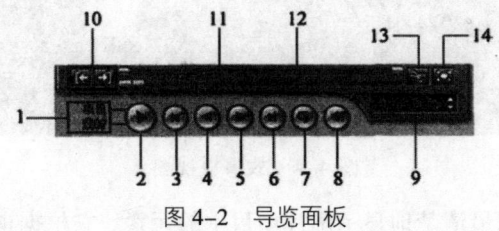

图 4-2　导览面板

1——播放模式：选择预览整个项目还是仅预览所选的素材。
2——播放：播放、暂停或继续当前的项目或所选的素材。
3——起始：返回到起始帧。
4——上一帧：将所选素材前移一帧。
5——下一帧：将所选素材后移一帧。
6——终止：移到终止帧。
7——重复：循环回放。
8——系统音量：单击并拖动此滑动条，可以调整计算机扬声器的音量。
9——时间轴：允许用户通过指定确切的时间码，直接跳到项目或选定素材的特定位置。
10——开始标记 / 结束标记：用这些按钮可以在项目中设置预览范围，或标记要修整素材的起始点和终止点。
11——修整栏：允许用户在项目中设置预览范围或修整素材。
12——飞梭栏：允许用户在项目或素材上拖曳。
13——分割视频：将所选的素材修剪成两半。将飞梭栏放到前一半的终止和后一半的起始处，然后单击此按钮即可。
14——扩大预览窗口：单击，可以放大预览窗口。在放大预览窗口后，用户仅可以预览素材，不能编辑。

3. 项目时间轴

位于"会声会影编辑器"窗口下半部分的项目时间轴是编辑影片项目的地方。有三种类型的视图可用于显示项目时间轴：故事板、时间轴和音频视图。单击项目时间轴左边的相应按钮，可以在不同的视图间切换，如图 4-3 所示。

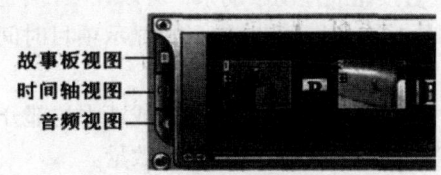

图 4-3　视图间切换对话框

（1）故事板视图是将视频添加到影片的最快捷方法。故事板中的每个略图代表影片中的一个事件,事件可以是素材或转场。略图可以按时间顺序显示事件的一些画面。每个素材的区间显示在每个略图的底部,如图4-4所示。

图4-4 故事板视图

(2)时间轴视图可以最清楚地显示影片项目中的元素。它根据视频、覆叠、标题、声音和音乐将项目分割成不同的轨。时间轴视图允许你对素材执行精确到帧的编辑。各部分的名称及其作用如图4-5所示。

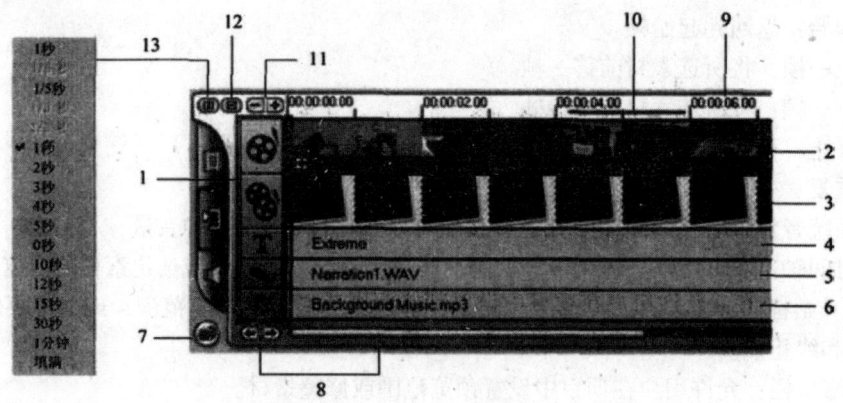

图4-5 时间轴视图

1—轨按钮:单击相应的按钮,可以在不同的轨之间进行切换。

2—视频轨:包含视频/图像/色彩素材和转场。

3—覆叠轨:包含覆叠素材,它们可以是视频、图像或色彩素材。

4—标题轨:包含标题素材。

5—声音轨:包含声音素材。

6—音乐轨:包含从音频CD录制或"自动音乐"素材库中获取的音乐素材。

7—插入媒体文件:显示一个菜单,允许用户直接将视频、音频或图像素材放到项目中。

8—项目滚动控件:用左右按钮或拖动滚动条,可以在项目中左右移动。

9—时间轴标尺:以"时:分:秒:帧"的形式显示项目时间码的增量,可以帮助用户决定素材和项目的长度。

10—所选范围:此色彩栏代表素材或项目被修整或选中的部分。

11—缩放控件:增加或减少显示在时间轴中的帧数量。

12—将项目调到时间轴窗口大小:将整个项目调整到时间轴窗口的大小。

13—缩放到:允许用户修改时间轴标尺中时间码的增量。

(3)音频视图:允许用户可视化地调整视频、声音和音乐素材的音量,如图4-6所示。

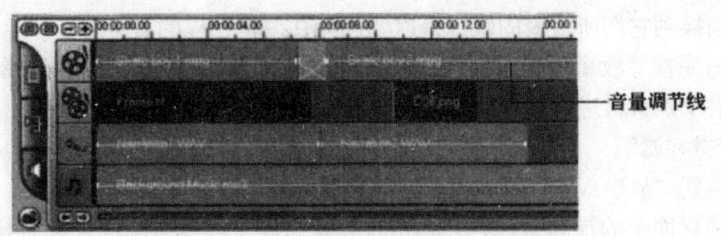

图 4-6 音频视图

二、Ulead VideoStudio 的视频编辑工作流程

Ulead VideoStudio 的视频编辑工作流程分为以下七个步骤。

（1）捕获：可以直接将视频录制到计算机的硬盘上。

（2）编辑：在此可以整理、编辑和修整视频素材，还可以将视频滤镜应用到视频素材上。

（3）效果：可以在项目的视频素材之间添加转场。

（4）覆叠：在一个素材上叠加另一个素材，创建画中画效果。

（5）标题：可以创建动态的文字标题或从素材库的各种预设值中选择。

（6）音频：可以从一个或多个连接在计算机上的 CD-ROM 驱动器中选择和录制音乐文件。在此步骤中，你还可以为视频配音。

（7）分享：创建用于在网络上分享的视频文件或将影片输出到磁带、DVD 或 CD 上。

三、新建或打开项目

1. 新建项目

（1）启动 Ulead VideoStudio 后，系统自动新建了一个项目文件。

（2）为项目文件选择一个合适的模板。在视频素材采集和编辑中必须先设定好模板，这样在采集和编辑视频文件时，系统才会按照用户的设定进行编辑。否则，按照系统默认的方式进行操作，这样会影响视频文件的采集和输出的格式无法采集、编辑和输出。选择菜单栏中的"文件"→"项目属性"命令，在打开的窗口中单击"编辑"按钮，进入项目选项窗口，在"压缩"选项中的媒体类型中设定一种模式，则其他的选项均按这个模式进行设定。

（3）单击"确定"按钮即可。

2. 打开项目

（1）选择菜单栏中的"文件"—"打开项目"命令，则会弹出"打开"对话框。

（2）在对话框中，选择一个已有的 VSP 格式文件，单击"打开"按钮，即可将其调入。

四、添加和编辑素材

添加和编辑素材主要是指向项目添加各种视频、图像和色彩素材及滤镜效果，调整素材播放顺序，修整视频素材等。

前面我们介绍了三种视图模式，其中"故事板视图模式"和"时间轴视图模式"在编辑素材过程中作用各不相同。"故事板视图模式"是添加影片的最快和最简单的方式，其中包含许多略图，它们按时间顺序排列，每个略图代表影片中的一段视频、一幅图像、一个转场效果等。"时间轴视图模式"包括视频轨、覆叠轨、标题轨、声音轨和音乐轨，单击相应的轨按钮，即可切换到它们所代表的轨道，以便选择和编辑相应的素材。

通常，用户先在"故事板视图模式"中排好场景，再切换到"时间轴视图模式"进行效果微调，并针对个别素材进行精确到帧的修整和编辑。

1. 添加素材和滤镜

（1）在切换到"故事板视图模式"后，视频素材库处于打开方式。

（2）添加素材库中的视频素材，先单击视频素材库中的视频略图，使其显示在预览窗口中，并单击"播放"按钮▶，预览视频内容。

（3）若对所预览的视频素材满意，则在该视频素材缩略图上按下鼠标左键，将其拖放到故事板中，释放鼠标后，该视频素材被自动插入第1个略图位置，并显示第一帧画面，如图4-7所示。

图 4-7 插入视频素材

（4）如果需要添加素材库的图像素材，先单击素材库右上角处的"文件夹"按钮▼，在弹出的下拉菜单中选择"图像"选项，切换到图像素材库中。然后，从中选择图像素材拖放到故事板中，如图4-8所示。

（5）如果需要添加素材库的色彩素材，先单击素材库右上角处的"文件夹"按钮▼，在弹出的下拉菜单中选择"色彩"选项，切换到色彩素材库中。然后，从中选择色彩素材拖放到故事板中，如图4-9所示。

（6）如果需要把添加素材库外的素材加入素材库，先单击素材库右上角处的"加载视频"或"加载图像"或"加载色彩"按钮📁，在弹出的窗口中选择需要打开的文件即可；如果需要把素材库外的素材直接加载到时间线上，而不加入素材库中，则单击"故事板"左下角的"将媒体文件插入时间轴"按钮📁，从弹出的菜单中选择"插入视频"或"插入图像"选项，然后在弹出的对话框中选择所需要的素材导入即可。

（7）如果需要给故事板中素材添加滤镜效果，则单击素材库右上角处的"文件夹"按钮▼，在弹出的下拉菜单中选择"视频滤镜"选项，切换到视频滤镜效果库中。然后从中选择一种滤镜效果拖放到故事板中的指定素材上，如图4-10所示，则滤镜效果被应用到指定素材上。

项目四　数字化教学资源的获取与利用

图4-8　插入图像素材

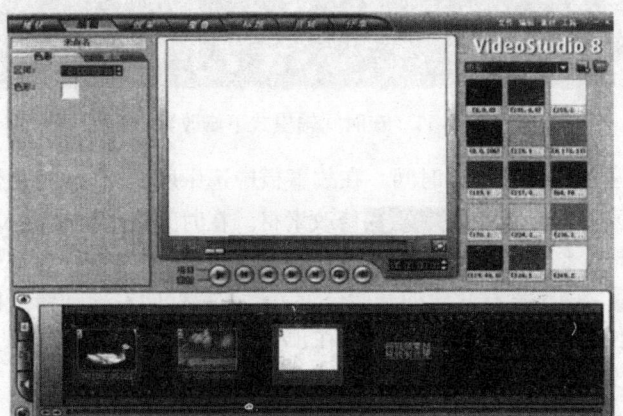

图4-9　插入色彩素材

图4-10　"气泡"视频滤镜效果

(8)使用同样的方法可以向故事板中多次添加其他素材。注意在每次插入素材时，视频轨中将有一个竖线表示当前素材的插入位置。

2. 编辑素材

（1）改变素材的顺序。用鼠标直接在故事板中拖动素材，当竖线到达指定位置，释放鼠标左键，则素材被调整到故事板中的新位置。

（2）删除素材。单击故事板中的素材，按 Delete 键，或在选中的素材上右击，在弹出的菜单中选择"删除"选项，即可删除所选素材。如果要删除素材库中的素材，也使用同样方法。

（3）快速修改素材。先切换到时间轴视图模式，再选中要修改的素材，用鼠标拖动素材两端的黄色标记，即可改变素材长度，如图 4-11 所示。但视频素材的最大长度不能超过源文件的长度。

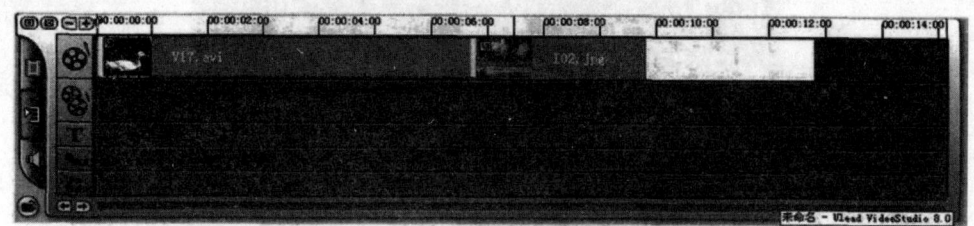

图 4-11　在时间轴模式下修改素材

（4）精确修改素材片段的播放时间。在故事板中选中所要修改的素材，用选项面板中的视频、图像和色彩区间 区间：[0:00:03:20] 修改素材。在时间格上直接输入数值即可。

（5）利用修整栏修整视频素材。在故事板中选中所要修改的素材，然后用鼠标向右拖动修整栏左侧滑块 ，调整素材片段的开始位置，再用鼠标向左拖动修整栏右侧滑块 ，调整素材片段的结束位置。在拖动过程中可以在预览窗口中预览当前位置的视频效果，因此可以精确确定素材片段的起始位置和结束位置。

（6）利用预览栏修整视频素材。在故事板中选中所要修改的素材，单击预览栏下方的"播放"按钮 播放素材，当到达需要设定的起始位置时，单击"停止"按钮 。也可以根据需要适当单击"上一帧"按钮 、"下一帧"按钮 精确调整素材片段的开始位置，然后单击预览栏左侧的"开始标记"按钮 ，则当前位置被定为开始标记点。再单击"播放"按钮继续播放，到需要设置结束位置时，单击"停止"按钮，然后单击预览栏左侧的"结束标记"按钮 。

（7）将视频素材分割成多个文件。在故事板中选中所要修改的素材，拖动飞梭栏内的"飞梭" 到需要分割的位置，单击修整栏右侧的"分割视频"按钮 ，则所选素材在"飞梭"停止的位置被分为两段。如果要场景分割，可直接单击选项面板中的"按场景分割"按钮 ，则系统自动按场景分割选定的素材。

（8）设置视频素材的音量和音效。选中视频素材，单击选项面板上的"音量控制"下拉列表框 100 右侧的三角按钮，从中选取一个百分比值，可以设置调整后的音量。单击"淡入"按钮 、"淡出"按钮 可以设置声音的淡入/淡出效果。

五、设置和应用转场效果

转场效果就是在影片素材添加完成后,在各素材之间添加转换效果,使得场景在切换时显得不是很生硬。Ulead VideoStudio 提供了 13 类共 110 多种转场效果。下面以"擦拭分类中的方块过渡效果"为例说明应用转场效果的步骤。

(1)单击效果步骤后,单击效果库右上角处的"文件夹"按钮，在弹出的下拉菜单中选取"擦拭"类效果,则效果库中将演示不同的动态效果,如图 4-12 所示。

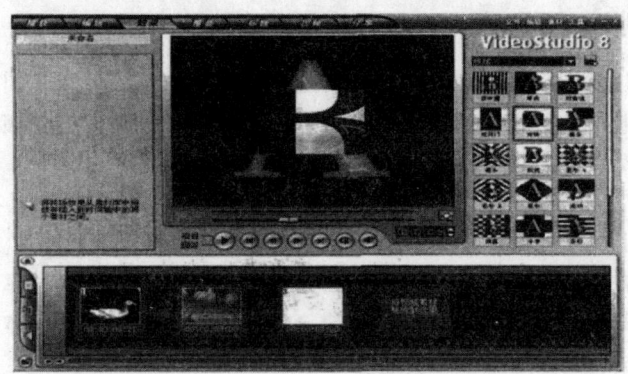

图 4-12 "方块转场效果"工作界面

(2)单击效果库中的"方块"转场效果,单击预览栏下方的"播放"按钮 可预览选择的转场效果。确定所要选择的转场效果用鼠标拖动到故事板中两个素材中间位置释放鼠标,单击"播放"按钮可预览选择的转场效果,如图 4-13 所示。

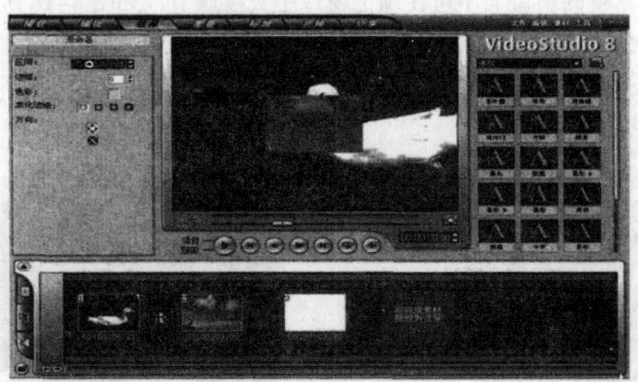

图 4-13 "方块转场效果"预览转场效果

(3)每一个转场效果都可以在左侧选项面板中设置一些选项,使其效果更加形象生动。"方块转场效果"选项面板中的选项如图 4-14 所示。

①区间 ：指的是转场效果所持续的时间,默认持续时间为 1 秒钟。可以直接输入时间或用右侧按钮进行微调选择持续时间。

②边框 ：转场边缘的线宽,默认为 0,可以直接输入线

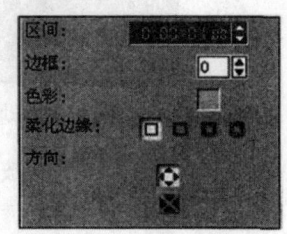

图 4-14 "方块转场效果"选项面板

宽值或用右侧按钮进行微调选择线宽。

③色彩■：转场边缘线的颜色。单击色彩按钮从打开的色彩选择器中选择一种色彩。

④柔化边缘□□□□：可选转场边缘的柔化程度，有四种柔化程度，叫通过单击柔化程度按钮改变转场边缘的柔化程度。

⑤方向：这个转场效果有两种变化方式，一种是由内向外展开■；另一种是由外向内收缩■。直接单击按钮即可。

六、叠加视频和图像素材

在视频的编辑过程中，有时需要两个素材透明组合，有时则要求在同一个窗口中显示一大一小两个不同的画面内容，即"画中画"效果。通过视频和图像的叠加，可以轻松地实现这些功能。

所谓"覆叠"，是指将添加在覆叠轨上的视频或图像素材与项目中已有的其他素材进行叠加组合。覆叠轨上的素材可以设置为动态和透明效果，也可以使用视频滤镜。

（1）单击"覆叠"步骤，工作界面右侧的素材库再次打开。从素材库中选择要添加的视频或图像素材，将其拖动到覆叠轨上，即完成一个覆叠素材的添加。具体的操作和编辑方法与在故事板中的方法相同，这里不再赘述。

（2）添加素材并编辑结束后，在选项面板中选择"动画和滤镜"选项，如图 4-15 所示。

在选项面板中，可以在"方向/样式"选项中选择覆叠素材运动方向；在"透明度"选项中设置覆叠素材的透明度值，数值越大透明度越高；在"边框"选项中可以为覆叠素材设置一个色彩边框，在此可以设置框的线宽和色彩；滤镜的添加和设置与在故事板中使用滤镜的方法相同；覆叠素材的窗口大小可在预览窗口中直接调节，如图 4-16 所示。

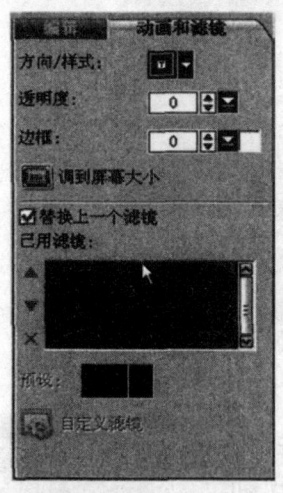

图 4-15　覆叠面板中"动画和滤镜"选项

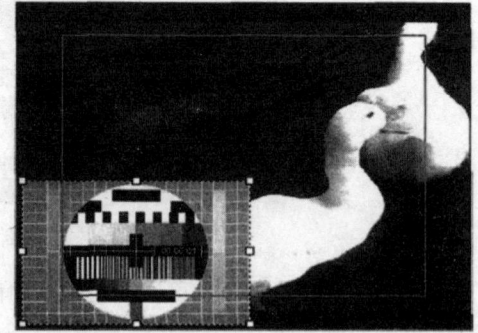

图 4-16　调整覆叠素材的窗口大小

（3）单击"播放"按钮，可以预览效果。使用同样的方法，可以在覆叠轨上添加其他的视频和图像素材。

七、添加标题和字幕

"标题"主要用于为视频编辑添加标题文字和字幕，也可以设置文字的运动效果。用户可以用 Ulead VideoStudio 提供的若干种预设标题和自行创建新标题两种方法来建立标题或字幕。

1. 创建和添加标题

（1）修改预设标题。

①在素材库中选中一个标题模板，其效果既显示在预览窗口中，同时在选项面板上也将显示其相关的参数设置，如图 4-17 所示。

图 4-17 选中预设标题

②单击预览窗口下方的"播放"按钮，观看效果。如果合适，可以把选中的标题直接拖动到标题轨上，效果如图 4-18 所示。

图 4-18 添加预览标题

③如需对预设标题进行修改，可以在预览窗口内单击预设标题文字，进入编辑状态，分别修改标题的内容，设置字体、字号、样式、行距、标题长度等，满意后，效果自动应用，如图 4-19 所示。

（2）创建新标题。

①单击"标题"步骤后，在预览窗口中双击鼠标，在预览窗口中将显示一个文本输入

框，在光标闪烁的位置输入标题文字，如果输入多行文字可以按 Enter 键换行，这时在选项面板中所使用的是"单个标题"选项，如图 4-20 所示。

图 4-19　编辑修改后的标题

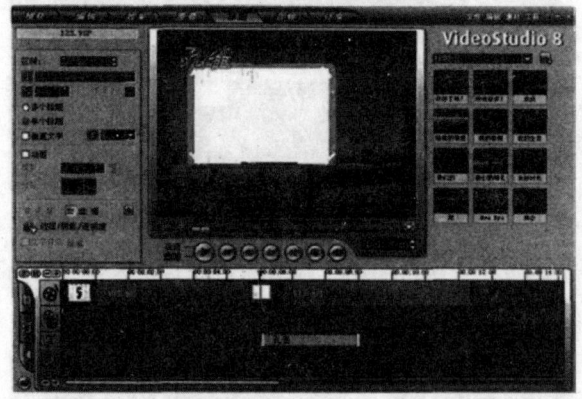

图 4-20　创建单个新标题

②拖动鼠标选中文字，在选项面板中设置字体为华文行楷、字号为 100、样式为加粗和倾斜、颜色为蓝色，单击"边框/阴影/透明度"按钮，从对话框中设置白色边框，宽度为 3，设置完成后，新标题就自动地添加在标题轨上了。

③在选项面板中的"动画"前单击鼠标，则在"动画"前出现一个"√"，表示要对选中的标题设置动画。设置动画的类型，单击■按钮，从弹出的菜单中选择"飞行"选项，单击自定义动画属性按钮■，打开"飞行动画"对话框，设置进入位置为■，表示从左侧飞入，离开位置为■，表示终止位置在窗口中间，其他为默认，则标题文字从屏幕左边水平飞入，到屏幕上原静止时设定的位置停止。

④适当拖动标题两端的黄色标记，设置其播放长度。

⑤设置完成后，单击"播放"按钮，可以观看标题动画应用到影片中的实际效果。

⑥如果在选项面板中选择了"多个标题"选项，则添加标题的方法略有不同，在预览窗口中的任意位置双击鼠标左键，在此位置上就建立一个文本框，用户可以用上面介绍的方法对该文本框内的标题进行各种设置；在预览窗口中另一个位置双击鼠标左键会建立另一个文本框，用户同样可以输入文字，但其设置可以与上一个文本的设置相同或不同，两个文本的

设置相对独立。这样就可以建立多个文本同时运动，但运动方式又不同的字幕效果。

2. 调整标题的长度和位置

（1）标题播放时间的调整。在标题轨上单击需要调整的标题，然后调整选项面板中的"标题区间"　　　　的数值，即可修改所选标题的播放时间。或适当拖动标题两端的黄色标记，设置其播放长度。

（2）调整标题的位置。在标题轨上拖动鼠标左右移动标题位置，可调整标题播放时刻。

八、（八）添加声音和音乐

Ulead VideoStudio 提供了添加旁白、在声音轨上可以添加即时录制的声音文件、将声音素材从素材库中拖动到声音轨上的功能。声音的录制和编辑方法均可在声音编辑软件中进行，只要将其编辑结果添加到 Ulead VideoStudio 声音轨上即可。下面只介绍把声音文件添加到声音轨的方法。

（1）单击"音频"步骤后，工作界面右侧的音频素材库将自动打开。

（2）与前面讲过的添加视频素材的方法近似，如果需要从素材库添加声音和音乐素材，先单击素材库要添加的音频略图，此时在预览窗口中将显示一个声音图标。单击"播放"按钮，可以试听声音效果，如果满意，则从素材库中拖动选定的声音素材到声音轨或音乐轨上即可。

（3）如果需要将素材库外的声音素材添加进素材库，先单击素材库右上角处的"加载音频"按钮　，在弹出的窗口中选择需要打开的文件即可；如果要把素材库外的素材直接加载到时间线上，而不加入素材库中，则单击"故事板"左下角的"将媒体文件插入时间轴"按钮　，从弹出的菜单中选择"插入音频"到"声音轨或音乐轨"选项，然后在弹出的对话框中选择所需要的素材导入即可。

（4）调整音频素材的播放时间。单击选中音频素材，适当拖动其两端的黄色标记，设置其播放长度；在选项面板中直接更改"音频区间"时间格上的数值，从而改变素材的长度；利用修整栏调整，与前面编辑视频素材的方法相同，单击"播放"按钮，在起始位置设置开始标记，在终止位置设置结束标记，即可完成声音素材长度的修整。

五、渲染和输出影片

将用户的项目渲染为视频文件格式，以满足用户的其他用途。然后，将渲染好的文件导出为网页、多媒体贺卡或通过电子邮件发送给亲朋好友。所有此类操作均可在"会声会影"的"分享"步骤中完成。我们这里只介绍将项目文件渲染成视频文件的方法。

（1）单击"分享"步骤后，打开分享步骤选项面板，如图4-21 所示。

①创建视频文件。用项目创建视频文件。

②创建光盘。打开 DVD 制作向导，让用户可以将项目刻录成 DVD、SVCD 或 VCD 格式。

③项目回放。清除屏幕内容并在黑色的背景上显示整个项目或所选取的片段。如果你的系统连接了 VGA 到电视的转换器或录像机，还可以将项目输出到磁带上。用户还可以在录制时手动

图 4-21　分享步骤选项面板

控制输出设备。

④导出。为用户提供了多种导出和分享视频文件的方法。视频文件可以导出到网页、转换为可运行的贺卡以及通过电子邮件发送。项目还可以导出到 Ulead DVD-VR 向导,刻录成 DVD-RAM。用户还可以直接将项目文件导出到 DV 摄像机,将它录制到 DV 磁带上。用户只有在创建了视频文件之后,才可以导出项目。

⑤创建声音文件。允许用户将项目中的音频片段保存为声音文件。

(2)单击"创建视频文件"选项,打开影片模板的选择菜单,如图 4-22 所示。

(3)用户可以根据自己的需要选择模板,如果在项目文件建立时已经设置了项目的属性,则直接选择"与项目设置相同"选项,或者在下面八个选项中选择一个或自定义模板。此时打开一个"创建视频文件"对话框,如图 4-23 所示。

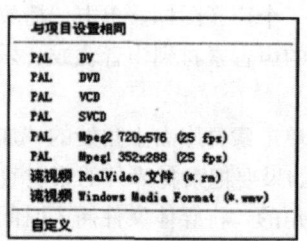

图 4-22 影片模板的选择菜单

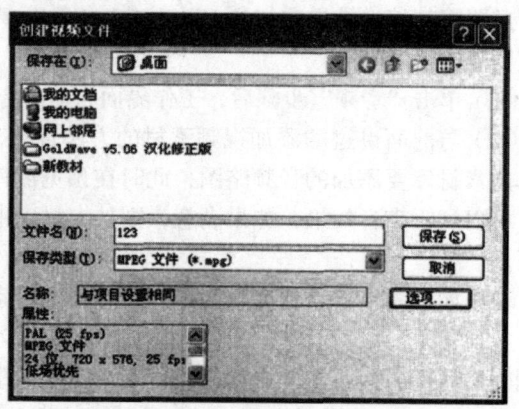

图 4-23 "创建视频文件"对话框(1)

(4)如果选择的是自定义模板,则此时打开一个"创建视频文件"对话框,如图 4-24 所示。从中选择一种文件格式,输入一个文件名,单击"保存"按钮即可。

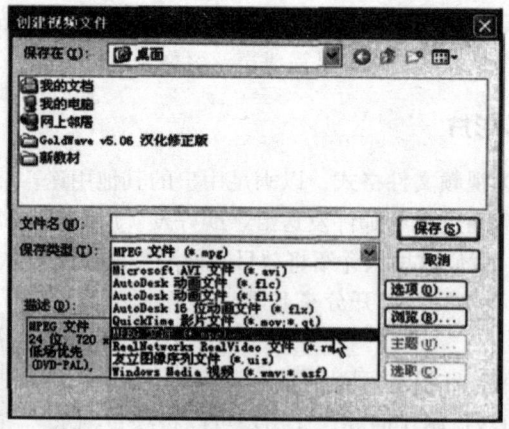

图 4-24 "创建视频文件"对话框(2)

(5)渲染后的影片将在预览窗口内自动播放。

复习思考题

1. 说出教学资源的分类与管理要求。
2. 音频、视频、文本、图形图像等素材的常用获取方法有哪些？
3. 列举各种多媒体素材常见的存储格式。
4. 各种多媒体素材有何特点？如何在教学中应用？
5. 怎么积累自己所需要的教学资源？
6. 应该怎么选择适合自己的开发教学资源的方法？
7. 针对自己的教学和学习实际，设计一个教学资源管理方案。

项目五　教学PPT的设计与制作

● 学习目标

1. 能够清楚地知道教学 PPT 的使用情境。
2. 明确地知道教学 PPT 制作的过程。
3. 通过实践案例的练习，掌握教学 PPT 制作的方法和技巧。
4. 能够结合具体学科教学特点制作相应的教学 PPT。
5. 能够在学科教学中恰当地使用教学 PPT。

任务一　教学PPT的制作

任务导入

我们朗朗上口的 PPT 事实上是由微软公司的演示文稿软件 Microsoft Office PowerPoint 制作出来的文件的扩展名（Office 2007 以上版本扩展名为 .pptx），演示文稿软件除了 PowerPoint，还有大名鼎鼎的苹果公司出品的 Keynote 和国内的金山 WPS。不过，普遍使用的还是 PowerPoint，该软件易得、易用，人们习惯称其为 PPT，而不是演示文稿或 PowerPoint。

任务描述

如何制作教学 PPT？

● 相关知识

什么是教学 PPT？教学 PPT 归属于教学课件的范畴，是教学课件的一种形式。简单地给教学 PPT 下一个定义，就是"教师在教学过程中为实现教学目标而制作的 PPT"，所以，教学 PPT 是为教学服务的，它在教学活动中应当充分发挥作用，其角色不是"喧宾夺主"，不是"滥竽充数"，而是"有效支持"。

说起"做教学 PPT"，或许很多教师和师范专业学生面临过"被做 PPT"的情况，被要求做，不得不做。有很多教师会有这样的切身感受：做 PPT 太麻烦，除了能少点粉笔灰，还不如一般教具方便；做 PPT 太占用时间，使用价值和付出精力差别太大；看别人做得挺好，自己却做不来，不如找人做；网上的PPT倒是很多，但不合心意无法使用……

那我们为什么做教学PPT？我们并不是不需要教学PPT，也不是学不会、做不好，关键在于有一些问题没有真正认识清楚：

- 教学PPT的正确定位；
- 信息时代教师的定位。

当前课件制作软件众多，如PowerPoint、Flash、Authorware、几何画板等，每种软件的功能实现各有特点，而教师的制作水平更是参差不齐，所以应当根据教学需求和个人情况选择合适的软件来制作课件，切忌为用课件而用课件。同其他制作课件的软件相比，PPT具有如下突出特点：

①强大的制作功能。PowerPoint文字编辑功能强，段落格式丰富，文件格式多样，绘图手段齐全，色彩表现力强等。

②通用性强，易学易用。PowerPoint是在Windows操作系统下运行的专门用于制作演示文稿的软件，其界面与Windows界面相似，与Word和Excel的基本使用方法类似，提供有多种幻灯版面布局、多种模板及详尽的帮助系统。

③强大的多媒体展示功能。PowerPoint演示的内容可以是文本、图形、图表、图片或有声图像，并具有较好的交互功能和演示效果。

④较好的Web支持功能。利用对象的超链接功能，可指向任何一个新对象，也可发送到互联网上。

概括来讲，PPT借助先进的多媒体技术，承载更加丰富的信息量，信息呈现可视化程度高，可在内容传递、观点表达、互动交流等方面达到很好的沟通效果，可以大幅度提升教学现场的感染力，激发参与者的热情。这正是制作与使用教学PPT的原因之一。

当社会信息交流方式已经发生改变，教学环境日新月异，身处其中的教师不可能固守不变，信息时代要求教师跟上时代的步伐，具备相应的信息素养。教育技术的发展推动着教师专业化的发展，使用信息技术不是负担，而是一种常态化的表现，是时代给予教师的基本要求。所以，教学PPT只是这个时代将教师的教学思想呈现的一种工具而已，教师可以利用信息技术的魔棒将教学变得更好。

课堂练习

以小组为单位，从自己学科专业的角度讨论专业知识内容与适宜的呈现方式，举例填写在表5-1中。

表5-1 专业知识与适宜的呈现方式举例

专业知识点	适宜的呈现方式

任务实施

教学 PPT 的制作方法

人们对于 PPT 通常有两种看法：一种认为 PPT 太简单，很小儿科，很多评奖或比赛都没有 PPT 的份儿；另一种认为 PPT 很神奇，它几乎可以做所有事情，处理文本，剪辑图像，制作动画，但 PPT 并不是 Word 文档，也不是 Photoshop 图像，更不是 Flash 动画，它只是一个多媒体集成工具和交互设计工具。用 PPT 做课件，就要从课件的角度来看待它：

① PPT 是演示文稿不是讲稿，不要把 PPT 当成 Word 文档。
② PPT 展示的不只是提纲，把 PPT 当成板书并不好，精彩的教学思路和设计才吸引人。
③ PPT 不是一个单纯的工具，而是一个通力协作的助手，应当与教师的教学相辅相成、相得益彰。

所以，PPT 并不神奇，神奇的是你的想法和设计，PPT 只是将你的想法和设计实现的一种工具。清楚了教学 PPT 的定位，就可以正式开始制作了。完成一个教学 PPT 是一件繁复且又细致的创造性工作，根据日常经验和基本共识，一般可以分为：构思、选材、美化。

一、构思

"数字校园建设被企业'绑架'，老师被设备与软件'绑架'，多媒体就是'倒霉体'，PPT 就是'骗骗他'。"清华大学教育研究院教授程建钢对目前风行的"拉洋片式"的教学方式提出了理性思考。很多人认为现在使用 PPT 上课，教师的讲授成了放映，接二连三地点击鼠标成了教师的主要工作，于是，感悟语言魅力变成了欣赏图片美景，思考解题地过程变成了动态的解题流程，甚至实验操作也搬到了课件上。这样上课虽然很"现代化"，却不能取得好的教学效果。

这是 PPT 的问题吗？似乎正是 PPT 让教师患上了"依赖症"，失去了对教学方法、手段的选择，教师的讲授过程完全不是根据自己的教学思路和学生的学习情况予以延伸开展，而是顺着 PPT 既定的流程一路直下。错并不能怪在 PPT 身上，这是 PPT 设计与使用过程中的问题。我们需要什么样的 PPT？我们需要怎样的呈现方式？我们用 PPT 来解决什么样的教学问题？这些都是在教学 PPT 构思阶段要解决清楚的，具体可以从 3 个层面着手，如图 5-1 所示。

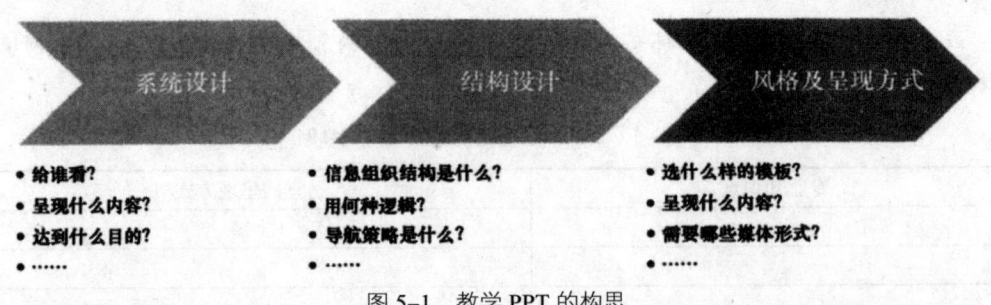

图 5-1　教学 PPT 的构思

1. 系统设计

系统设计主要是将教学内容的教学设计思想转换为制作教学 PPT 的结构思路。具体步骤就是将教学设计中依据教学目标、教学内容和学习者分析而确定的教学策略和方法与媒体呈现形式对应起来，确定总体的 PPT 结构思路。可以参考表 5-2 完成教学设计的内容，表 5-3 所示为气温和气温的分布系统设计表格。

表5-2　系统设计表格

教学课题：

教学内容	教学方法	PPT呈现内容

表5-3　气温和气温的分布系统设计

教学课题：气温和气温的分布

教学内容	教学方法	PPT呈现内容
导入	通过天气预报中的气温这一指标导入新课	呈现天气预报中的数据、图表
气温的影响	角色扮演，议论气温对不同职业的影响	呈现不同角色
	从衣食住行的角度来讨论	呈现衣食住行不同情境
气温的测量	讲解气温测量的时间、方法	形象呈现气温测量时间与方法
	描述日平均气温、月平均气温、年平均气温	呈现如何得到相关数据
气温的变化	以问题探究方式讲解气温日变化	呈现气温日变化的曲线图，呈现问题及解答
	以问题探究方式讲解气温年变化	呈现气温年变化的曲线图，呈现问题及解答和巩固练习
气温的分布	通过复习"等高线"知识引入等温线的学习	呈现等高线内容
	问题探究方式讲解等温线	呈现等温线内容（特点、关系）
	以"怎样避暑"引入气温分布	呈现避暑场景及方案
	解释"上山"方案，即地形对气温的影响	呈现地形与气温的规律及思考题
	解释"下海"方案，即海陆位置对气温的影响	呈现全球1月和7月气温分布图及规律
	解释"往两极"方案，即纬度位置对气温的影响	呈现纬度与气温的规律及变化原因
总结	总结本节课内容要点	呈现总结提纲
作业	本节课内容巩固练习	呈现练习题目及解答

教学设计是最能体现教师经验和个性的部分，是教学思想最直接和具体的表现。所以教学设计直接决定着 PPT 的呈现形式，教学设计的优劣决定了 PPT 辅助教学效果的优劣。

课堂练习

选择一个本专业对应基础教育课程的一课内容，参照系统设计表格完成 PPT 的系统设计，填在表 5-4 中。

表5-4 某基础教育课程的系统设计

教学课题：

教学内容	教学方法	PPT呈现内容

2. 结构设计

系统设计已经提供了一个粗略的大纲，结构设计的目的就是依据系统设计的大纲，对细节进行构思和串联。具体包括确定信息组织结构设计和导航策略设计。

（1）结构设计方法一

PPT本身是一个典型的线性组织结构，这是一种简单而清晰的结构，所以，最简单直接的结构设计可以按如下步骤完成：

①列出教学内容大纲。

②把大纲转化为PPT的小标题页。

③为每一个小标题页创建一个PPT页面。

④把内容对应到相应的页面上。

（2）结构设计方法二

完整的PPT文件通常包含：封面页、目录页、转场页、内容页、总结页和结束页，所以，也可以借助目录页的导航结构，做图5-2所示的结构设计。

转场页也叫过渡页，当教学内容涉及多个章节或多个部分的时候，建议使用转场页。在PPT中设置转场页是为了从一个完整讲解单元切入到下一个完整讲解单元时，通过转场页设置引导性标题和画面，让学习者能对新的单元有清晰的认识，并自然从上一单元内容过渡到新的单元。所以转场页主要呈现下一部分导航标题，呈现的方式必须简洁，可以设计得别具匠心，避免目录性的单调。

不管以哪种方式来进行结构设计，重要的一点是要契合教师授课的逻辑结构，铺垫、叙述、转陈，环环相扣。

课堂练习

依据系统设计中的教学内容，选择适宜的方法完成结构设计，将课件结构列在下面空白处。

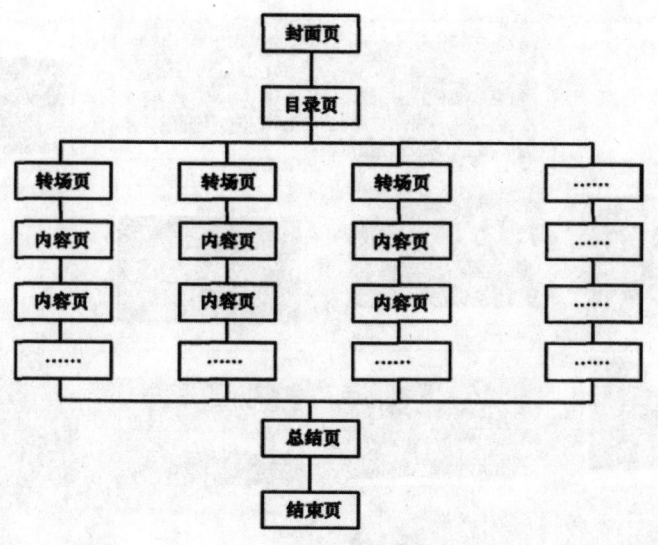

图 5-2　PPT 结构设计

3. 风格及呈现方式

（1）风格

风格听起来是个很抽象的词，事实上它是一个很实际的词。我们来看两个例子，如图 5-3 和图 5-4 所示。

图 5-3　山地的形成

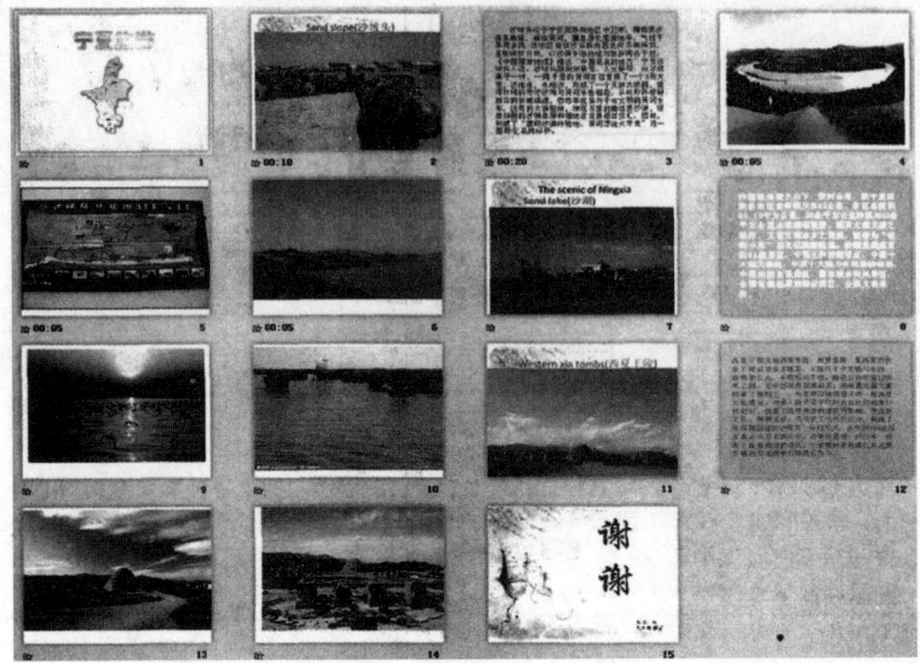

图 5-4 宁夏旅游

图 5-5 统一风格的要素

图 5-3 给我们的感觉是和谐统一，图 5-4 给我们的感觉是乱七八糟，原因在于"山地的形成"示例有统一的风格，而"宁夏旅游"示例没有。统一的风格并不是一件很难做到的事情。再仔细观察，你会发现，统一的风格是通过一些统一的细节反映出来的，如图 5-5 所示。

要做到上述要素的统一，可以参考如下内容：

1）模板与母版。PPT 模板就是一组预先设计好的仅有背景图案的空演示文稿，其中只包含格式和颜色，而不含具体文字内容，它是 PPT 的骨架性组成部分。近年来国内外的专业 PPT 设计公司对 PPT 模板进行了提升和发展，内含封面、目录、内页、封底、片尾动画等页面，使 PPT 文稿更美观、清晰、动人。

一套好的 PPT 模板可以让一篇 PPT 文稿的形象迅速提升，大大增加观赏性。同时，PPT 模板可以让 PPT 思路更清晰、逻辑更严谨，更方便处理图表、文字、图片等内容。PPT 模板又分为动态模板和静态模板。动态模板是通过设置动作和各种动画展示达到表达思想同步的一种时尚式模板。

套用模板是统一风格最便捷的一种方式。在：设计选项卡中选择一种即可，如图 5-6 所示。

使用 PowerPoint 自带的标准模板虽然便捷，但也致使人们在各种场合看到的 PPT 千人一面，缺乏新意，不能够给听众留下深刻印象，教学效果平平。要使用有新意的模板，可以选择从网络资源中寻找，也可以自己制作。

网络中的 PPT 模板资源很多，但大部分好的资源都是需要付费的，表 5-5 中的资源网址可以供大家参考。（微软官网的资源是免费的）

项目五　教学 PPT 的设计与制作

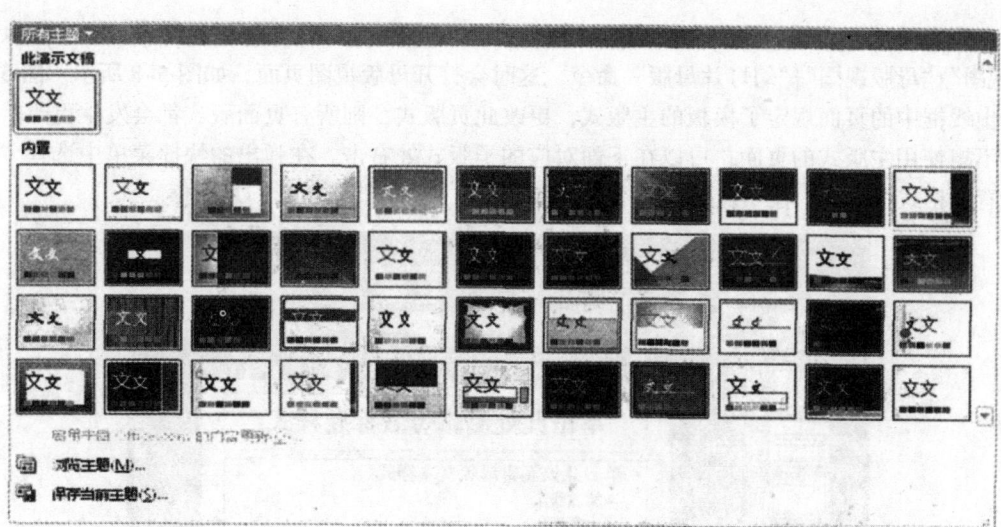

图 5-6　PPT 的模板

表5-5　PPT模板资源

网站	网址
第1PPT	http://www.1ppt.com/
无忧PPT	http://www.51ppt.com.cn/Soft/PPTTemplates/
ppt宝藏	http://www.pptbz.com/
资料库	http://www.zlcool.com/ppt/
变色龙	http://www.ppt20.com/
锐图网	http://www.rui2.net/appt/
OfficePLUS.cn | Microsoft	http://office.msn.com.cn/List.shtml?cat=PPT&tag=1

在网上寻找模板费钱又费时，而自己制作既便捷又合心意。制作模板之前首先需要了解模板的组成。一个完整的 PPT 模板，包括 PPT 的页面设置、主题版式、主题颜色（配色方案）和主题字体（字体方案）4 个部分。如图 5-7 所示，可以通过该选项卡对当前 PPT 模板中的颜色方案、字体方案、效果方案进行修改。

图 5-7　"设计"选项卡

从零开始制作模板主要在"幻灯片母版视图"中进行,新建一个空白演示文稿,执行"视图"|"母版视图"|"幻灯片母版"命令,这时会打开母版视图页面,如图5-8所示。图5-8中虚线框中的页面规定了模板的主版式,更改此页版式,则所有页面版式都会发生更改,如果不想使用主版式的页面,可以在下面对应的子版式处右击,在弹出的快捷菜单中选择"设置背景格式"命令,在"设置背景格式"窗格选中"隐藏背景图形"复选框。

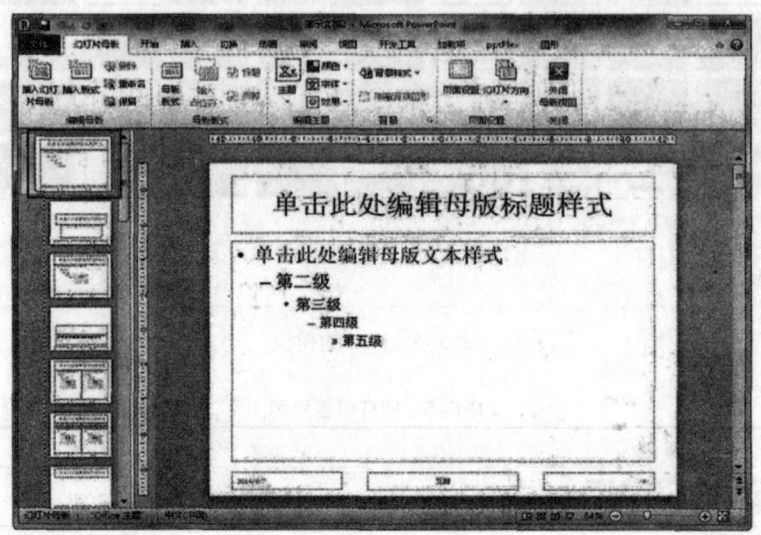

图5-8 "幻灯片母版"视图

模板制作的基本步骤如下:

①设计封面版式。在制作封面页之前应当确定模板的色调及页面的尺寸。这时就可以根据自己的喜好来设计标题母版了。默认情况下,标题母版中给出了标题、副标题及页脚样式,可根据实际需要进行删减,最简单的制作方法是为标题母版添加一张形象的图片作为背景,然后根据需要更改主、副标题的样式等,如图5-9所示。

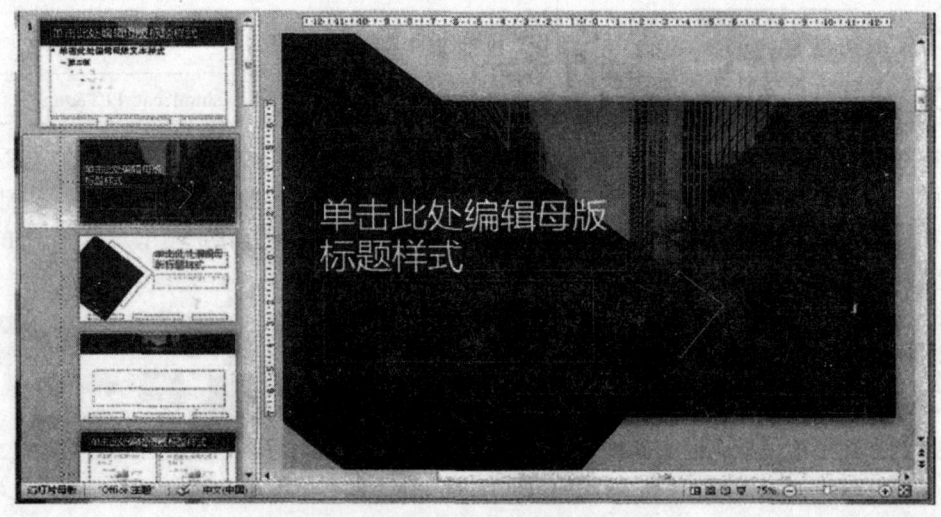

图5-9 设计封面母版和内容页母版

②设计主版式。一般来说，封面版式稍作简化就可以作为主版式了。主版式完成后，模板的版式就算完成了。如果有必要，还可以制作一个转场版式，如图 5-10 所示。

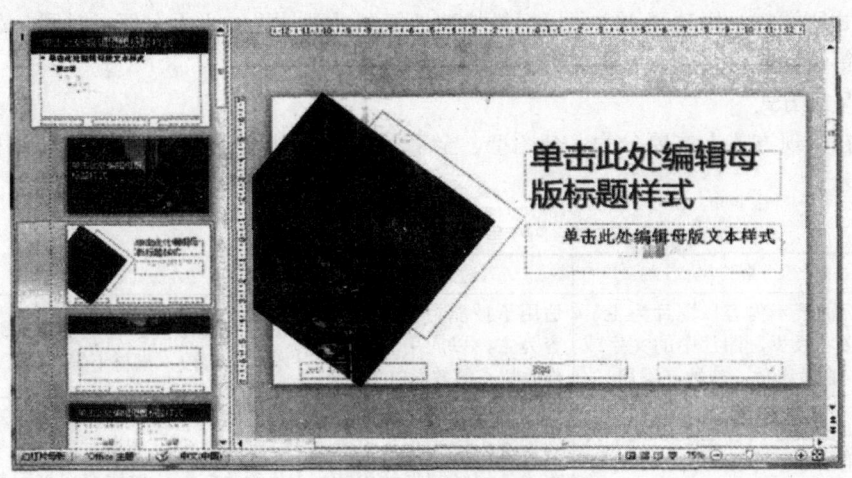

图 5-10　转场版式

③保存和使用模板。设计完之后，执行"文件"|"另存为"命令，在"保存类型"下拉列表框中选择"演示文稿设计模板（*.potx）"，为模板取一个名称，这样就完成了模板的制作。以后在制作幻灯片时，单击幻灯片或右击幻灯片空白处，在弹出的快捷菜单中选择"幻灯片设计"命令，在幻灯片模板中可以看到自己设计的模板。

还有一种最简单的模板，如类似罗兰贝格的白底黑字的模板也很好，插入 Logo，添加页码就足够了。只要能够将所有内容条理化、图示化，即使使用简单的模板也不会显得简陋。而且，纯白色的底板投影效果非常干净，视觉效果并不逊于任何花哨的模板。

2）SmartArt。SmartArt 是 Microsoft Office 2007 中新加入的特性。SmartArt 图形是信息和观点的视觉表示形式。可以从多种不同布局中进行选择来创建 SmartArt 图形，如图 5-11 所示。内容信息只需要在左边可以收缩的文字窗格（图 5-12）中输入，可以用（Tab）键进行大纲级别的转换，设置起来快速、轻松，比起一个一个地插入并设置文本框，SmartArt 既统一又方便。

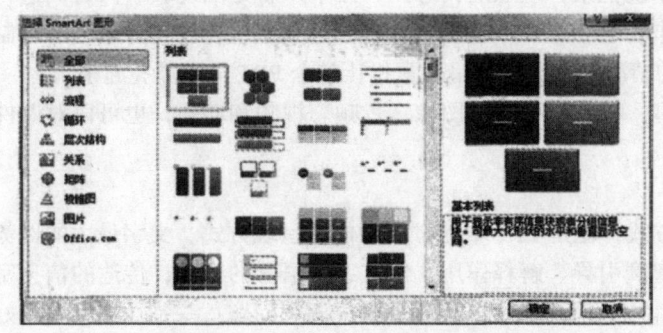

图 5-11　"选择 SmartArt 图形"对话框

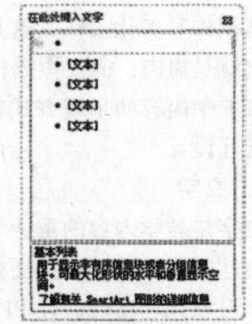

图 5-12　SmartArt 文字窗格

3）格式刷与动画刷。格式刷能够将光标所在位置的所有格式复制到所选文字上，大大减少了排版的重复劳动。它是统一格式最直接、最方便的工具。使用的方法是先把光标放在设置好格式的文字之间，然后单击"格式刷"按钮，然后用鼠标选择需要同样格式的文字，相应的格式就会应用于所选文字。

同格式刷类似，用动画刷也可以轻松快速地复制动画效果，大大方便了对同一对象（图像、文字等）设置相同动画效果或动作方式的操作。

（2）呈现方式

PPT在呈现方式上主要分为：全图型、全字型和图文型。3种类型的特点和适用范围如表5-6所示。

表5-6 PPT呈现方式的特点和适用范围

类型	特 点	适用范围	优缺点
全图型	页面展示内容以图片为主，文字极少，图片中的文字或与图片一体，或独立添加	适用于技能类和态度类内容为主，以应用和艺术创作为特点的教学PPT制作	图片精挑细选，视觉冲击力强。信息承载量有限。素材不好搜集
全字型	页面展示内容主要以文字为主，基本不配图片，偶尔以图标装饰	主要适用于以学术理论和知识类内容为主，以文字阅读、记忆和理解为特点的教学PPT制作	大篇的文字内容信息量大。观众理解较困难。经过变换布局、字号、字体及颜色搭配，对比突出展示重点，也可以让文字生动起来，达到好的效果
图文型	页面展示中有图有文，比重恰当	对教学PPT而言是比较理想的一种选择	兼顾全图型和全字型的优点

课堂练习

确定某种风格后自己设计一个PPT模板并保存，设计的想法可以写在下面的横线上。

_____
_____
_____
_____

二、选材与美化

构思阶段的主要任务是搭建系统框架，理顺逻辑思路，接下来就是围绕教学内容而进行的具体制作和美化工作，这是制作教学PPT中的主要工作。如果说系统构思是骨架，那么制作美化就是血肉，需要根据构思的情况选取恰当的呈现素材让整个PPT丰满漂亮起来。

PPT中内容的呈现方式很丰富，有文字、图形图像、音频、视频和动画，也可以对课件进行交互设计。

1. 文字

文字是教学内容的重要表达方式，也是PPT中最常用的信息呈现方式。文字最大的优势在于表达的意义明确，能更好地起到引导、解释作用，但文字是语言的符号，传达的信息密度大，形象化程度低。在PPT制作中，对于文字，要注重解决两个问题：一是让文字本身好看，易亲近；二是将文字内容形象化地组织起来，使之更容易、更快速被人理解。

（1）提炼文字

教学PPT中文字呈现很大的一个问题就是文字太多，一张幻灯片中的文字过多不仅影响画面美观,更影响阅读者的信息接受效果。所以,放在幻灯片上的文字应该是经过提炼的"关键词""关键句"。

对于一张幻灯片上放多少文字合适,很多专家和书籍上都有提到一些处理方法,比如 5×5 规则(每一张幻灯片上的文字不要超过 5 行,每行不要超过 5 个关键词。)、4×6 原则(每页最多 6 行字,每行最多 6 个字,距离屏幕 6 步远可以看清,最多 6s 可以理解内容。),目的都是要有意识地控制文字数量,让观众能在较短的时间内看完并理解文字内容。这些规则可以供我们参考,关键点在于信息量的控制。

提炼文字就是首先对要呈现在该页的教学内容阅读并概括出要点,将要点以最少且准确的文字表述放在幻灯片上。如果有多个要点,可以分页放置。

(2)包装文字

文字经过提炼只是变得易读,文字变得好看还得需要包装。

①文字字体。字体是文字的外在形式特征,就是文字的风格,是文字的外衣。不管是中文还是英文,都有很多的字体,如楷体、宋体、黑体、Arial、Impact 等。不同的字体呈现的效果是不一样的。不同的字体使用的场合也有很大区别。

字体可以分有衬线字体和无衬线字体,有衬线字体线条粗细不同,更适合小字号时使用,投影时清晰度不高,如宋体;无衬线字体线条粗细相同,更适合大字号时使用,投影时更美观,如黑体、微软雅黑。常用字体举例如表 5–7 所示。

表5–7 常用字体举例

宋体	普通有衬线字体,适合小字号时使用
微软雅黑	无衬线字体,适合大字号时使用,中英文皆可用
书法字体	快速提升PPT的文化感
手写字体	让PPT充满文艺感
儿童字体	可爱,有特点
POP字体	让PPT具有海报的冲击力
Times New Roman	大段英文、小字号适合用字体
Arial	也是大段英文的好选择
Arial Black	用来强调重点较好
Helvetica	简洁,现代感强,适用于商业PPT
STENCIL	适合修饰大标题
Impact	另一款适合做大标题的字体

如果是从网上下载的第三方字体,要安装之后才能使用。安装方式是:直接双击字体文件(扩展名为 .ttf),然后单击"安装"按钮即可;也可以将字体文件复制到系统盘中的字体文件夹(名为 fonts),粘贴时会自动安装字体。

如果 PPT 中使用了第三方字体,为了确保第三方字体在其他计算机中也能正常显示,在保存 PPT 时要将字体嵌入到 PPT 课件中,操作方法是执行"文件"|"选项"命令,在弹出的"PowerPoint 选项"对话框的"保存"功能区中,选中"将字体嵌入文件"复选框,如图 5-13 所示,可以根据需要选择"仅嵌入演示文稿中使用的字符(适于减小文件大小)"或者"嵌入所有字符(适于其他人编辑)"单选按钮,选择前者可以保存字体效果,但无法继续使

用这些字体编辑新的文字，选择后者时可以在没有安装该字体的机器上继续编辑、使用这些字体的文字，不过保存得到的文件会大一些。

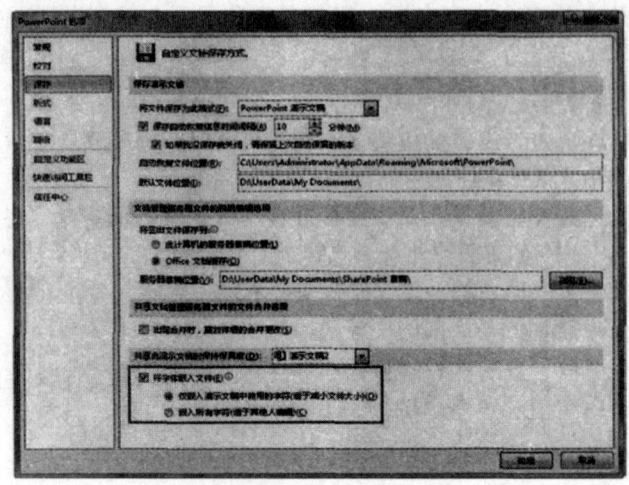

图 5-13　将字体嵌入 PPT 文件中

②文字颜色、大小、位置。除了字体，文字本身的颜色、大小、位置也会极大影响文字的呈现效果。

文字颜色的运用要注意与背景的搭配，正文不要使用花哨的文字颜色，这样会让人看起来凌乱，阅读艰难。

对于文字大小，首先要考虑能够区分标题和正文，文字在课件中展示出来不能太小，并且要适当加大文字、段落之间的间距，否则投影出来紧贴在一起的文字并不适合阅读。

文字的位置既包括在幻灯片上的绝对位置，也包括文字间的相对位置。绝对位置与背景及内容的搭配有关；而相对位置则要求根据具体情况选择不同的对齐方式。

总体上 PPT 美化要求文字大小有致、疏密有间，文字排版忌满、花、繁，做到相对统一。

（3）风格文字

①文字的艺术效果。要知道，只用 PowerPoint，也可以做出很多文字的艺术效果，如表 5-8 所示。

表5-8　PowerPoint中的文字艺术效果

艺术效果	制作方法
文字阴影效果	利用"字体"｜"文字阴影"设置
	利用文字叠加，将文字复制一份，设置灰色，置于下层
文字映像效果	利用"设置形状格式"｜"文本选项"｜"文本效果"｜"映像"设置
文字发光效果	利用"绘图工具-格式"｜"文本效果"｜"发光"设置
文字填充效果	利用"绘图工具-格式"｜"文本填充"设置

如果肯钻研，还可以做出浮雕字、阴阳字、折叠字等。

②高桥流。高桥流是高桥征义在2001年的一次演讲中，因为恰巧没有演示工具，使用了与一般主流演示方式完全不同的方法：他使用简洁且巨大的文字进行演示，带给观众巨大的视觉冲击，如图5-14所示。

图5-14　高桥流演示法

高桥流最基本的特征就是：用最少的字、最大的字号、最强的颜色对比来呈现文字内容。这种方法很个性，很简洁，也很有效果。

2. 图形图像

一张好图胜过千言万语。图片是直观化呈现课件内容的重要方式，同时，图片也是美化PPT的重要要素。图片具有很强的修饰作用，合理地使用图片可以让枯燥的页面瞬间绽放光彩。另外，图片能启动观众的右脑思维和记忆，从而加速、加深他们对演示内容的理解。

在教学PPT中使用图片应当注意以下事项：

- 不是每张幻灯片都需要图片。
- 用图一定要用高清大图，用模糊小图还不如不用。
- 图片不一定都用来做背景，图片也可以陈述内容，如图5-15所示。
- 插入的图片与讲课内容相关程度高，不让无关的"美景"干扰主题，如图5-16所示。
- 一张幻灯片上放过多的图片会分散注意力。

图5-15　可视化表达示例图

图5-16　图片与内容相关程度不高示例

制作教学PPT时需要的图片素材来源很多，可以从网络获取，可以用手机、相机拍摄，可以用形状自己绘制，也可以用其他软件制作，不同的方式获取的图片风格不同，使用的场合也是不同的。从网络获取图片的方法及资源参考第3章相关内容。

（1）加工图片

从网络下载或拍摄的图片如果要更好地与版面融合，就需要对图片进行加工处理。利用

PowerPoint 的图片工具（见图 5-17）可以对图片进行很多加工，如表 5-9 所示。

图 5-17　PowerPoint 的图片工具

①自动删除不需要的部分图片区域，可以使用标记表示图片中要保留或删除的区域

②改变图片亮度、对比度、清晰度；更改图片颜色，以提高质量或匹配文档内容；将艺术效果添加到图片

③设置图片边框的颜色、宽度和线型；对图片应用阴影、发光、映像或三维旋转的视觉效果

④旋转或翻转所选图片；多张图片边缘对齐；更改多张图片的叠加顺序和可见性

⑤裁剪图片或应用不同的裁剪行为，如裁剪为不同形状

表5-9　图片加工方法

图片加工内容	操作方法
裁剪	⑤
抠图	①
柔化边缘	③
添加边框	③
图片更正	②
剪影	①+②，抠图后调整亮度或饱和度
背景黑白	①+②，复制图片为2个，其中一张进行抠图，另一张设置灰度，然后将两张图片重合
背景虚化	①+②，复制图片为2个，其中一张进行抠图，另一张用艺术效果虚化，然后将两张图片重合
局部放大	①+②，复制图片为2个，其中一张进行抠图并放大，然后将两张图片重合
……	发挥想象，还可以做出更多、更丰富的效果

（2）形状

绘图是 PowerPoint 重要的功能之一。熟练掌握绘图技巧，不仅可以自己制作各种图表、示意图，更能拓宽 PPT 的素材、增加 PPT 的专业气质。

PowerPoint 中内置了很多形状，如图 5-18 所示，我们很熟悉在 PPT 中插入这些现成的形状，如矩形、圆形或箭头，只需单击要绘制的形状，拖动鼠标就可以完成，借助〈Shift〉键可以得到正圆、正方形和等比例放大的形状，这是最简单的绘图。我们也可以绘制很多不规则的图形，绘制更美观的效果，如表 5-10 所示。

1）绘制技巧一：简单图形的转换。在现成图形的基础上"编辑顶点""添加顶点"，再通过鼠标拖动就可以得到其他形状的图形，如图 5-19 所示。

顶点分为 3 种：平滑顶点、直线点和角部顶点。单击某个顶点会显示该顶点的控制手柄，角部顶点的 2 个控制手柄可以分别调节，平滑顶点和直线点的 2 个手柄始终在一条直线上，但直线点的 2 个控制手柄的长度可以分别调节，如图 5-20 所示。

表5-10 不规则的图形

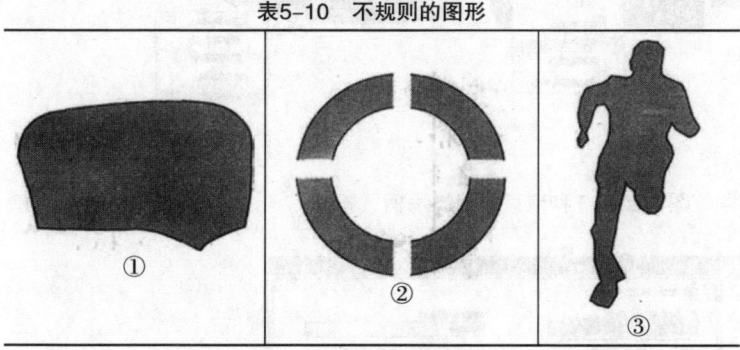

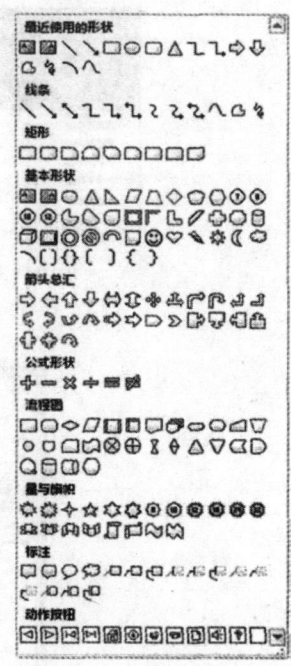

图 5-18 PowerPoint 内置的形状

此外，编辑路径时还有"开放路径"和"闭合路径"之分，"开放路径"可以将轮廓线切断，"闭合路径"则可以将已经开放的路径重新合上。

请读者自己尝试绘制出表 5-8 中的①号图形。

2）绘制技巧二：多个形状的组、联、交、剪。绘制图形也可以利用多个图形之间的关系来完成，这就需要用到"形状组合""形状联合""形状交点"和"形状剪除"等命令。这几个命令默认没有显示，需要通过"自定义功能区"添加。执行"文件"|"选项"命令，打开"PowerPoint 选项"对话框，在"自定义功能区"中先单击"新建选项卡"，然后从"不在功能区中的命令"中找到我们要的命令添加到新选项卡就可以了，如图 5-21 所示。

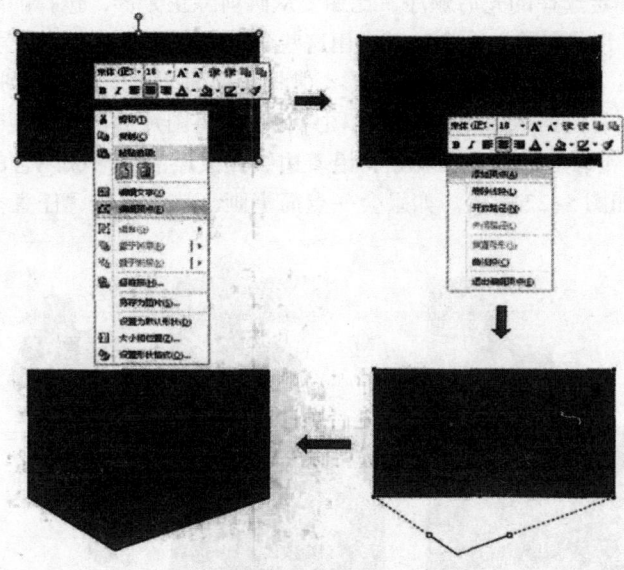

图 5-19 简单图形的转换过程

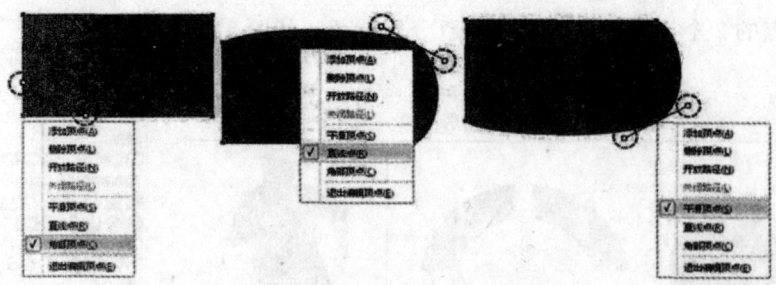

图 5-20　3 种顶点的控制手柄

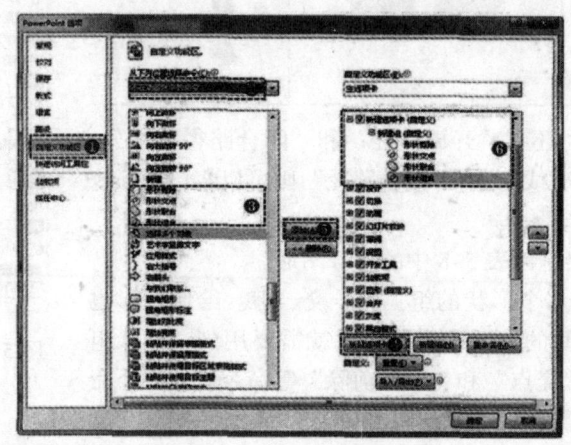

图 5-21　自定义功能区

要注意的一点是，多个形状选择的先后顺序不同，执行形状命令后的结果也会不同，要根据自己的需要来确定选择的先后顺序，比如要从圆剪除正方形，选择的顺序就是先选圆再选择正方形然后用"形状剪除"命令。试试用这些命令绘制表 5-8 中的②号图形。

3）绘制技巧三：千变万化的任意多边形。掌握了前面两个技巧，找到任意多边形画出 3 号图形就很容易了。首先插入要勾画轮廓的图片，可以将图片适当放大便于勾勒。选择"任意多边形"，从图像轮廓上任意一点开始，沿着边线完成绘制，形成闭合的形状后修改填充颜色等就可以了，如图 5-22 所示。如果会一点简笔画，就可以用"任意多边形"绘制任何想要的形状。

图 5-22　绘制剪影

4）绘制技巧四：填充。填充是图形美化的重要方法，填充的方式有纯色填充、渐变填充、图片或纹理填充、图案填充和幻灯片背景填充。

当图片背景比较复杂时，会对置于其上的文字产生干扰，如果在上面覆盖一个用单色透明填充的矩形，文字看起来就会清晰，文字和图片会和谐得多，如图 5-23 所示。

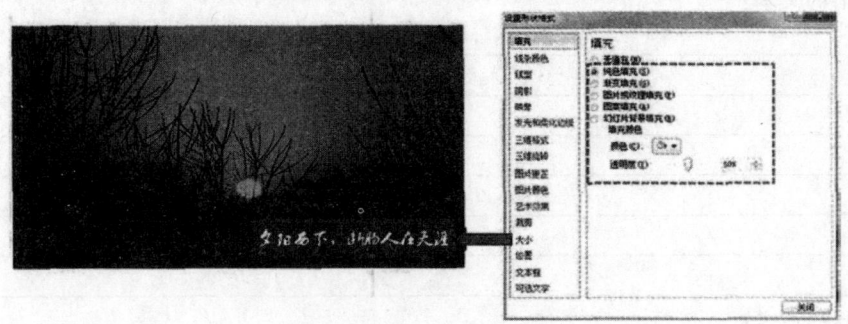

图 5-23　透明的纯色填充

渐变填充能让平面的形状变得立体，尤其是将颜色渐变、透明度渐变和亮度渐变结合起来使用时，如图 5-24 所示。

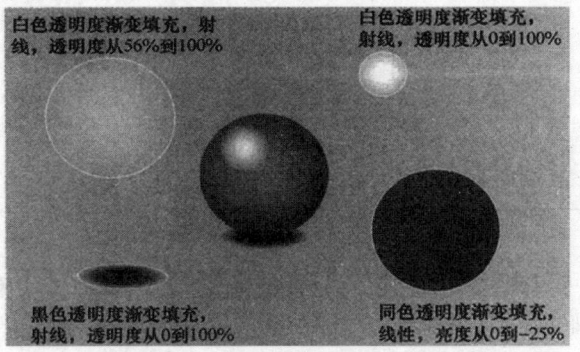

图 5-24　多个渐变填充形状叠加效果

课堂练习

试试做做这个形状：

 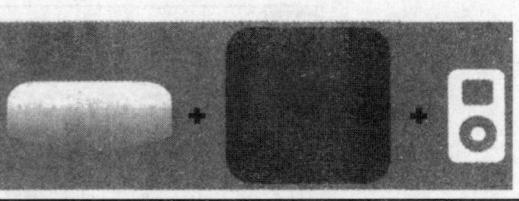

如果在制作课件的过程中需要将多张图片插入到不同的幻灯片中，或者做的是全图型 PPT，那么可以选择"插入"|"相册"的方法，一次性插入所有图片。在插入相册时，可以在相册设置中对图片的版式及文字说明进行设计。

课堂练习

选择一段本专业的教学文本,用形象化的方式(图片、图表、形状……)将其内容表达出来。按如下形式完成并提交。

加工前的文本:

_____
_____
_____
_____
_____
_____

加工后的内容:

3. 音频与视频

在 PowerPoint 中可以直接为 PPT 插入声音、视频,PowerPoint 2010 支持插入的音频和视频文件格式很多,如图 5-25 所示。

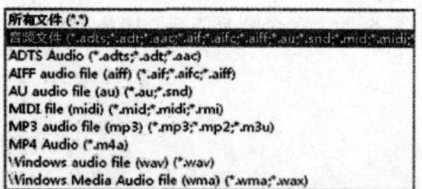

图 5-25　PowerPoint 支持的音频和视频格式

在 PPT 中插入音频和视频后,选中媒体对象,在其"工具"选项卡中可以对这些多媒体素材进行简单的编辑:剪辑、淡入/淡出、音量调节、播放设置等,如图 5-26 所示。此外,在"动画窗格"中,选中音频或视频动作的下拉菜单,还可以进行更细致的音频、视频播放设置，如图 5-27 所示。还可以通过设置触发器来控制音频视频的播放状态。通常情况下，需要将"播放"选项卡和播放设置结合起来使用。

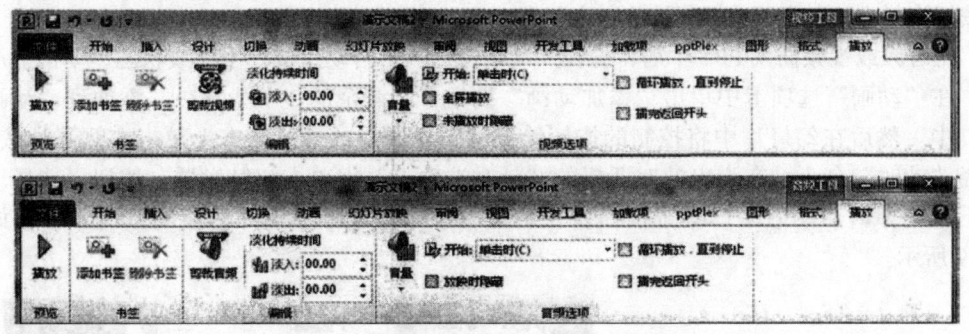

图 5-26 音频和视频的"播放"选项卡

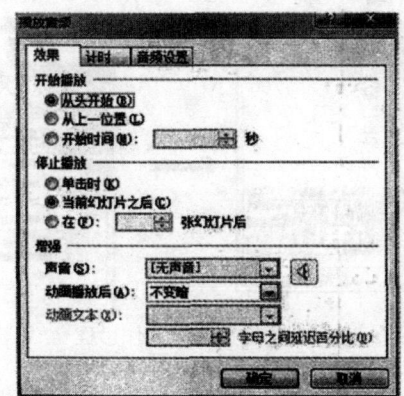 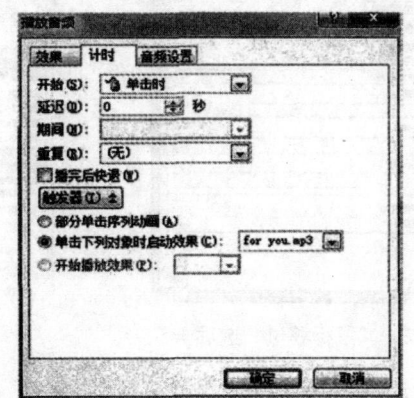

图 5-27 音频播放设置

（1）音频的应用：背景音乐

默认情况下，在 PPT 中插入的音频只在当前幻灯片上播放，到下一张幻灯片时，声音会停止。要想给整个 PPT 加背景音乐，就需要音频跨多张幻灯片进行播放，这时候需要到图 5-27 所示的"效果"选项卡中，设置"停止播放"为"在……张幻灯片后"，数值可以为整个 PPT 的幻灯片数。此外，也可以选中"播放"选项卡中的"循环播放，直至停止"复选框。

（2）音频的应用：为指定对象添加效果音

在课件制作中，为了教学内容演示的需要或在教学过程中给予一些声音反馈，可以适当添加效果音。下面以给英语教学 PPT 添加单词读音为例来说明。

要实现的效果是当鼠标滑过单词时播放该单词的读音。首先在幻灯片中将英文单词写好，单词的读音需要事先录制好，然后选中某个单词，单击"插入"|"动作"按钮，在弹出的"动作设置"对话框中选择"鼠标移过"选项卡，选中"播放声音"复选框，并在下拉列表框中选择"其他声音"选项，然后找到事先录制好的单词读音，确认即可，如图 5-28 所示。要注意的一点是，通过这种方式播放的音频必须为 .wav 格式。

（3）音频、视频的播放控制

插入 PPT 中的音频和视频会比其他对象多出 3 个动画状态：播放、暂停、停止。可以制作按钮来对应控制音频或视频的这 3 个状态。

将音频或视频插入 PPT 中后，会在"动画窗格"中自动生成一个播放状态，单击播放状态，在"动画"选项卡中单击"添加动画"按钮，将剩余的 2 个状态一并添加到"动画窗格"中。然后在幻灯片中将控制的按钮绘制好。在添加的播放状态上单击右侧下拉按钮，选择"计时"命令，在弹出的对话框的"计时选项卡"中单击"触发器"按钮，选择"单击下列对象时启动效果"单选按钮，在右边的下拉列表框中选择相应的按钮。过程如图 5-29 所示。

图 5-28 "鼠标移过"选项卡

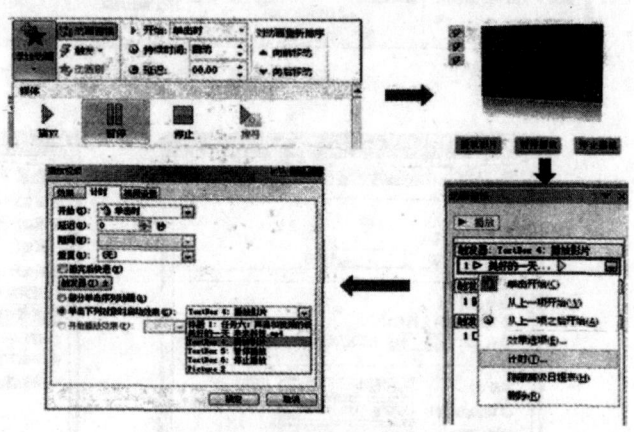

图 5-29 视频播放控制制作过程

4. 动画

较之以前版本的 PowerPoint 动画，PowerPoint 2010 展示出了强大的动画效果，主要有 PowerPoint 2010 自定义动画及切换效果两种动画效果。

（1）自定义动画效果

对幻灯片中的所有对象（包括文本、图形、图像等）都可以添加动画效果。适当使用动画效果可以突出课堂重点、控制信息流量，并增强课件的吸引力。PowerPoint 2010 自定义动画有以下 4 种自定义动画效果：

- 进入：用于设置对象出现在幻灯片中时的动画效果，即对象的入场动画方案。
- 强调：用于设置已出现在幻灯片中的对象的动画效果，即给对象进行强调的动画方案。
- 退出：用于设置对象从幻灯片中消失时的动画效果，即对象退出场景的动画方案。
- 动作路径：用于设置对象沿指定路径移动的动画效果，即给对象一个固定的行走路线的动画方案。

在 PowerPoint 中不仅可以为单个对象添加动画效果，也可以为单个对象添加多个动画效果，或者在一张幻灯片中为多个对象添加动画效果等。一般在添加动画效果后，还需要对动画播放的顺序、播放的持续时间和延迟时间等进行调整，让动画效果更符合实际需要。

1）设置动画效果选项。这里的动画效果选项是指为对象添加的进入、退出、强调等动画效果的方向、数量等属性设置的选项。在"动画"选项卡中单击"效果选项"按钮，在弹出的下拉列表中可以看到动画效果选项的相关设置。通常情况下，每种动画效果的选项是不同的。例如,"切入"效果选项包括"方向"和"序列"两组选项,如图 5-30 所示;"形状"效果选项包括"方向""形状"和"序列"3 组选项,如图 5-31 所示。

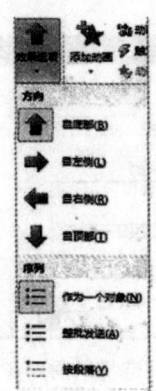

图 5-30 "切入"效果选项

图 5-31 "形状"效果选项

2) 设置动画的时间。每个动画效果均有一个持续时间,即整个动画效果播放的时间。用户也可以根据自己的需要修改整个持续时间,以及可能的延迟。

要将所选动画的播放时间更改为自己设置的时间,首先选中需要更改持续和延迟时间的动画对象,然后在图 5-32 所示的"动画"选项卡的"计时"选项组中的"持续时间"文本框和"延迟"文本框中更改为实际需要该动画播放的时间即可。

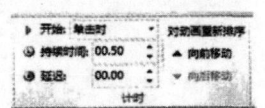

图 5-32 更改持续时间和延迟时间

3) 设置动画的声音。动画的声音其实就是播放动画对象时随之播放的音频剪辑。默认情况下,PowerPoint 提供的动画效果是没有声音的,但用户可以根据需要自行添加。

选中要添加声音的动画效果对象,打开"动画"选项卡,单击"高级动画"选项组中的"动画窗格"按钮,在打开的"动画窗格"中单击要设置动画选项的对象右侧的下拉按钮,在弹出的下拉菜单中选择"效果选项"命令,如图 5-33 所示。弹出动画效果对话框,在"效果"选项卡的"增强"区域单击"声音"下拉按钮,在弹出的下拉列表中选择需要的声音,如图 5-34 所示。单击"确定"按钮,即可为选定的动画效果添加声音。

4) 动画示例:

①进入退出动画:倒计时效果。首先设计倒计时形状并输入数字,利用"选择和可见性"窗格(执行"开始"|"选择"|"选择窗格"命令)和"排列"命令将所有数字按顺序叠加排列,然后给每个对象添加进入和退出的动画效果,设置一定的时间顺序后就完成了,如图 5-35 所示。

②强调动画:小球摆动。这个例子中主要应用强调动画中的"陀螺旋"演示小球在摆动过程中动能和重力势能相互转换的过程。首先在幻灯片上画好小球输入相关文字,如图 5-36 所示,这里要注意,因为陀螺旋是围绕对象中心旋转,所以摆动的小球需要对称复制一个并合并,然后将复制的一个设置透明。给小球添加陀螺旋动画,动画设置如图 5-37 所示。

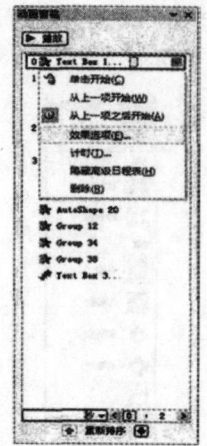

图 5-33　选择"效果选项"命令

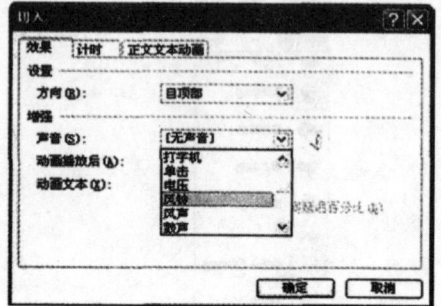

图 5-34　选择所需声音

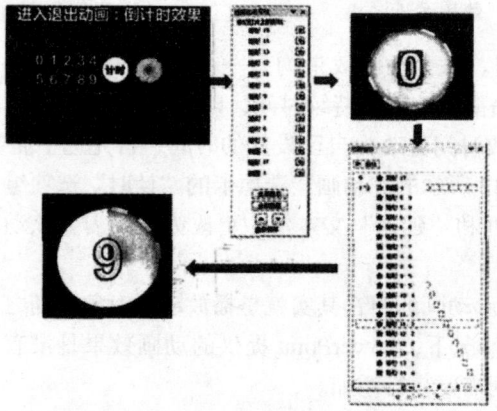

图 5-35　倒计时效果实现过程

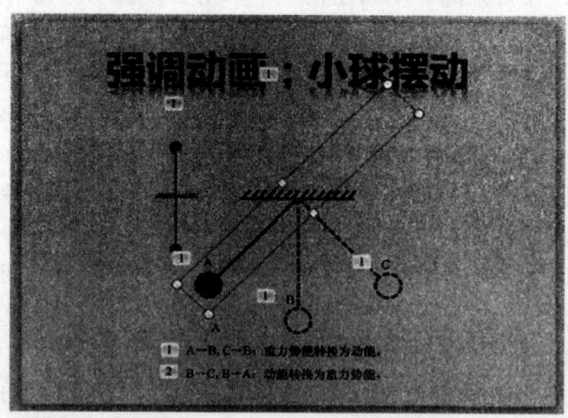

图 5-36　"小球摆动"页面设计

③路径动画：实现 2 个小球正碰动画效果。这个演示动画中的钢球需要做相向直线运动，发生碰撞后各自朝相反方向运动，用路径动画来实现钢球的运动轨迹。

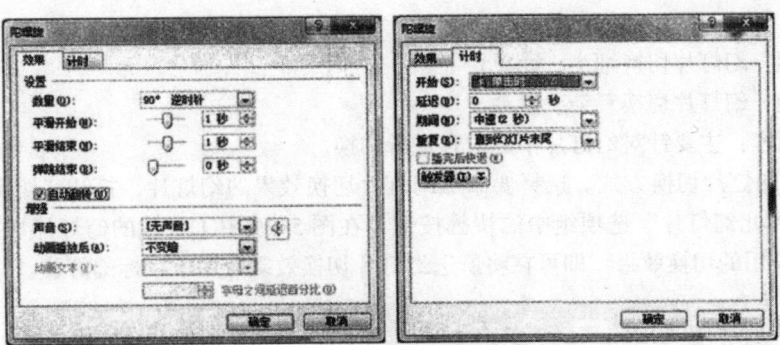

图 5-37 陀螺旋动画设置

首先将对象放入幻灯片，选中图 5-38 所示平面左边的"钢球"，打开"动画"选项卡，单击"动画"选项组中的快翻按钮，在展开的库中的"动作路径"组中选择"自定义路径"命令，再单击"动画"选项组中"效果选项"下拉按钮，在弹出的下拉菜单中选择"曲线"命令。将十字形光标移到"钢球"上面，按住鼠标左键，然后向右移动绘制出钢球碰撞前的轨迹。当直线长度达到 2 个钢球中点位置时，先释放鼠标然后单击，即可在 2 个钢球中间留下一个顶点。接着按住鼠标左键向右移动，绘制出钢球碰撞后的运动轨迹。光标到达钢球所在位置后双击结束，就可以看到钢球先向右后向左的运动效果了。重复上面的操作，可以给右边的钢球设置运动路径。

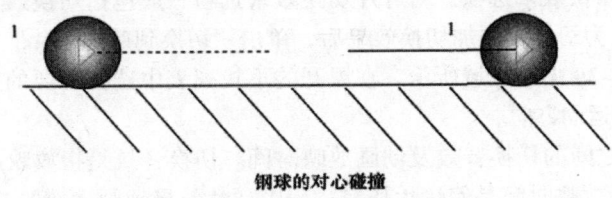

钢球的对心碰撞

图 5-38 两小球正碰

最后定义动画时间。由于教学要求 2 个钢球同时做相向运动，所以必须设置它们的运动是同时的。选中水平面右边的钢球，它在"动画窗格"中的名称就会被选中。单击该名称右边的下拉按钮，选择"从上一项开始"，就可以实现左右两边的钢球同时运动的效果，如图 5-38 所示。

课堂练习

用进入动画制作文字书写效果。用路径动画制作探照灯效果。

（2）幻灯片切换效果

在课件放映时，除了利用自定义动画针对幻灯片内部的各个对象来设置动画效果外，也可以通过幻灯片切换功能，来设置从一张幻灯片切换到另一张幻灯片的动画效果，就像制作电影、电视镜头的转场效果一样。

幻灯片切换效果是作用于整张幻灯片的动画效果，是在幻灯片放映期间从一张幻灯片移到下一张幻灯片时出现的动画效果。在添加幻灯片效果后，用户还可以控制切换效果的速度、出现方向，也可以为切换效果添加相应的声音提示。PowerPoint 2010 提供了 3 类切换方案：
- 细微型：幻灯片切换细小、简单。
- 华丽型：幻灯片切换复杂、生动。
- 动态内容：主要针对幻灯片中的内容进行切换。

1）选择幻灯片切换方式。选择要添加幻灯片切换效果的幻灯片，打开"切换"选项卡，单击"切换到此幻灯片"选项组中的快翻按钮，在图5-39中①区域的幻灯片切换方案列表中选择需要应用的切换效果，即可在将所选幻灯片切换效果应用于目标幻灯片。

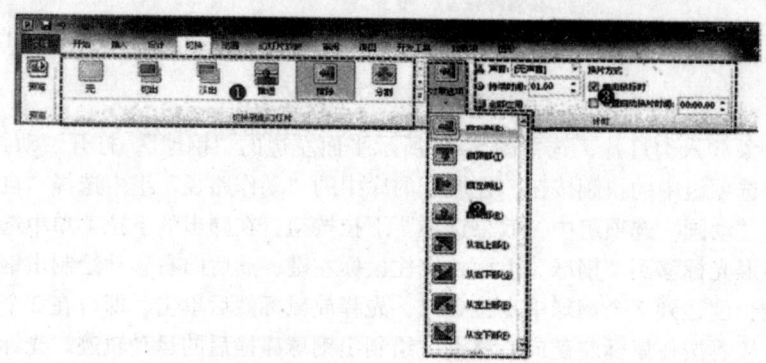

图5-39 幻灯片切换

2）设置幻灯片切换效果选项。幻灯片切换效果选项一般包括切换效果动画进入屏幕的位置及运动方向。在为幻灯片添加切换效果后，单击"切换到此幻灯片"选项组中的"效果选项"按钮，如图5-39中②区域所示，在展开的下拉列表中选择需要的选项，即可更改切换效果的出现位置及运动方向。

3）设置幻灯片之间的切换音效及动画放映时间。切换音效是指放映过程中幻灯片切换时播放的声音，动画放映时间是幻灯片切换过程中切片效果动画播放的时间。在图5-39中③区域所示的"计时"选项组中，用户就可以手动设置切换效果播放时的声音、动画效果播放的时间，以及将该切换效果应用于所有幻灯片。

在"切换"选项卡的"计时"选项组中单击"全部应用"按钮，可以将当前切换效果应用于演示文稿中的所有幻灯片。在"持续时间"数值框中，可以设置幻灯片切换效果的持续时间。在"声音"下拉列表框中，可以为幻灯片切换动作添加声音效果。"换片方式"选项用于设置幻灯片切换效果的开始时机，选择"单击鼠标时"选项可以手动控制幻灯片切换，设置每张幻灯片的自动换片时间可以实现无人工干预自动播放演示文稿。

使用设置幻灯片切换音效的方法也可以实现幻灯片背景音乐的效果。

5. 交互设计

交互性是PPT的一个重要特性，在PowerPoint中，用户可以利用"超链接"或"动作"功能为对象添加交互式动作，也可以使用"动作"功能、放映功能、VBA功能或者触发器功能设计与实现课件交互效果。

（1）"超链接"和"动作"

利用"超链接"或"动作"功能进行交互完成的效果比较类似，但"动作"是课件制作中最常用的、最基础的一种人机交互方式，常用在组织课件内部结构上；而"超链接"除了完成交互之外，还可制作屏幕提示，并且能实现对课件外部的相关链接，如图5-40所示。

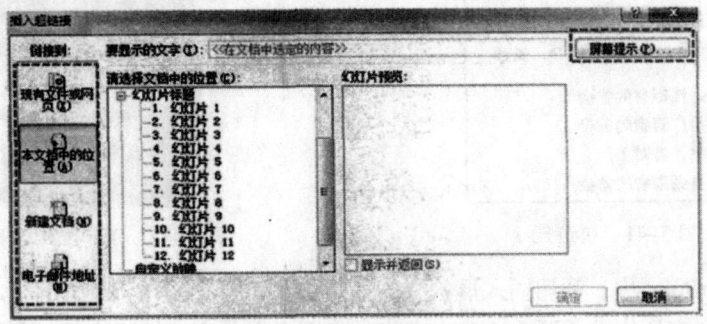

图5-40 "插入超链接"对话框

在使用文本作为超链接时，会发现设置了超链接的文本颜色发生变化，且在文本下面加了下划线，这样有时会影响教学信息的传递或版面的美化。为了避免这样的问题，可以选择文本框设置超链接。

通过"动作设置"对话框添加交互式动作，如在幻灯片放映中单击鼠标或是移动鼠标响应一定的动作或播放声音实现交互，其方法在"音频的应用：为指定对象添加效果音"中有详细讲解，这里不再赘述。还可以通过"插入"|"形状"的方式添加动作按钮，绘制完动作按钮的同时会自动弹出"动作设置"对话框，实现"播放""结束""上一张""下一张"等PPT内部书签的跳转设置。

（2）触发器

触发器是PowerPoint中动画设置的一项功能，可以用一个对象触发另一个对象的操作，触发对象可以是一个图片、图形、按钮，甚至可以是一个段落或文本框，单击触发器时触发的操作可以是声音、电影或动画。设置的方法简单地说就是给被触发对象添加动画效果，在动画效果的"计时"选项卡中设置触发器，选择触发对象。

1）单选题的设计与实现。用触发器来实现单选题，其中的选项是触发对象，反馈是被触发对象，所以有几个选项就要设置几个触发器。具体操作过程如下：

①在幻灯片中使用文本框输入题目文字，注意要将题目、选项、答案提示放在不同的文本框中，如图5-41所示。

②按住〈Shift〉键将4个答案提示同时选中，打开"动画"选项卡，在"动画"选项组中给4个文本框同时添加"进入"动画，在本例中所选择的动画类型为"随机线条"。

③在"动画"选项卡中，单击"高级动画"选项组中的"动画窗格"按钮，打开"动画窗格"，从中选择第一个自定义动画，单击右侧的下拉按钮，在弹出的下拉菜单中选择"计时"命令，打开"随机线条"对话框，单击"触发器"按钮，在弹出的下拉列表中选择"单击下列对象时启动效果"中的"矩形2南京"。此步骤的作用是，当单击文本框"A. 南京"时会触发播放文本框"南京是江苏省的省会"的进入动画。用类似的方法将其余3个答案提示的进入动画也改为相应的触发器控制即可。

2）下拉菜单的设计与实现。下拉菜单如图5-42所示，效果为：单击"宋词欣赏"主菜单，展开子菜单，再单击主菜单则关闭子菜单。这里的触发对象是主菜单，被触发对象是子菜单。具体实现步骤如下：

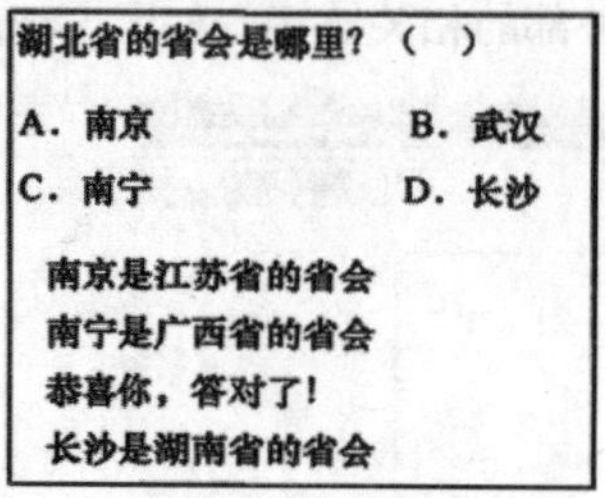

湖北省的省会是哪里？（ ）
A. 南京
B. 武汉
C. 南宁
D. 长沙
南京是江苏省的省会
南宁是广西省的省会
恭喜你，答对了！
长沙是湖南省的省会

图 5-41　单选题

宋词欣赏
子菜单
李清照-点绛唇
李煜-浣溪沙
苏轼-蝶恋花
欧阳修-采桑子

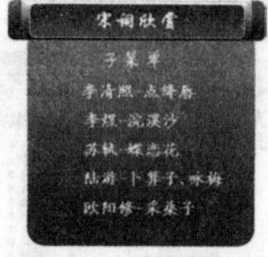

图 5-42　下拉菜单效果图

①在 PowerPoint 中，利用插入形状制作主菜单“宋词欣赏”，形成“主菜单”组合。

②绘制一个方形作为子菜单，输入文本，将图形框与文本框组合在一起形成“子菜单”组合。

③选中“子菜单”组合，打开“动画”选项卡，单击“高级动画”选项组中“添加动画”下拉按钮，在展开的列表中选择“进入”动画中的“切入”效果。单击“效果选项”下拉按钮，在展开的列表中选择方向：“自顶部”。

④选择“子菜单”组合，“动画窗格”中已经有了子菜单的动画任务；单击该任务右侧的下拉按钮，选择“计时”命令，在“计时”选项卡中单击“触发器”按钮，然后选中“单击下列对象时启动效果”单选按钮，在右侧的下拉列表中选择“主菜单”组合图片，单击“确定”按钮。

⑤用同样的方法，给“子菜单”组合再添加一个“退出”动画中的“切出”效果，并设置触发器为“主菜单”组合，方向为到顶部。

⑥制作完成：单击“宋词欣赏”主菜单，子菜单显示出来，再次单击，子菜单消失，依此反复。

用触发器实现音频、视频的控制与播放在前面“音频、视频的播放控制”中有详细讲述，这里不再赘述。

课堂练习

用触发器制作一道连线题，题目内容自定。

（3）VBA

VBA（Visual Basic for Applications）是 Visual Basic 的一种宏语言，主要用来扩展 Windows 应用程序功能，特别是 Microsoft Office 软件。它是基于 VB 发展而来的，并采用与 VB 完全相同的编程环境。作为一种新一代的标准宏语言，VBA 具有跨越多种应用软件并且具有控制应用软件对象的能力，是 Office 平台的共通语言。

利用 VBA 可以在 PPT 中做出很好的人机交互效果，如用户输入文字、随机出题、拖动物体交互等。用 VBA 实现交互的方法简单地说就是先用控件布局，然后在 VBA 环境中书写代码来实现控件的功能。控件工具箱在“开发工具”选项卡中，如图 5-43 所示。“开发工具”选项卡如果没有显示出来，需要通过“文件”|“选项”|“自定义功能区”找到并选中。

控件工具箱中的控件有很多，如按钮、文本框、列表框、单选按钮等。选择一个控件，然后在幻灯片中拖动鼠标就可以“画”出来。在画出的控件上右击，选择“属性”命令，弹出“属性”面板，在这里可以设置该控件的各种属性，如图 5-44 所示。双击“命令按钮”

控件，弹出 VBA 编程环境就可以编写语句了，如图 5-45 所示。

图 5-43 "开发工具"中的控件

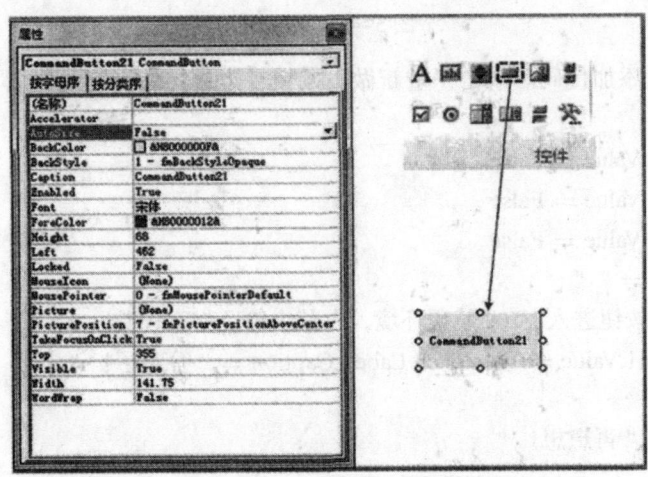

图 5-44 按钮控件及属性

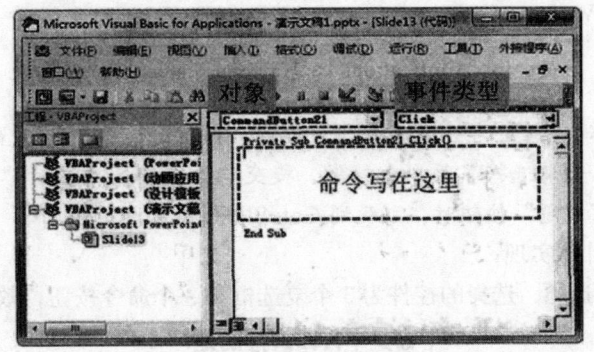

图 5-45 VBA 编程环境

1）单选题的设计与实现：

①在幻灯片中先用文本框将单选题的题目内容设置好，然后打开"开发工具"选项卡，在"控件"选项组中单击"选项按钮"控件，在编辑区拖出 3 个单选按钮。在单选按钮上右击，在快捷菜单中选择"属性"命令，打开"属性"面板，将 Caption 属性的值分别改为：北京、上海、南京（选择 Font 项可改变控件的字体和字号）。

②在"控件"选项组中单击"命令按钮"控件，在编辑区拖出 3 个"命令"按钮和一个"标签"，在"属性"面板中分别将 3 个命令按钮的 Caption 选项改为：重新做、下一题、提交，在适当位置插入"标签"，将标签的 Caption 属性中的字符删除，如图 5-46 所示。

图 5-46 单选题

③为命令按钮添加代码。双击"重新做"按钮,进入 VBA 编程环境,在其中输入如下代码:

OptionButton1.Value = False
OptionButton2.Value = False
OptionButton3.Value = False
Labell.Caption = " "

双击"提交"按钮进入 VBA 编程环境,在其中输入如下代码:
If OptionButton1.Value = True Then Labell.Caption = "答对了!"
ElSe
Labell.Caption " 再想想!"
End If

双击"下一题"按钮,在 VBA 环境中输入如下代码:
With SlideShowWindows (1).View
.GotoSlide 2
End With

【拓展】以上代码的含义为:在单击"重新做"按钮时,将题目重置,可重新答题;单击"提交"按钮时,如果选择了第一个答案,提交后会在标签中显示"答对了",否则显示"再想想";单击"下一题"按钮时,则跳到 GotoSliden 所指向的页面。

2)多选题的设计与实现;

①实现方法同单选题,选择的控件为 3 个复选框和 3 个命令按钮,效果如图 5-47 所示。

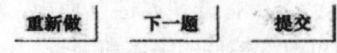

图 5-47 多选题

②双击"重新做"按钮进入 VBA 编程环境,在 VBA 环境中输入如下代码:
CheckBox1.Value = False

CheckBox2.Value = False
CheckBox3.Value = False
双击"下一题"按钮,在 VBA 环境中输入:
With SlideShowWindows (1).View
.GotoSlide 3
End With
双击"提交"按钮,在其中输入如下代码:
If CheckBox1.Value = True And CheckBox2.Value = False And CheckBox3.Value = True Then
MsgBox " 正确 "
ElSe
MsgBox " 错误 "
End If
【拓展】该代码的含义为在单击"提交"按钮时,如果选择了第一个答案和第三个答案,提交后会弹出结果对话框。

3)填空题的设计与实现:

①填空部分用文本框来接受用户输入的信息,在文本框的属性对话框中将 value 属性值删除,效果如图 5-48 所示。

图 5-48 填空题

②双击"重新做"按钮进入 VBA 编程环境,输入如下代码:
TextBox1.Value = " "
TextBox2.Value = " "
双击"下一题"按钮,在 VBA 环境中输入如下代码:
With SlideShowWindows (1).View
.GotoSlide 4
End With
双击"提交"按钮,在其中输入如下代码:
If (TextBox1.Value = " 控制器 " And TextBox2.Value = " 运算器 ") Or (TextBox1.Value= " 运算器 " And TextBox2.Value = " 控制器 ")
Then
MsgBox " 回答正确 "
Else
MsgBox " 回答错误 "
End If
【拓展】该代码的含义为单击"提交"按钮时,如果输入答案为"运算器"和"控制器","提交"后会弹出"回答正确"对话框,否则弹出"回答错误"对话框。

需要注意的是,语句中的控件名必须与实际的控件名相同。运行程序时必须启用宏。

任务二　教学PPT的应用

任务导入

制作教学PPT的目的当然是使用,使用教学PPT的主角是教师,从某个角度上看,课件的应用效果并不仅仅取决于课件制作的水平和质量,很多时候,教师应用课件的方法和方式才是决定课件应用的关键因素。

应用是一个个性化的范畴,PowerPoint提供了支持教师个性化应用教学PPT的能力,从保存到具体使用,即使是同一个课件,也可以为不同教师的不同需求所用。

任务描述

PPT有哪些放映技术?

相关知识

保　存

教学PPT可以非常方便地在不同的计算机上运行,当然前提是计算机使用的是Windows系统,并且安装了相应版本的Office软件。但在很多情况下,设计制作PPT的计算机并非是播放的那台计算机,此时可能会出现一些意想不到的问题,例如:课件里的字体效果变了;插入的声音、视频文件播放不了;PowerPoint版本不对,PowerPoint 2003无法播放PowerPoint 2010格式的文档……如果在PPT的保存阶段稍加注意或调整方式,这些问题都可以避免。

一、设置权限

如何不让无关人员随意打开你的文件?如何告诉同事某个文件不要修改?这些功能都在"文件"选项卡的"信息"选项中设置,如图5-49所示。

可以通过设置不同权限和方式从不同角度来保护演示文稿。

● 标记为最终状态:起警示作用,告诉其他用户不要再编辑了,但是其他用户可以取消标记,再次编辑。

● 用密码进行加密:不知道密码或忘记了密码是不可能打开这个文件的。密码设置时,需要输入两次,相同才会生效。

● 按人员限制权限:通过这个设置,可以给予相关人员不同的权限,有的可以阅读和编辑,有的只能阅读,没有被给予权限的人则不能打开文件。前提是你要拥有一个Wmdows ID。

● 添加数字签名:保密级别最高,但需要购买微软支持的数字签名服务。

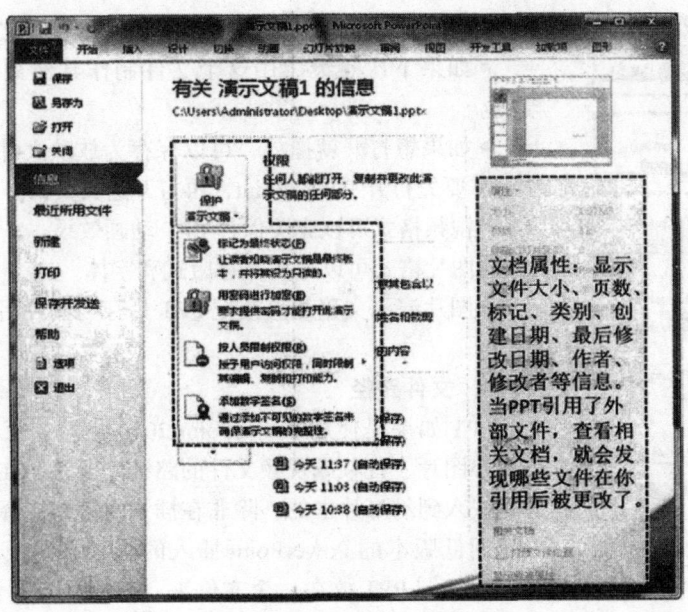

图 5-49 "信息"选项

二、保存优化

在保存 PPT 之前对课件进行一些优化是有必要的。

1. 嵌入字体

如果使用了第三方字体，在最后一次保存时要嵌入字体，可以利用"另存为"对话框中的"工具"设置保存选项，如图 5-50 所示，选择"将字体嵌入文件"选项。

2. 压缩图片

在"另存为"对话框中的"压缩图片"选项中可以为播放的课件选择比较低的分辨率，如图 5-51 所示。如果 PPT 中使用的图片比较多，压缩后 PPT 体积会变小很多。

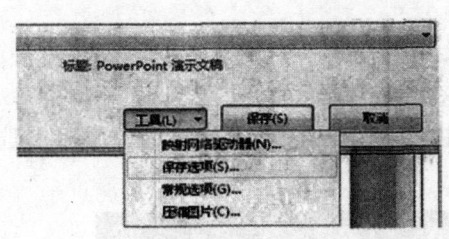
图 5-50 保存选项

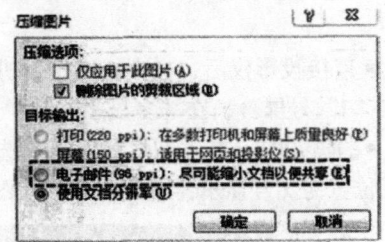
图 5-51 "压缩图片"对话框

3. 不同格式

将 PPT 保存为何种格式取决于 PPT 的使用场合，PPT 可以保存的格式如图 5-52 所示。

● 一般保存为演示文稿，扩展名为 .ppt 或 .pptx，如果希望在 PowerPoint 2003 及以下的版本上打开文件，必须保存为 PowerPoint 97-2003 演示文稿。

● PDF 格式适合阅读文档类 PPT 的保存，阅读者不能随意进行编辑，便于保护文档的完整性和版权，但转换为 PDF，PPT 的动画也随之消失。

• 如果下次想继续用这个文件制作其他文件，可以保存为模板。

• 如果想打开就播放，可以保存为放映文件。要编辑这类文件，需要先打开 PowerPoint，再打开这类文件。

• 视频格式可以完美保存 PPT 动画效果。

• 图片格式可以完美保存版式和字体。

• 图片演示文稿是直接把 PPT 另存为图片后重新生成的新的 PPT。

4. 文件路径

PPT 如果是使用 PowerPoint 2010 及以上版本制作的，就无须担心图片、音频或视频文件的路径问题了，在默认情况下，它们是嵌入到幻灯片中的，除非在插入时特别选择了以链接方式插入。用低版本的 PowerPoint 插入的音频、视频，则需要先将音频、视频同 PPT 放在一个文件夹，然后插入，演示 PPT 时需要将该文件夹一并移动，否则将找不到音频或视频。

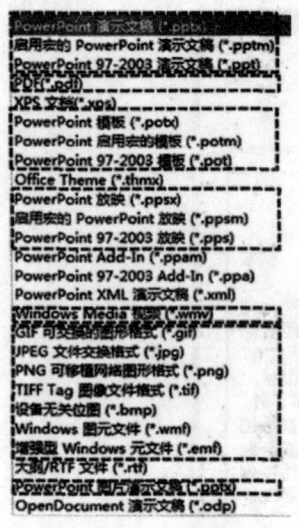

图 5-52　PPT 保存格式

任务实施

放映技术

教学 PPT 的使用过程就是放映过程，为了放映时更好地配合教师的教学过程，可以对放映技术做一些调整和优化。

一、备注 PPT

PPT 不是演讲稿，不是所有想说的内容全放在上面，那么需要拓展的内容怎么办呢？备注就是为此准备的。PowerPoint 在使用"演示者"视图时，可以允许演示者看到备注而观众只看到播放页面，因此，只需要把讲稿的内容写到备注中就可以了。具体的设置方法如下：

• 连接投影仪后，在桌面右击，进入"屏幕分辨率"设置，就可以看到 2 个显示器画面，单击"2"号屏幕，在"多显示器"中选择"扩展这些显示"。

• 打开 PPT，在"幻灯片放映"选项卡的"监视器"区域选中"使用演示者视图"，选择显示位置为 2 号显示器就可以了，如图 5-53 所示。

图 5-53　设置"演示者"视图

二、演示小技巧

很多教师有在讲解过程中标注重点的习惯，用墨迹标注功能就可以实现。在 PPT 放映模式下，窗口左下角有一组控制按钮，那里就有"笔迹"功能，如图 5-54 所示。可以选择笔迹的类型、颜色。在课件演示完毕后，可以选择保留这些标注信息还是擦除这些信息。

如果认为在课件放映过程中去选择笔迹功能不方便，也可以按住〈Ctrl+P〉组合键，快速调用笔迹功能。另外，在 PPT 放映过程中，如果按住〈Ctrl〉键的同时按住鼠标左键，鼠标指针形状会变成红色的"电子教鞭"，方便教学提示。

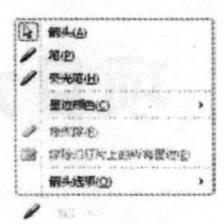

图 5-54 "笔迹"标注

还有一些在 PPT 放映过程中的快捷键如表 5-10 所示。

表5-10 PPT演示快捷键

快捷键	作用
F5	按〈F5〉键，PPT立即从第一张幻灯片开始放映
Shift+F5	按〈Shift+F5〉组合键，PPT从当前幻灯片开始放映
W/B	按W键变为白屏，按B键变为黑屏，再按一下恢复正常
Ctrl+P	快速调用笔迹功能
Ctrl+鼠标左键	鼠标变成电子教鞭
ESc	结束放映；不想使用激光笔的功能也可以按一下Esc键

三、遥控演示 PPT

如今在 PPT 教学演示中使用遥控激光笔已经很常见了，它能帮助教师脱离操作计算机的限制，拉近教师与学生的距离，创造更多交流的时间和机会，但如果没有激光笔呢？使用手机也可以遥控 PPT 的演示。

使用手机遥控 PPT 演示首先需要为手机和计算机安装服务端软件，然后使用 Wi-Fi 功能建立手机和计算机的无线连接，然后就可以使用了。这样的软件如"PPT 遥控器"（https://ppt.baidu.com），支持 IOS 和 Windows 操作系统，不仅可以控制 PPT 上下翻页，还可以使用备注功能、激光笔功能，非常实用。

思考与练习

选择一章自己专业的内容，制作成 PPT，尽量应用上所学技巧。

项目六 微课设计与制作

学习目标

能了解微课出现的背景；
能阐述微课的含义及特征；
能了解微课的分类及适用范围；
能知道微课设计与制作的一般过程；
能了解微课制作的常见方法；
能制作一节优秀的微课。

任务一 微课概述

任务导入

随着智能手机、平板电脑等移动设备的普及和无线网络的覆盖，学生获取知识的途径发生了巨大的转变，"微"时代悄然来临。微博、微信、微小说、微电影等微产物如雨后春笋般涌现出来，微课作为一种新兴的教学资源和新的学习方式，也逐渐在信息化教学环境中应运而生。在追求高效、快速、便捷的当今社会，以教学视频为载体、以主题明确的知识点为内容、以短小精悍为特点的微课，更符合数字学习者的胃口，让教师的教、学生的学变得更加自由灵活。近几年，微课的理论与应用在国内外都得到了飞速的发展。微课所涉及的学科越来越广泛，由中小学向高校发展，由区域向全国扩散，已成为我国教育信息化发展的新热点。

任务描述

微课有哪些类型？

相关知识

一、微课的发展

微课的出现离不开网络通信技术的迅猛发展。随着移动终端设备价格的下降和无线网络的广泛覆盖，移动网民数量飞速增长。同时，当今社会的生活节奏变得越来越快，与之相应的是人们更乐于接受简单、便捷、有趣、高效的生活方式和学习方式。因此，近年来越来越多的事物冠以"微"的名号，如微博、微信、微电影、微小说……这些越来越多的"微"事物可以无孔不入地钻进人们生活中的方方面面，利用碎片时间，在生活的间隙给人们带去更多的体验。日益壮大的"微"字号队伍俨然宣告着人类社会已经步入了一个"微"时代。

网络的快速发展促使人类的知识传授模式也在发生改变。在时间成为稀缺资源时，碎片时间的价值凸显，变得弥足珍贵，现代人想使一点一滴的时间都得以充分利用，而移动互联网为此提供了一个契机。教师可以把上课讲授的关键内容（知识点、重难点、易错点等）做成微视频发布于网络，学生可以随时随地拿出自己的移动智能终端设备（手机、平板电脑、笔记本电脑等），利用闲散、零碎的时间来上网学习，还可以反复学习。学生课堂学习注意力研究结果显示：人高度集中精力学习的时间在 10 分钟左右。根据学生学习的特点，将教学内容碎片化、跨应用平台的微课应运而生。

在微课的概念提出之前，国外与微课相关的研究和应用一直在持续。2004 年 7 月，英国启动了教师电视频道（www.teacher.tv，如图 6-1 所示），该网站每个节目视频时长 15 分钟，频道开播后得到教师的普遍认可，积累了长达 35 万分钟的微课视频节目资源。

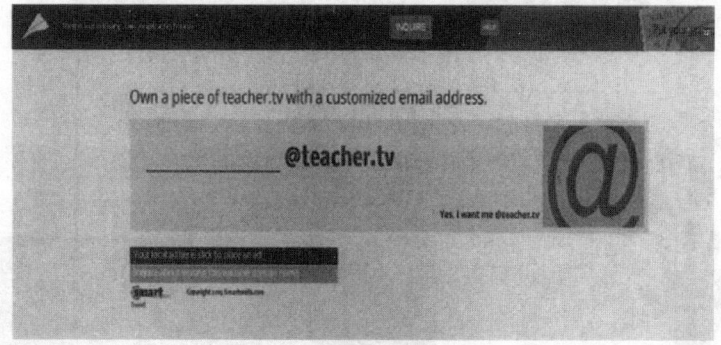

图 6-1　英国教师电视频道

享誉全球的 TED（Technology Entertainment Design）系列演讲，是大众科普型微讲座的典范。TED 是美国的一家私有非营利机构，该机构以它组织的 TED 大会著称，这个大会的宗旨是"值得传播的创意"。TED 诞生于 1984 年，从 1990 年开始每年举办一次。从 2006 年起，TED 演讲的视频被上传到网络上（见图 6-2）。TED 演讲的特点是毫无繁杂冗长的专业讲座，观点响亮、开门见山、种类繁多、看法新颖。每一个 TED 演讲的时间通常都是在 18 分钟以内。每年的 TED 大会都会召集众多科学、设计、文学、音乐等领域的杰出人物，分享他们关于技术、社会、人的思考和探索。没有各种数据导致的头昏脑胀，没有冗长解说造成的理解障碍，也没有 PPT 频繁切换产生的视觉疲劳，18 分钟的演讲激发了越来越多人的学习热情。截至 2018 年 5 月，TED 官网上已有 2700 多个演讲视频，互联网让这些闪光的、值得传播的思想，经由网络在世界各地传播。

国外公开的微课程中做得比较好的要数可汗学院（Khan Academy）（见图 6-3）。可汗学院是由孟加拉裔美国人萨尔曼·可汗于 2007 年创立的一家教育性非营利组织，旨在向全世界的网络学习者提供免费的高品质学习服务。萨尔曼·可汗在指导他的表妹复习数学功课的过程中，萌发了创办一个在线学习网站的念头。为方便更多的人分享，他有意识地把每段教学视频的长度控制在 10 分钟之内，以便网友有耐心理解、"消化"。没想到，这些视频很快就受到了网友们的热捧。被他发布至 YouTube 网站及自己所创办的可汗学院网站（见图 6-4）的视频课程资源，立刻吸引了美国各地的中小学生、家长和教师，一时间课外上可汗学院成为美国基础教育的一道亮丽的风景。可汗学院现有关于数学、历史、金融、物理、化学、生物学、天文学、经济学和计算机科学等科目的内容，教学影片超过 6500 段，在全球各个角落都有可汗学院的受益者。萨尔曼·可汗也被《时代》杂志评为年度"全球最有影响力 100 人"之一，被网友戏称为"史上最牛老师"。

图 6-2　TED 官网演讲视频截图

图 6-3　可汗学院 logo

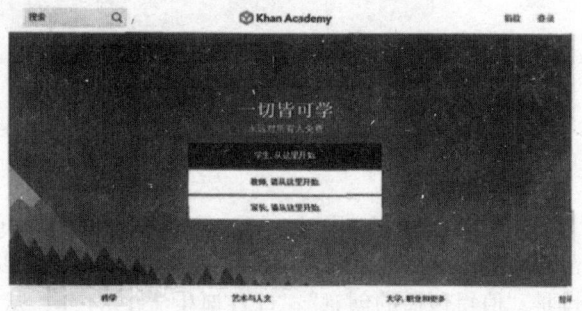

图 6-4　可汗学院中文版首页

在国外，微课的概念最早是由美国新墨西哥州圣胡安学院的高级教学设计师、学院在线服务经理戴维·彭罗斯（David Penrose）于 2008 年秋提出的。戴维·彭罗斯首次提出了一分钟"微讲座"的理念。他的主要思想是在课程中把教学内容与教学目标紧密地联系起来，以产生一种"更加聚焦的学习体验"。后来，戴维·彭罗斯被人们称为"一分钟教授"（the One Minute Professor）。

当国外的微课如火如荼之时，微课在国内也在悄然起步。

2009 年，内蒙古鄂尔多斯东胜区教研中心的李玉平老师在一次教师培训班上，播放了一个带有音乐、自动播放的 PPT。结束后，老师们围住李玉平老师要求拷贝，纷纷感叹"太感人了""我的孩子正在经历这样的遭遇"……这个名为《捂本的孩子》的 PPT 就是李玉平微课的雏形。之后，李玉平老师面对教师工作中的困境和诉求，将自己在平时教学研究中积累的很多小现象、小策略、小故事改编成短小生动的PPT并上传到网络。这些自动播放的PPT定位准确、风格独特，在网络上迅速传播开来。2010年，李玉平老师将这类作品起名为"教师成长微课"。

在国内，最早给"微课"下定义的是广东省佛山市教育局信息网络中心的胡铁生老师。他认为，"微课"是按照新课程标准及教学实践要求，以教学视频为主要载体，反映教师在课堂教学过程中针对某个知识点或教学环节而开展教与学活动的各种教学资源的有机组合（2011年）。

2012年9月，我国教育部教育管理信息中心启动第四届全国中小学"教学中的互联网应用"优秀教学案例评选活动暨第一届中国微课大赛。紧接着，2012年11月，教育部全国高校教师网络培训中心正式下发通知，决定于2012年12月至2013年8月举办首届全国高校微课教学比赛。至此，微课得到了国内教育界的广泛重视。微课实践活动在全国中小学、电大系统、高等院校甚至一些民办教育团体迅速推广开来（见图6-5）。国内微课的实践应用从起步到席卷全国，从教育到覆盖社会生活的方方面面，逐步成为教育研究者、工作者关注的热点和焦点。

(a) 中国微课大赛

(b) 全国高校微课教学比赛

(c) 中国外语微课大赛

(d) 河北省微课大赛

图6-5 我国各类微课比赛

从2012年到2018年，六年的时间过了，微课的热度并未有消散的趋势，而是向着广泛讨论、全体参与的方向积极发展。目前，"中国微课大赛"已成功举办了四届，覆盖31个省份3万多所学校，参赛微课作品涵盖中小学全部学科。2018年1月，第四届中国微课大赛在广东启动，截至2018年8月31日，本届微课大赛累计参评教师13805人，累计参赛作品19589个。除了规模和影响力较大的中国微课大赛，各级各类的微课比赛也一直在定期举行。在各级、各类大赛的带动下，我国互联网上的微课资源也不断丰富起来，这不仅为学生提供了更多学习资源，而且也方便了教师之间教学方法与技巧的交流。这些微课实践活动推进了信息技术与教育的深度融合，促进了优质教育资源的共建共享，为共同构建创新资源建设与创新教学应用相互促进的生态环境打下了良好基础。

二、微课的概念解析

随着全国性推广、普及微课程活动的展开，人们对微课的认识和相关研究也逐步深入、全面，众多教育技术学界的专家学者及教育行政部门都对"微课"一词给出了定义。

南京师范大学教育技术中心的张一春教授认为，"微课"（micro-lesson）是指以先进的教育思想与教学理念为指导，以使学习者获得最佳学习效果为目标，经过精心的信息化教学设计，以视频、动画等形式记录或展示教师围绕某个（某些）知识点（技能点）开展的简短、完整的教学活动。微课的特征是以自主学习为主要形式，以获得最佳效果为目标，以视频为主要载体，以精心的信息化教学设计为途径，以简短（5~10分钟以宜）、完整为基本要求，以某一知识内容为对象，以移动和泛在学习为方式。

微课主要不是用在课堂上代替教师讲课的，而是用在翻转课堂中，用在课外、学生自主学习。因此，对于教师而言，最关键的是要从学生的角度去制作微课，而不是从教师的角度去制作，要体现以学生为本的教学思想。

胡铁生老师在《微课的属性认识与开发建议》一文中，总结出对微课认识普遍存在的六大误区：

（1）微课程＝微教学视频。
（2）微课＝辅助老师讲课的多媒体课件。
（3）微课＝课堂教学实录的视频切片。
（4）微课＝视频公开课。
（5）微课＝课堂教学。
（6）微课＝微格教学。

任务实施

微课的类型

微课的分类方法有很多。为便于理解和实践开发的可操作性，可以按照学习内容的传授方式，将微课分为五类。

一、讲授型

讲授型微课是以学科知识点及重点、难点、考点的讲授为主，授课形式多样，不局限于课堂讲授。其表现形式以教师授课视频为主，学生观看视频，就像在现场聆听教师授课一样。

讲授型微课适用于教师运用口头语言向学生传授知识，如描绘情境、叙述事实、解释概念、论证原理和阐明规律。这是中小学最常见、最主要的一种微课类型，适用于基础知识的掌握与基本原理的理解。

二、解题型

解题型微课以题目为中心，针对典型例题、习题、试题进行讲解分析与推理演算，重在解题思路的分析与过程，特别适用于理科类的学科知识教学。按照呈现顺序，解题型的微课一般包括以下几个环节：题目的呈现、题目的理解与分析、解答呈现、解后反思与小结。如

图 6-6 所示，数学微课"求比一个数多（少）百分之几的数是多少"完整地展现了这几个教学环节。学生利用视频可以暂停与重复播放的特性，根据自己的情况，暂停播放进行思考或反复观看某些难度较大的内容，直到理解、掌握为止。

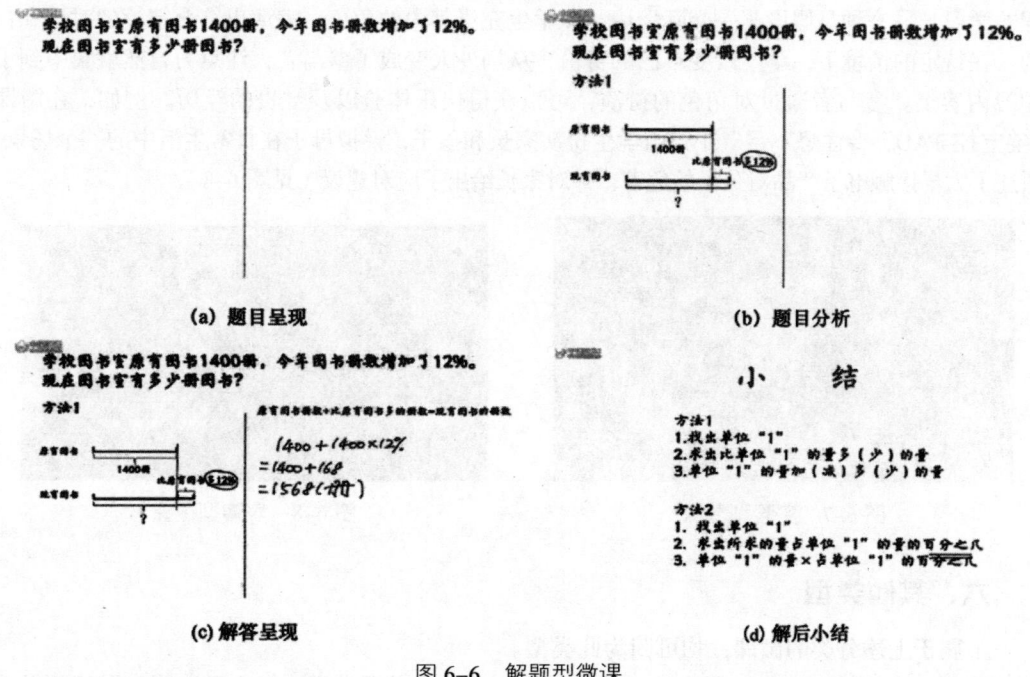

图 6-6 解题型微课

三、答疑型

答疑型微课主要用于对学生学习过程中普遍的、代表性的提问，进行归纳总结、分析解答。传统教学的答疑模式很难兼顾各个层次学生的需求。随着手机和平板电脑等智能终端的普及，教师可围绕学科知识点，有针对性地开发制作微课集，以满足学生学习的多样化。微课集既包含解决学生有共性的疑难问题的微课，又包含设置创新题和拓展题的微课。

四、实验型

实验型微课针对教学实验进行设计、操作与演示。其表现形式为实验或实训的现场视频，或网络虚拟实验动画配合教师讲解。该类型微课适用于学生在教师的指导下，使用一定的设备和材料，通过控制条件的操作过程，引起实验对象的某些变化，学生从观察这些现象的变化中获取新知识或验证知识。例如，在微课"如何分离混合物"中，教师演示将砂糖与面粉组成的混合物分离的过程，同时对操作中的重点、难点和容易出现的错误操作环节进行讲解（见图 6-7）。在物理、化学、生物、地理和自然常识等学科的教学中，实验类微课较为常见。

五、表演型

表演型微课主要有两种形式：一种是在教师的引导下，组织学生对教学内容进行模仿表演和再现,利用摄录工具将表演过程录制下来,经适当编辑制作成微课。学生通过观看此类微课可以达到学习交流和娱乐的目的,促进审美感受和提高学习兴趣。一般分为教师的示范表演和学生的自我表演两种,适用于素质类、体育类课程,如舞蹈、瑜伽、广播体操、太极拳等课程的学习。另一种是假设某一交际情境,让学生充当其中的角色,表演出符合情境的对话和行为。在特定的情境下,学生改变自己的身份,从局外人变成了参与者,注意力自然就集中到了学习内容上。参与者通过对角色的扮演,可以获得快乐体验以及宝贵的经历。例如,在微课"宝宝控iPAD,专注恐不足"中,由学生扮演家长和孩子,模拟母子在日常生活中的一个场景,讲述了太早接触电子产品对孩子的危害,并对家长给出了应对建议(见图6-8)。

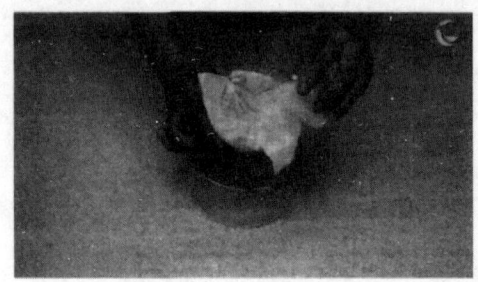

图6-7 实验型微课

图6-8 表演型微课

六、其他类型

不属于上述分类的微课,均可归为此类型。

值得注意的是,一节微课作品一般只对应于某一种微课类型,但也可以同时属于两种或两种以上的微课类型的组合(如提问讲授类、解题答题等),其分类不是唯一的,应该保留一定的开放性。同时,由于现代教育教学理论的不断发展,以及教学方法和手段的不断创新,微课类型也不是一成不变的,需要教师在教学实践中不断发展和完善。

任务二 微课的创作过程

任务导入

微课的教学设计要以教学设计原理为依据,以普通的课堂教学过程为基础,与微课的教学特点相结合。

任务描述

如何进行微课的教学设计?

相关知识

微课创作的一般过程

微课创作一般采取以下几步：

（1）确定选题

确定选题是制作微课的首要环节和起点，科学的选题是微课成功的前提和基础。

（2）准备素材、教学设计

结合选取的微课知识点，准备制作微视频的多媒体素材。如果需要，制作微课件配合讲授不容易理解的知识点，辅助教师现场讲授。根据选题及教学要求，进行微课教学设计和编写教案。

（3）拍摄（录制）、后期制作

微视频是微课的核心。微视频的制作可以选择手机、数码相机、数码摄像机、视频摄像头等一切具备摄录功能的设备拍摄，也可以选择电脑屏幕捕捉软件、录播教室进行录制。对录制好的视频应进行必要的编辑和美化。"6.3 微课的制作方法"一节将详细介绍微视频的制作方法。

完整微课的设计与制作环节如图6-9所示。

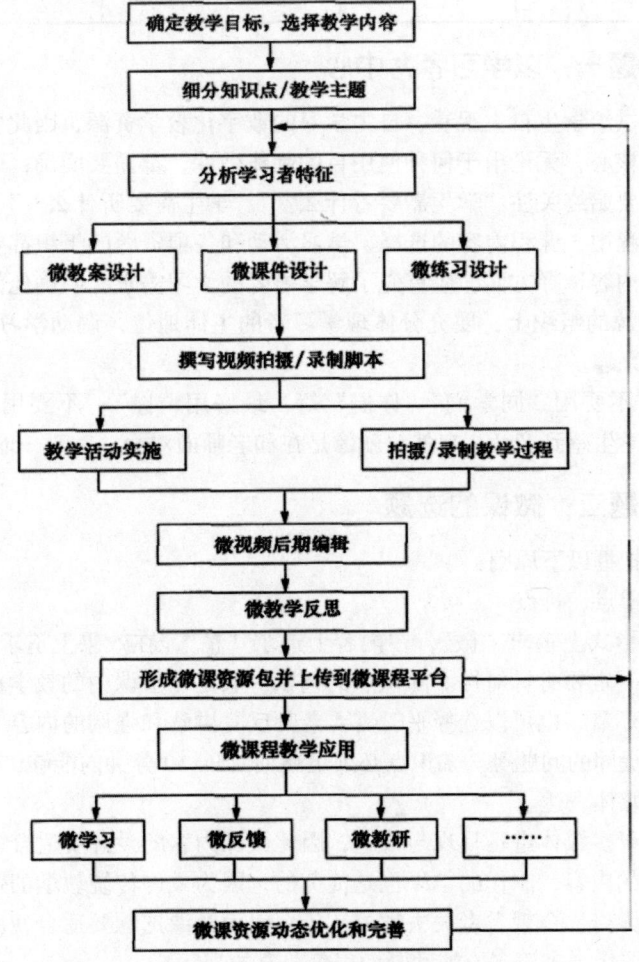

图6-9 微课的设计与制作环节

任务实施

微课的教学设计（见表 6-1）

微课名称				
目标				
知识点描述				
难点突破方法				
适用对象				
制作方法				
教学过程	画面内容	视频来源（PPT/拍摄视频/下载视频）	字幕/标注	长度（秒）

一、关键问题一：以学习者为中心

微课是一种提供给学生自主观看、自主学习的数字化教学资源，因此要牢牢把握"以学习者为中心"这个核心，无论出于何种使用目的制作微课，都需要明确：微课的使用对象是学生，不是老师。要始终关注"学生需要看什么？""学生需要听什么？""这样表达他能听懂吗？"在设计过程中，课程内容的选择、学习活动和各项资源的组织都要围绕学习者这个中心进行。在课程内容选择方面，应首先了解学习者的学习需求，明确他们要的是什么；在学习活动和学习资源的组织上，要充分体现学习者的主体地位，调动学习者的学习主动性，激发学习者的学习兴趣。

微课中的人称不要用"同学们""你们"等，最好用"你"；不要用"我们"，最好用"咱们"。如此会让学生感到亲切、自然，就像是在和老师面对面、一对一地交流。

二、关键问题二：微课的选题

微课的选题应把握以下原则：

（1）教学中的重点、难点。

微课教学，在形式上追求"微"，在内容上追求"精"，在效果上追求"妙"。因此，微视频所教授的课题一定要有针对性。知识点的选取一般是一节课中的教学重点、难点，或者教学中的某个精彩环节，也可以选择平时需要老师反复讲解和强调的内容、学生容易出错的知识点、学生经常提问的问题等。知识点必须足够细，5~10 分钟内能够讲解透彻。

（2）适合用多媒体表达。

微课需要借助于多媒体进行呈现与传递，因此微课内容的设计要适合多媒体特性。对于不适合多媒体表达的内容，制作的结果也是徒劳的，因为或许传统教学的效果更佳；同时也会使教学过程平庸无奇，令观看者失去学习欲望。因而微课选题要适合使用多媒体表达，适合加入丰富的图形图像、多姿多彩的动画、声色兼有的视频。

（3）相对独立的知识体系。

微课是相对完整、独立的小型教学资源，它的选题必须要小，内容少且相对独立。选题时，可以选取一个独立的小话题作为切入口，把内容讲通、讲透，宁可"小题大做"，不宜"大题小做"。同时，一节微课的教学目标不宜过多，一般设定一到两个目标即可。目标要尽量具体化、可操作、可测量，不要设计抽象模糊、大而空泛的目标。

（4）碎片化的组块。

微课是一个微型化、碎片化的视频学习资源。视频学习资源碎片化是为了适应学习的碎片化。微课教学时间短，一节微课最好讲解一个特定知识点，如果该知识点牵扯到另一个知识点，并需详细讲解时应另设一节微课。对于信息含量大的教学主题，则可以采用内容分解的方式，化整为零、逐一制作，形成系列微课。单独的一两节微课对现行教学并没有太多帮助，只有微课形成系列，辅以练习、解答、交流、讨论，成为"微课程"，才能真正发挥这一课堂新形态的全部潜力。

三、关键问题三：媒体设计——教学信息的视听化处理

媒体设计决定了微课最终的表现形式，其优劣性直接决定了微课的质量。

（1）视觉信息的设计。

在教学内容的处理上，微课的主要任务是把教学信息尽量可视化。微课是以视频为载体的教学资源，视频的优势并非传递抽象的文字信息，而是传递具体、直观的图形、图像信息，特别是连续的、动态的图像信息。因此，一些具备"动态特征"的教学内容，比如动作技能、操作过程、变化过程等，直接使用视频来呈现教学信息是最简单、有效的方法。有些教学内容相对抽象，动态特征不太明显，需要转换成具有较强可视性的画面信息，这是微课设计中的关键技巧。这里可以借鉴"第5章 演示型课件的设计与制作"中的图形化表达的技巧，将抽象概念形象化，将数字、关系图示化。如在物理微课中，以Flash动画的形式形象地表现了"力的相互作用"，如图6-10所示。

在后期制作过程中，可以用字幕补充微课程不容易表述清楚的部分，如图6-11所示。注意：字幕只需呈现关键词语，不必像电视剧一样将所有台词都打上，不然会增加学生的阅读认知负荷。教师要主动学习其他领域的设计经验，注意借鉴、模仿与创造，例如，从电影、电视、广告等大众媒体中寻找值得借鉴的创意。在体态语言方面，教师不必过于拘谨，但也不要过于懒散。建议教师注意看镜头，面部表情要有亲和力。

图6-10 用动画示意"力的相互作用"

图6-11 用字幕辅助动作示范

（2）听觉信息的设计。

声音是微课用于传递信息的另一个重要途径。微课中声音的运用主要分为两类：一是解

说词，二是背景音乐。

带解说的微课更加贴近真实的课堂教学情境，学生易于接受。需要注意的是，微课中的解说词是对画面信息的必要解释、说明、提示、补充，不是对画面文字的简单重复。在解说词的录制中，环境要尽量安静，不要有噪声。教师在口语表达时，要清晰、有力，发音标准；语调要根据教学环节和内容的不同有起伏变化；表达要有节奏感，音量与语速适度，以确保观看者有足够的时间对教学内容进行理解和消化；要使用规范的专业用语，表述清晰、有条理，力求做到简单明了、通俗易懂，尽量少使用古板、枯燥的书面语。微课中应有恰当的提问，问题的设计要恰当安排基本问题、单元问题和核心问题，灵活使用多样化的提问策略促进学生思考。

一段恰到好处的背景音乐，能够让微课的气氛变得更加活泼，也能让学生感到放松，为微课增添趣味性和吸引力。背景音乐的选用应注意与教学内容相契合，不要使用过多，避免喧宾夺主。

任务三　微课的制作方法

任务导入

目前，国内常用的微课录制方法有：拍摄法、录屏法、转换法。

任务描述

熟练掌握转换法

相 关 知 识

一、拍摄法

拍摄法是指主要使用手机、数码相机、摄像机、视频摄像头等一切具备摄录功能的设备（见图 6-12），对通过"白板、黑板、白纸、课堂、游戏活动、表演"等形式展现的微课教学过程进行拍摄记录的方法。

1. 拍摄方式一：摄像机＋黑板（白板）或电子白板

（1）录制工具：便携式摄像机、黑板（白板）或电子白板、粉笔（白板笔）、其他教学演示工具。

（2）方法：对教学过程同步摄像。

（3）过程简述：

①针对微课主题，进行详细的教学设计，形成教案。

②拍摄准备：

●将摄像机安装在三脚架上。

- 将三脚架放置在黑板（白板）或电子白板正前方约两米处。
- 打开摄像机电源，确保拍摄内容在取景框内占主体。

③利用黑板（白板）或电子白板展开教学，同时按下摄像机录像按钮，将整个教学过程拍摄下来，如图6-13所示。

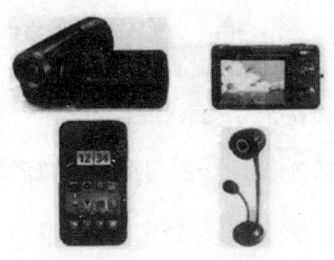

图6-12　拍摄工具

图6-13　"摄像机＋白板"拍摄微课

拍摄注意事项：
- 摄像机的镜头高度与教师的眼睛平行，如图6-14所示。
- 在讲解的过程中教师的身体不能遮挡教学内容，如图6-15所示。

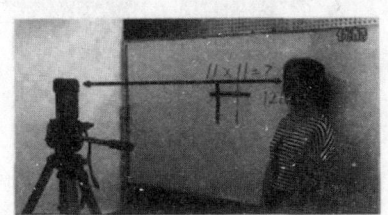

图6-14　镜头高度与教师的眼睛平行

图6-15　教师的身体不能遮挡教学内容

- 在教学演示的关键之处，要注意突出黑板（白板）或电子白板上的内容。

④授课结束后，再次按下摄像机的录像按钮，结束拍摄。

⑤对视频进行简单的后期制作，进行必要的编辑和美化。

（4）视频特点：画面中只出现教师和黑板（白板）或电子白板。

（5）需要掌握的技能：

①熟练使用摄像机；

②对视频进行简单的后期处理。

2．拍摄方式二：利用手机、相机录制

（1）录制工具：可进行摄像的手机/相机（像素较高，保证拍摄的画面清晰）、手机/相机支架、白纸、不同颜色的笔（宜选粗笔）、彩色胶带、相关主题的教案或其他教学展示用品。

（2）方法：直接在白纸上进行板书，用手机/相机记录演算、书写的教学过程。

（3）过程简述：

①针对微课主题，进行详细的教学设计，形成教案。

②拍摄准备（以手机为例）：

- 将手机支架夹在桌子边缘，手机固定在支架上，如图6-16所示。
- 打开手机的相机功能，拍摄模式选择为视频，调整手机的取景范围、位置、角度，用彩色胶带在桌子上标记定位框。

- 将白纸放到标记好的定位框内．如图 6-17 所示。

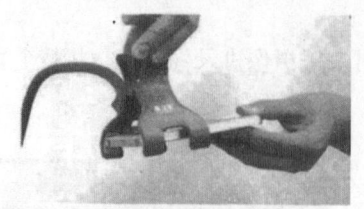

图 6-16　固定手机

图 6-17　放置白纸到定位框

③用笔在白纸上展现教学过程，如图 6-18 所示，包括画图、书写、标记、演算等行为，同时按下手机的录像按钮，开始拍摄。

拍摄注意事项：
- 教师手上不能佩戴饰品；
- 保持坐姿，教师的头部不能进入相机的取景范围，如图 6-19 所示。

图 6-18　教学过程

图 6-19　拍摄时头部不要进入取景范围

- 书写时不能将白纸移出定位框，如图 6-20 所示。

图 6-20　白纸不要移出定位框

- 教师应保证语音清晰、画面稳定、演算过程逻辑性强，解答或讲授过程明了、易懂。

④授课结束后，按下停止按钮，结束拍摄。

⑤对录制好的视频进行必要的编辑和美化。

（4）视频特点：教师不出现在画面里，以画外音结合纸笔演示进行教学。

（5）需要掌握的技能：

①会使用手机／相机拍摄视频。

②板书能力强，能将教学内容简洁、清晰、完整、有逻辑地呈现出来。

③能对视频进行简单的后期编辑。

二、录屏法

录屏法是指在计算机中安装录屏软件，如 Camtasia Studio、Snagit 和 CyberLink YouCam（这里以 Camtasia Studio 为例），录制通过 PPT、Word、画图工具软件、手写板输入软件等形式呈现的教学过程。简而言之，就是把电脑屏幕上所呈现的内容录制下来，成为一段视频。

1. 形式一：录屏软件＋PPT

（1）录制工具：电脑、耳麦（附带话筒）、录像软件 Camtasia Studio（或 Snagit、CyberLink YouCam 等）、PowerPoint 等软件。

（2）方法：在电脑上播放 PPT 课件，同时进行屏幕录制，辅以讲解录音和字幕。

（3）过程简述：

①针对微课主题，进行详细的教学设计，形成教案。

②根据教学设计，搜集教学材料和媒体素材，制作 PPT 课件。

③录制准备：

- 在电脑屏幕上同时打开视频录像软件和教学 PPT。
- 教师戴好耳麦，调整好话筒的位置和音量。
- 调整好 PPT 界面和录屏界面的位置。

④单击录制按钮，开始录制（录屏软件 Camtasia Studio 的使用方法详见本章 6.4 节），教师一边演示 PPT 课件一边讲解。

录制注意事项：

- 教师可在 PPT 界面上用标记工具进行强调或其他演示，也可随时播放视频、动画等用于辅助教学。
- 注意控制讲解节奏和时间。
- 尽量使教学过程生动、有趣。
- 授课结束后，按下录屏软件的停止快捷键，停止录制。
- 对录制完成后的教学视频进行必要的处理和美化。

（4）视频特点：

①教师不出现在画面里，以画外音结合 PPT 演示进行教学。

②保持视频画面干净、清晰、一目了然。

（5）需要掌握的技能：

①熟悉录屏软件的操作。

②熟悉 PPT 课件的制作，能够将教学内容完整而有逻辑地呈现在 PPT 课件中，并根据讲解对关键内容进行标记。

③对视频进行简单的后期编辑。

2. 形式二：录屏软件＋手写板＋画图工具

（1）工具：电脑、录屏软件 Camtasia Studio（或 Snagit、CyberLink YouCam 等）、手写板、麦克风、画图工具（如 Smoothdraw），如图 6-21 所示。

（2）方法：通过手写板和画图工具对教学过程进行讲解演示，并使用屏幕录像软件录制。

（3）过程简述：

①针对微课主题，进行详细的教学设计，形成教案。

②录制准备：

- 调整电脑的屏幕分辨率，通常情况下，电脑屏幕比为 16∶9 时，将分辨率设置为

1280×720；屏幕比为 4∶3 时，将分辨率设置为 1024×768。
- 安装手写板和麦克风等工具，并进行调试，确保书写流畅、录音清晰。
- 打开绘图软件，将背景颜色设为黑色，并设置好画笔颜色和笔尖直径。
- 打开录屏软件，将录制区域调整为绘图板，选择声音输入为麦克风，调整音量到合适大小。

③单击录制按钮，开始录制。教师一边讲解教学内容，一边使用手写板和绘图工具进行电子板书或演示，在手写板上书写的教学内容，会同步显示在绘图软件的屏幕窗口上，如图 6-22 所示。

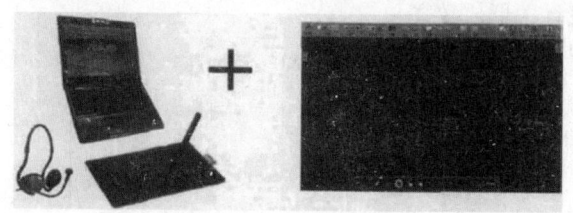

图 6-21　可汗学院模式微课的制作工具　　　图 6-22　可汗学院模式的微课

④授课结束后，按下录屏软件的停止快捷键，停止录制。
⑤对录制内容进行必要的编辑和美化。
（4）视频特点：
①背景多为黑色，营造学生习惯的黑板视觉效果。
②教师不出镜，只呈现手写板背景。
③教师在授课的同时，手写板书或绘画，能营造现场感。
（5）需掌握的技能：
①熟悉录屏软件的操作。
②会使用手写板或画图工具。
③手写板书字迹清楚，布局清晰、有条理、灵活而不凌乱。

任务实施

转换法

转换法是指教师将设计制作的教学动画（Flash、GIF 动画课件）输出合成视频格式，或利用 PowerPoint 2010、PowerPoint 2013 直接生成视频，或通过自动播放的方式内录 PPT 内容（声音可提前录制也可在播放时同步讲解录制）的方法。

1. 方法一：将 Flash 动画导出为视频格式
（1）工具：Adobe Flash CS3、制作好的 Flash 教学动画。
（2）过程简述：
①打开 Flash 教学动画，检查动画播放有无问题。
②单击【文件】菜单之后，选择【导出】选项卡，如图 6-23 所示。
③在打开的【导出影片】对话框中，设置视频文件名，在【保存类型】中选择视频文件格式，如 swf、wav 等。单击【保存】按钮，生成视频文件，如图 6-24 所示。

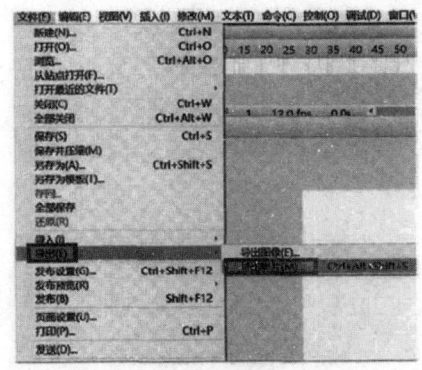
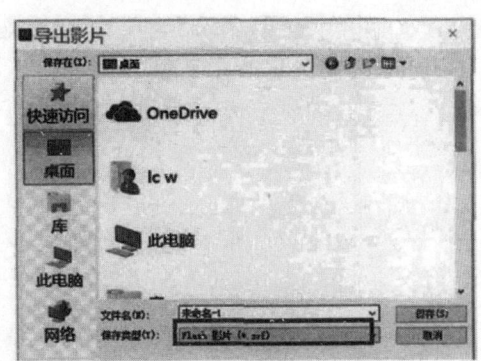

图 6-23　将 Flash 动画导出为影片　　　　图 6-24　生成视频文件

2. 方法二：用 PowerPoint 2010 直接输出视频文件

（1）工具：Microsoft Office 2010、制作好的 PPT 课件、麦克风。

（2）过程简述：

①打开 PPT 课件，检查幻灯片播放是否有误，如已全部制作完成，将其另存为 pptx 格式（必须是 pptx 格式才可以转为视频）。

②单击【文件】选项卡，选择【保存并发送】→【创建视频】，如图 6-25 所示。

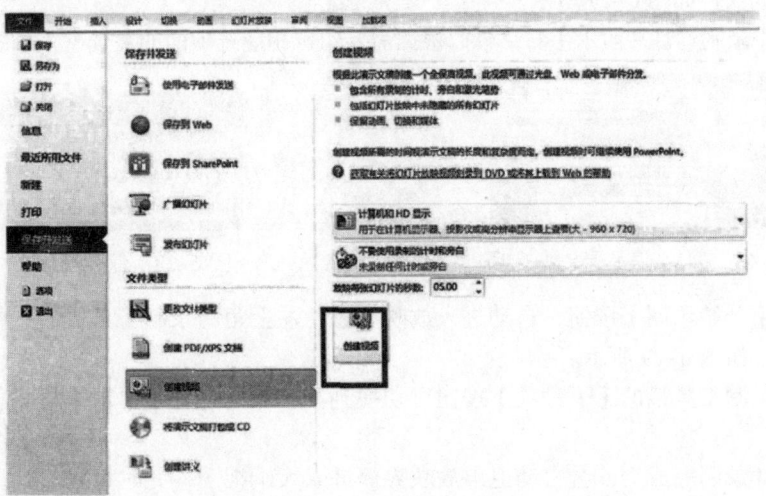

图 6-25　将 PowerPoint 输出为视频文件

③选择用于显示的设备。

④选择是否需要录制的计时和旁白。

⑤设置好后，单击【创建视频】选项。

⑥弹出保存对话框后，选择视频保存位置并修改视频名称，单击【保存】按钮保存视频文件，如图 6-26 所示。

⑦此时 PowerPoint 页面右下方会出现"正在创建视频"的字样以及一个进度条，待进度条完成后关闭文档即可。

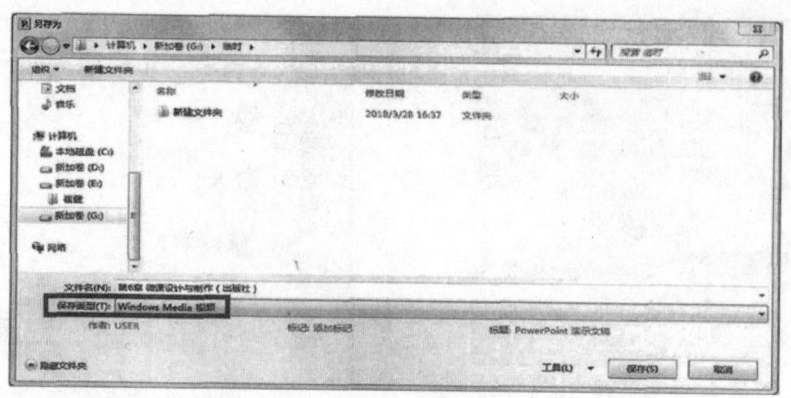

图 6-26　保存视频文件

3. 方法三：通过自动播放的方式内录 PPT 内容

（1）工具：Microsoft Office 2010、制作好的 PPT 课件、麦克风。

（2）过程简述：

①打开 PPT 课件，检查幻灯片播放是否有误。

②选择幻灯片放映选项卡，单击【录制幻灯片演示】下拉按钮从下拉列表中选择【从头开始录制】选项，如图 6-27 所示。

③打开【录制幻灯片演示】对话框，根据需要勾选相应选项前的复选框，如图 6-28 所示。

　　　　　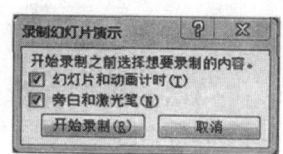

图 6-27　"从头开始录制"选项　　　　图 6-28　保存视频文件

④单击【开始录制】按钮，自动进入放映状态，左上角的录制工具栏显示录制状态并开始录制旁白，如图 6-29 所示。

⑤单击录制工具栏的【下一项】按钮可切换到下一页幻灯片，单击【暂停】按钮可暂停录制。

⑥幻灯片录制完成后，会自动退出放映界面进入大纲视图，此时每张幻灯片的左下角会出现录制时的计时，如图 6-30 所示。

　　　　　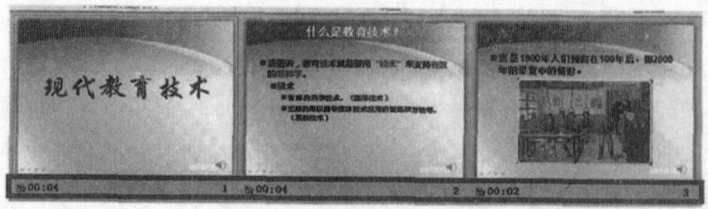

图 6-29　录制工具栏　　　　　　图 6-30　PPT 录制计时显示

⑦切换回【文件】选项卡，操作同"方法二：用 PowerPoint 2010 直接输出视频文件"的过程简述的步骤②~⑦。

⑧录制完成后，幻灯片的右下角会有一个声音图标，声音为录制的旁白。

任务拓展

注意事项

除前面提到的注意事项外，在微课设计与制作中还应注意以下几个方面：

（1）微课时长尽量控制在 10 分钟以内。

（2）不要轻易跳过教学步骤，即使是很简单、很容易的内容。

（3）要给学生提供提示性信息，例如，用颜色线标识，在屏幕侧边列出关键词，用符号图形标注等。

（4）微课程是整个教学组织中的一个环节，要与其他教学活动环节配合。

注意：应在微课程中的适当位置设置暂停或者后续活动的提示，便于学生在浏览微课程时转入相关的学习活动，让学生在学习单的统一调度下学习微课程。

（5）微课程应有恰当的提问，问题的设计要安排基本问题、单元问题和核心问题，灵活使用多样化的提问策略以促进学生思考。

（6）微课程结束时要有简短的总结、概括要点，帮助学习者梳理思路，强调重点和难点。

（7）对一些重要的基本概念，要说清楚是什么、不是什么，让学生明确基本概念和原理；对于关键技能的教学，要清楚地说明应该如何做、不该如何做。

（8）教师要培养学生养成良好的自主学习习惯（例如，要根据学习单的指导来看视频，看完视频以后要回到学习单进行讨论、练习），要告诉学生使用微课程的技巧（例如，遇到没听懂的地方可以暂停重听）。

（9）一门课程开始时，要清楚地介绍课程的评价方法和考试方式，引导学生根据教学目标安排学习。

（10）有关微课程制作的操作细节如下。

①录制视频的环境要安静，不要有噪声。

②使用录屏法录制微课时，鼠标不要乱晃；字体和背景的颜色要搭配好；讲解课程时，鼠标在屏幕上的速度不要太快；画面要简洁，与教学内容无关的图标和背景都要删除。

任务四 屏幕录制软件Camtasia Studio的应用

任务导入

Camtasia Studio 是 TechSmith 旗下一款专门录制屏幕动作的工具，它能在任何颜色模式下轻松地记录屏幕动作，包括影像、音效、鼠标移动轨迹、解说声音等。另外，它还具有及时播放和编辑、压缩的功能，可对视频片段进行剪辑、添加转场效果。它输出的文件格式很多，包括 mp4、avi、wmv、m4v、camv、mov、rm、gif 等多种常见格式，是制作视频演示的绝佳工具。

任务描述

对录制的素材如何编辑与保存?

相关知识

在视频录制前,要根据微课选题制作 PPT 课件,部分 PPT 课件如图 6-31 所示,PPT 页面大小为 4∶3 模式。

(a) 封面页

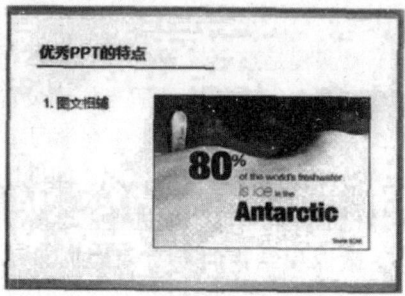
(b) 内容页1

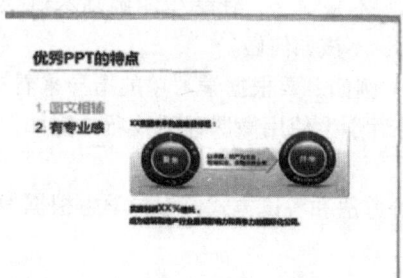
(c) 内容页3

(d) 内容页4

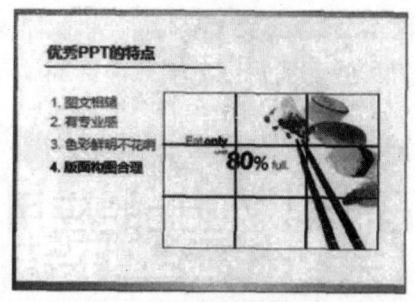
(e) 内容页5

(f) 结尾页

图 6-31 "PPT 设计艺术"PPT 演示文稿

启动 Camtasia Studio 8(启动界面见图 6-32),选择录制屏幕,此时在窗口右下角会出现录制功能面板。

一、录制前的设置

录制区域选择:选择【Full screen】(全屏)或【Custom】(自定义),如图 6-33 所示。

图 6-32　Camtasia Studio 8 启动界面

图 6-33　录制功能面板

　　Full screen（全屏模式）：录制整个屏幕。启用这个模式会看到整个屏幕边缘就有绿色的虚线，这就是录制视频的范围，如图 6-34 所示。

　　Custom（自定义）：该选项根据需要，灵活选取录制区域。单击【Custom】（自定义）右侧三角号可以看到在出现的菜单中有几个常用的尺寸（见图 6-35）。Widescreen 宽屏（16∶9）：1280×720、854×480；Standard 标　准（4∶3）：1024×768、640×480；Recent areas 最近使用尺寸：852×480、1920×1080；Lock to application（锁定当前的应用程序）：录制的时候只录制应用程序窗口；Select area to record（在屏幕上选择录制区域）：通过鼠标选择录制区域，如图 6-34 所示。选择之后会出现一个范围框，可以单击鼠标按住中间的按钮移动范围框的位置，也可以设置范围大小，宽度和高度在 Custom 右侧会有显示数字，如图 6-33 中显示的宽 1364 和高 768。

图 6-34　录制范围框

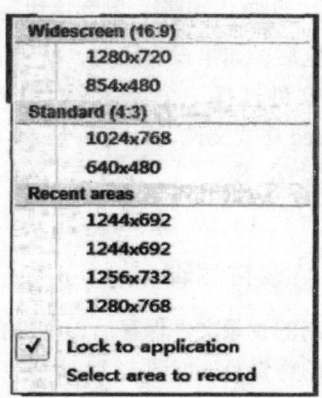

图 6-35　Custon 菜单

　　录制输入设置：选择"Webcam off"，关闭摄像头，打开"Audio on"选择麦克风输入，调节好录音音量，如图 6-36 所示。

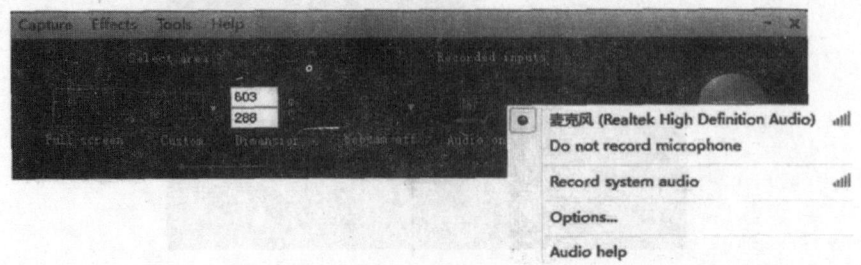

图 6-36　录音输入设置

二、视、音频的录制

单击录制按钮■，开始屏幕录制。出现倒计时"3，2，1"后，开始进行屏幕和语音教学录制。

授课结束，按 F10 停止录制工作，出现录制节目预览窗口，如图 6-37 所示。

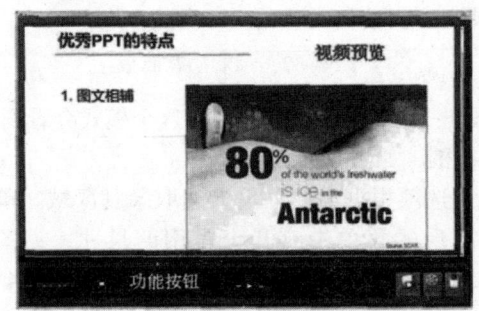

图 6-37　预览窗口

预览窗口的下面的一组功能按钮按从左至右的顺序分别为：当前播放时间 / 视频时间长度■、视频缩放按钮■、快进 / 播放 / 快退按钮■、保存并编辑按钮■、生成按钮■、删除按钮■。

预览后，如果没有问题，将录制成功的节目保存，单击【Save and Edi】（保存并编辑），为视频文件选择一个保存路径并对文件命名，将录制的视频保存成 Camtasia Studio 默认的 .camrec 格式文件。

任务实施

一、素材编辑

录制的视频文件保存后，软件自动进入编辑状态，此时录制的视频素材会出现在视频编辑窗口的剪辑箱，如图 6-38 所示。

视频编辑窗口分为以下三个区域。

剪辑箱：也叫编辑区，用于存放录制及导入的视频素材，以及一些编辑时使用到的工具。

项目六 微课设计与制作

图 6-38 视频编辑窗口

监视区：可以随时查看视频编辑后的效果。

时间轴：大部分的视频编辑都会在这里处理。

1. 导入素材

Camtasia Studio 可以导入视频、音频、图片，相关格式可以从导入选项中查看。

导入素材有以下三种方法。

方法一：在文件菜单下选择【导入媒体】，如图 6-39 所示。

方法二：单击编辑区上方的【Import media】，如图 6-40 所示。

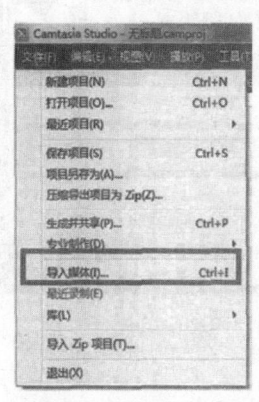

图 6-39 导入媒体方法

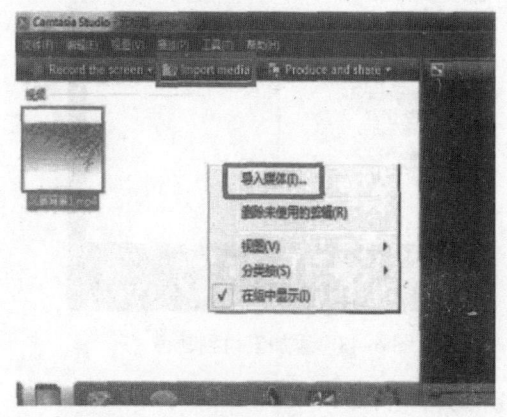

图 6-40 导入媒体方法二、方法三

方法三：在剪辑箱空白区域单击鼠标右键，在弹出的菜单中选择【导入媒体】，如图 6-40 所示。

以上三种方法均可打开媒体导入对话框，选择并导入所需的媒体素材。

2. 删除素材

删除素材有以下三种方法。

方法一：选中要删除的素材，直接通过键盘上的 Delete 键删除。

方法二：选中的要删除的素材，单击鼠标右键从弹出的菜单中选择【从剪辑箱中删除】，如图 6-41 所示。

方法三：选中要删除的素材，通过编辑菜单删除，如图 6-42 所示。

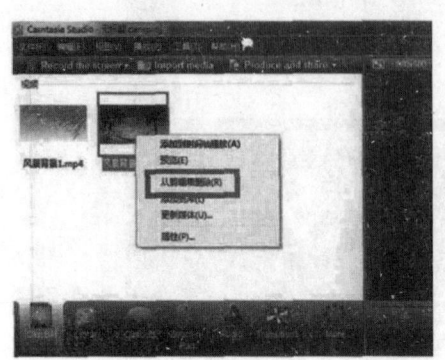

图 6-41　删除素材的方法二

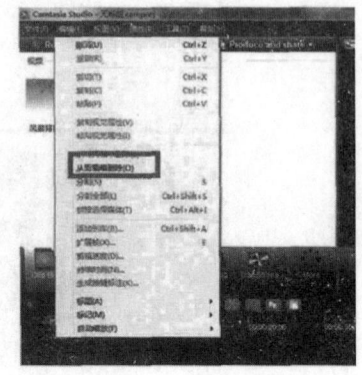

图 6-42　删除素材的方法三

3. 添加素材到时间轴

方法一：将素材从剪辑箱直接拖动到相应轨道。

方法二：选中素材，单击右键，在弹出的菜单中选择【添加到时间轴播放】，如图 6-43 所示。录制的视频素材首次添加到时间轴时，软件会弹出【视频编辑尺寸设置】，如图 6-44 所示，设置编辑视频的尺寸，一般为录制尺寸，设置完成单击"OK"按钮进入编辑界面。

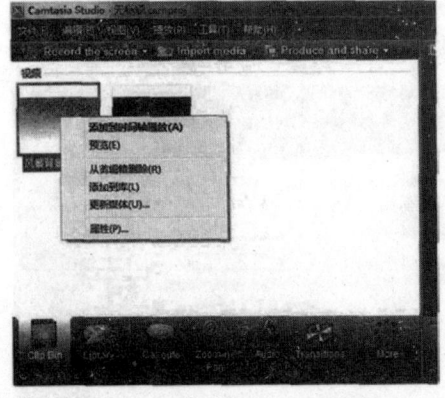

图 6-43　添加素材到轨道

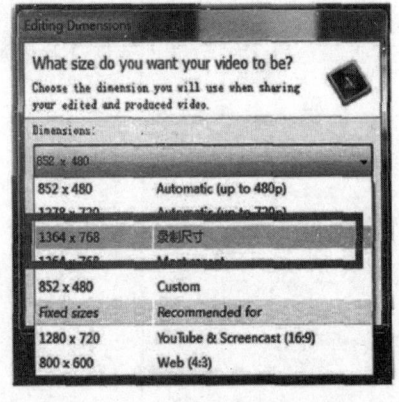

图 6-44　视频编辑尺寸设置

4. 时间轴介绍

时间轴是视频编辑时必不可少的工具，视频处理的大量工作都是在时间轴上进行的，如图 6-45 所示。

媒体轨道：将媒体素材拖入时间轴后，媒体将会显示到轨道中，就可以在轨道中对想要编辑的媒体进行一系列的操作。

工具栏中有六个基本的剪辑操作。

（1）　"撤销、重做"工具：用于修正操作中的失误。

（2）　"剪切"工具：用于剪切或删除所选择的视、音频。

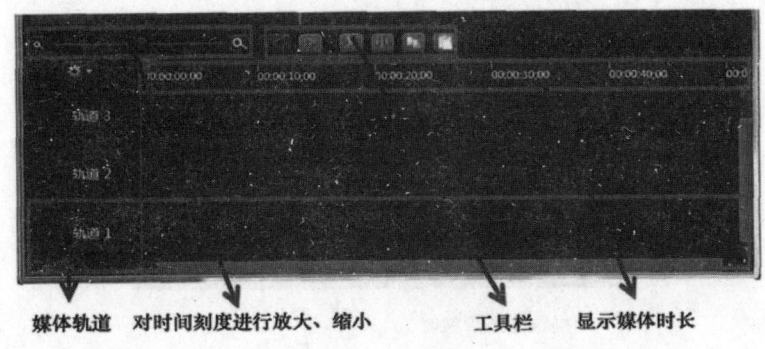

媒体轨道　对时间刻度进行放大、缩小　　　工具栏　　显示媒体时长

图 6-45　时间轴

（3）■"分割"工具：能在时间轴上将视频切割开来，便于删除、加入特效等操作。

（4）■■"复制粘贴"工具：用于复制、粘贴所选择的素材。

（5）剪切素材：在时间轴上单击素材，拖动帧选中要删除的视频素材，如图 6-46 所示，单击剪切工具■，选中的视频就被剪切了。

图 6-46　选择要删除的素材

（6）分割素材：在时间轴上单击素材，选择时间点。（注意：不是选择一段素材。）单击【分割】工具，向后拖动素材，即可将素材从选择的时间点分割开，如图 6-47 所示。

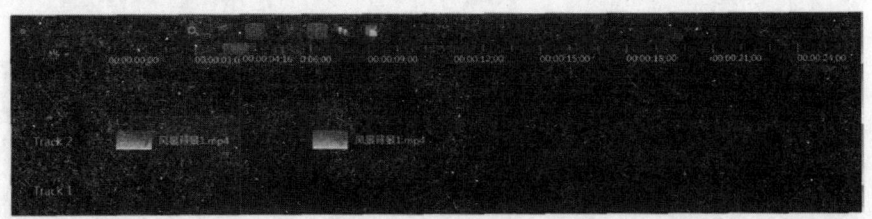

图 6-47　分割素材

编辑视、音频素材时，单击【轨道锁定】按钮，如图 6-48 所示，可锁定无须编辑的轨道，再次单击可解除锁定，恢复编辑状态。

二、添加转场效果

当需要在两段视频中间加上过渡效果时，可以单击时间轴上方工具栏中的"转场"按钮■，此时编辑框中有很多过渡效果供用户选择，如图 6-49 所示。当双击过渡效果时，在监视窗口会看到展示效果。

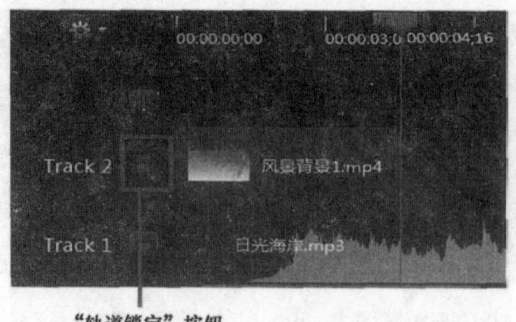

图 6-48　轨道锁定

选择好需要的过渡效果后，单击并按住鼠标左键将它拖动到需要添加过渡效果的地方，或单击鼠标右键选择【添加到选定媒体】，如图 6-50 所示。这样就完成了转场效果的添加，时间轴上会出现添加转场效果的标志，如图 6-51 所示。拖动转场效果标志可以调节转场效果持续的时间，再次播放时就可以在监视区看到最终效果。

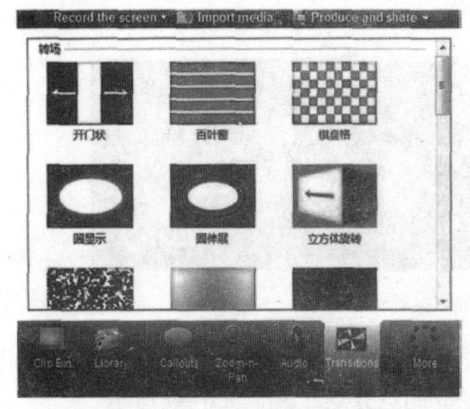

图 6-49　"转场效果"窗口

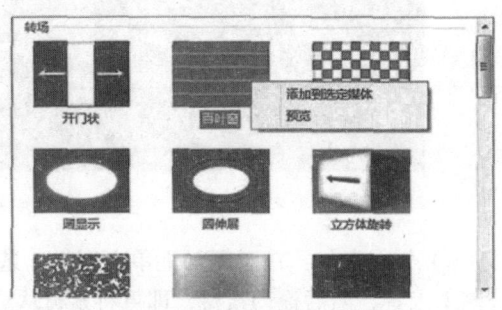

图 6-50　添加转场效果

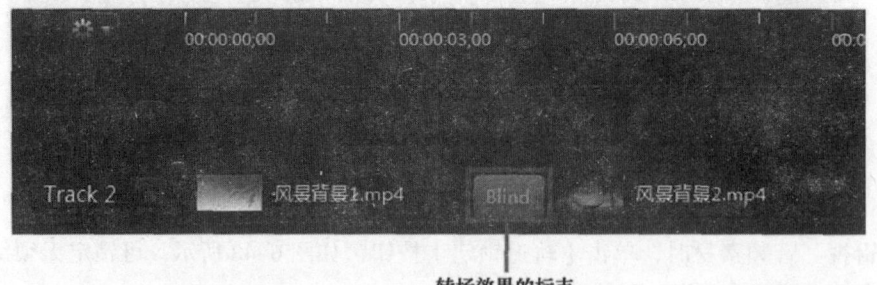

图 6-51　添加了转场效果的时间轴

三、智能聚焦

智能聚焦功能可以在选定特定时间区域时，通过【智能聚焦】窗口选择聚焦范围，实现画面的放大或缩小。

在时间轴上选择要添加缩放效果的时间点（可用时间轴的滑块或者监视区的控制条来选择位置），单击时间轴上方工具栏中的"智能聚焦"按钮，这时剪辑箱中出现【智能聚焦】窗口，如图 6-52 所示，拖动白框区域即可实现画面的放大或缩小。缩放效果添加成功后，时间轴上会出现箭头标志，如图 6-53 所示。拖动智能聚焦标志可以调节聚焦效果持续的时间，再次播放时可以在监视区看到最终效果。

图 6-52　智能聚焦　　　　　　　　　　　　图 6-53　智能聚焦标志

四、添加标注

添加标注是给视频添加注释，让视频更清晰、易懂。

在时间轴上选择要添加标注的时间点，单击时间轴上方工具栏中的"标注"按钮■，这时剪辑箱中出现标注样式窗口，如图 6-54 所示。单击右侧的下拉箭头，可以看到所有的标注样式，如图 6-55 所示。

以添加椭圆形标注为例，选择其中一个椭圆形，单击这个椭圆形样式，标注就加到录制视频选定的当前帧了，如图 6-56 所示。

将这个椭圆形标注移到视频中对应的位置，调整好大小，通过时间轴就可以调整标注的持续时间和位置。

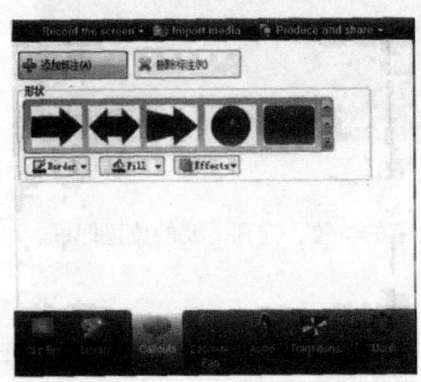　　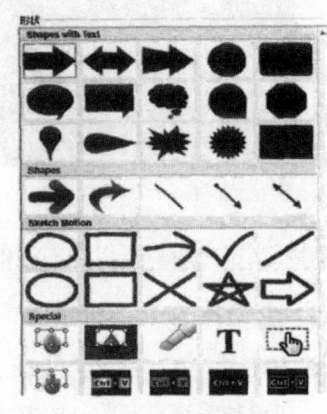

图 6-54　"标注样式"窗口　　　　　　　　图 6-55　标注样式

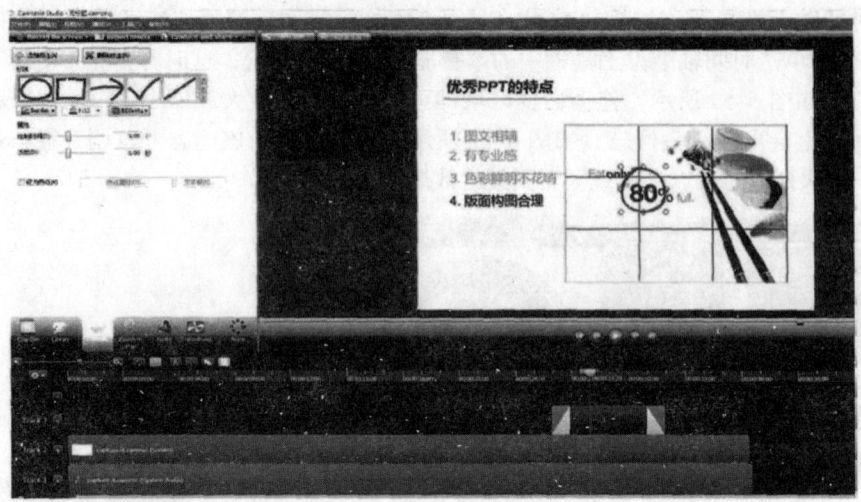

图 6-56　添加标注到时间轴

在标志样式窗口中，选择下面的大写的"T"，可以添加文字标注用于对视频进行说明，同时可以用作微课视频的字幕。单击"T"，会出现如图 6-57 所示的文字编辑区，同时下面的时间轴会出现添加文字标注的标志。

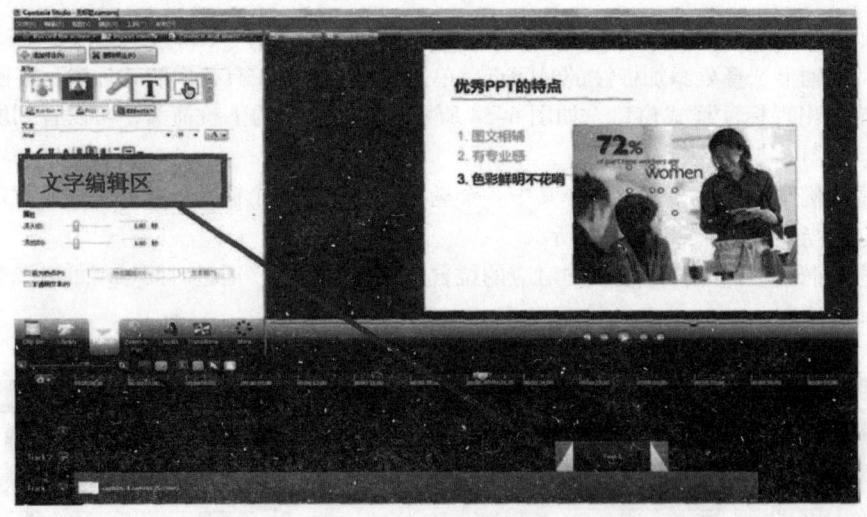

图 6-57　添加文字标注

编辑好文字之后，可以在右边的监视区调整文字的位置，拖到需要的位置即可。

五、编辑声音

微课中的声音分为两类：直接导入的声音和与画面同时录制的声音。第二类声音已与画面绑定，在单独编辑声音前，需要先将视频与音频分离。

在时间轴上找到视频，然后单击右键，选择【Separate video and audio】（分离视频和音频），如图 6-58 所示，视频和音频将分布到两个独立的轨道上，如图 6-59 所示。

注意：一旦分离，将无法连接，所以分离时一定要慎重。

单击时间轴上方选项卡里的音频按钮，媒体文件的声音轨道会变成绿色。同时，音频编辑窗口打开，如图6-60所示，可以对声音进行升降音量、淡入淡出、自动降噪等处理。

（1）升降音量。

方法一：将鼠标移动到绿色部分的上端，按住鼠标左键向上拉伸增大音量，向下拉伸减小音量。声音轨道上的百分比显示，现在的音频音量是69%（见图6-61）。

方法二：选中要编辑的音频素材后，在音频编辑窗口中单击【音量增大】或【降低音量】加大或减小音量。

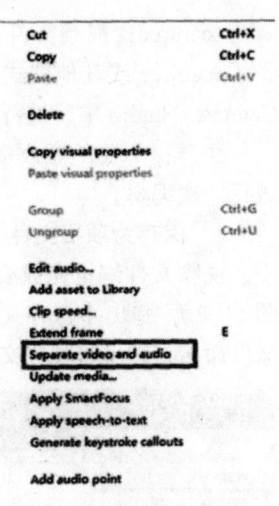

图6-58 分离视频和音频

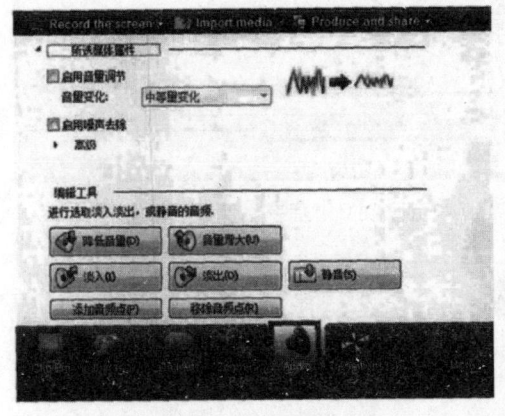

图6-59 已分离的视频与音频

图6-60 "音频编辑"窗口　　　　图6-61 升降音量

（2）淡入淡出。

选中音频素材后，在音频编辑窗口中单击【淡入】或【淡出】，可以让音频的开始或结尾音量慢慢增大或减弱。

（3）自动降噪。

当录制的解说有杂音时，需要进行降噪处理：选择需要降噪的音轨，勾选音频编辑窗口中【启用噪声去除】复选框，这时软件会自动进行降噪；也可以选择高级按钮，再对音频进行细致降噪。如果噪声比较严重且不规律，一般应采用专业的音频编辑软件如AdobeAudition、Sound Forge等进行处理。

音频文件的剪切和分割方法与视频文件相同，这里不再赘述。

六、保存

先来认识一下Camtasia Studio中的两种文件格式：屏幕录制后保存的默认视频文件格

式是 .camrec；视频文件在 Camtasia Studio 编辑后，保存的文件格式为 .camproj 项目文件记录了 .canirec 或其他格式的视频文件的引用路径和后期剪辑信息，此格式支持二次编辑。在 Camtasia Studio 中所进行的编辑操作，并不改变 .camrec 文件。

注意：不要随意改动 .camrec 格式文件的保存路径，否则 .camproj 格式项目文件将无法进行二次编辑。

1. 保存为项目文件

视频文件编辑完成后，单击【文件】菜单下的【保存项目】或【项目另存为】命令（见图 6-62），弹出【保存文件】对话框（见图 6-63），为视频文件选择一个保存的路径，并为文件命名，即可将视频文件保存为 .camproj 格式。

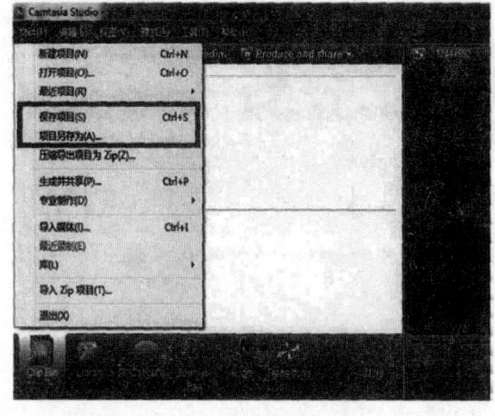

图 6-62 保存项目文件

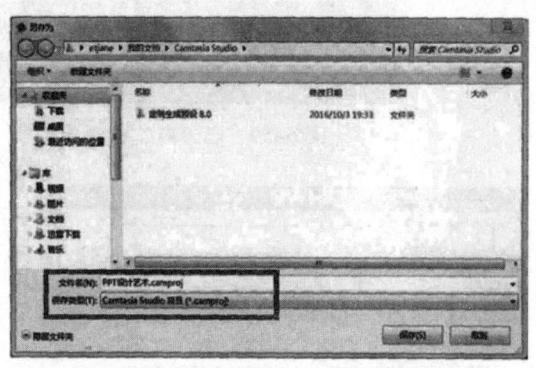

图 6-63 "保存文件"对话框

2. 将项目文件生成视频文件

（1）单击【文件】菜单下的【生成并共享】命令，如图 6-64 所示。

（2）在打开的【生成向导】对话框中，单击下拉菜单，选择【自定义生成设置】，如图 6-65 所示，单击【下一步】按钮。

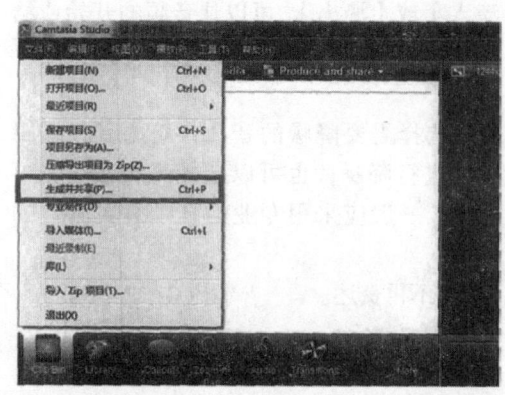

图 6-64 "生成并共享"命令

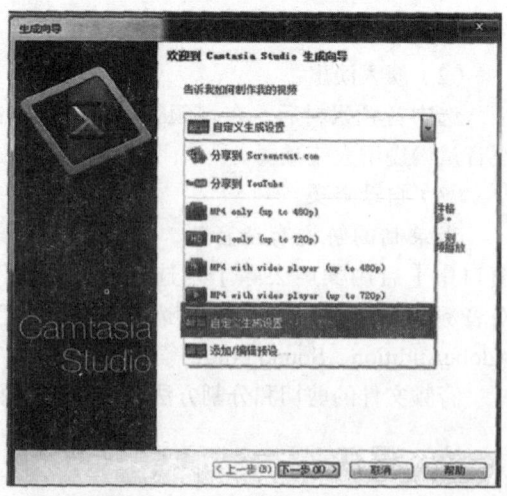

图 6-65 【生成向导】窗口 1

（3）弹出【视频格式选择】窗口，选择视频文件格式（如选择 MP4 格式），如图 6-66 所示，单击【下一步】按钮。

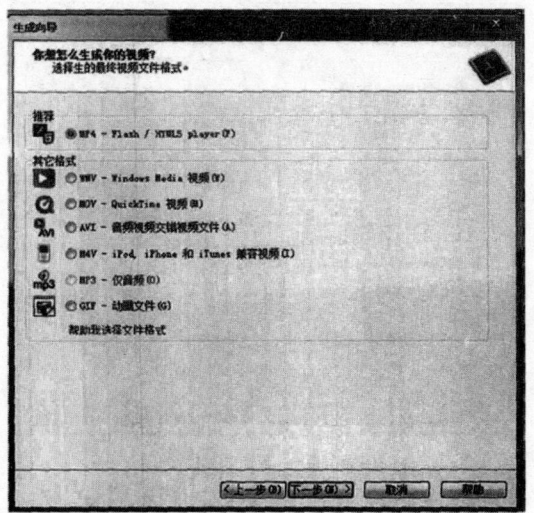

图 6-66 【生成向导】窗口 2

（4）在弹出的【Flash/HTML5 播放选项】窗口中，保持默认设置，单击【下一步】按钮，如图 6-67 所示。

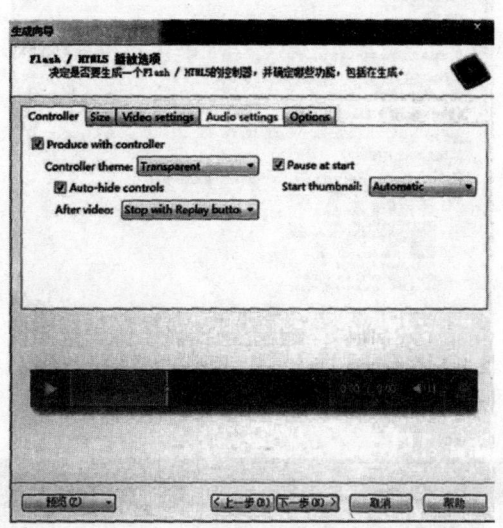

图 6-67 【生成向导】窗口 3

（5）保持弹出的【视频选项】窗口中的选项为默认设置，单击【下一步】按钮，如图 6-68 所示。

（6）在弹出的【制作视频】窗口中，在【项目名称】选项下输入视频的名称，在【文件夹】选项下指定一个存储视频文件的路径，其他选项保持默认，如图 6-69 所示。

（7）单击【完成】按钮，进行渲染，如图 6-70 所示。渲染完成后，在指定的文件夹下就会生成相应的 MP4 视频。

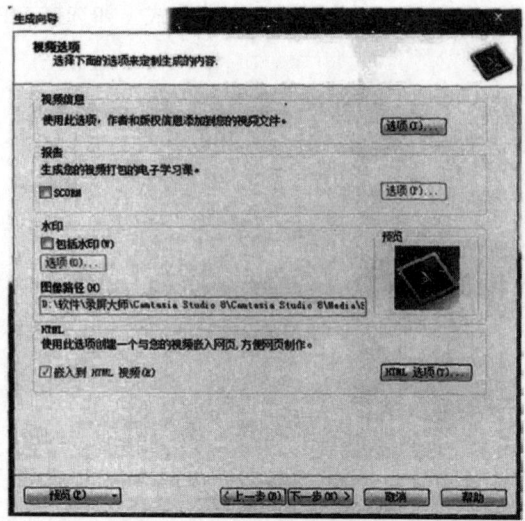

图 6-68 【生成向导】窗口 4

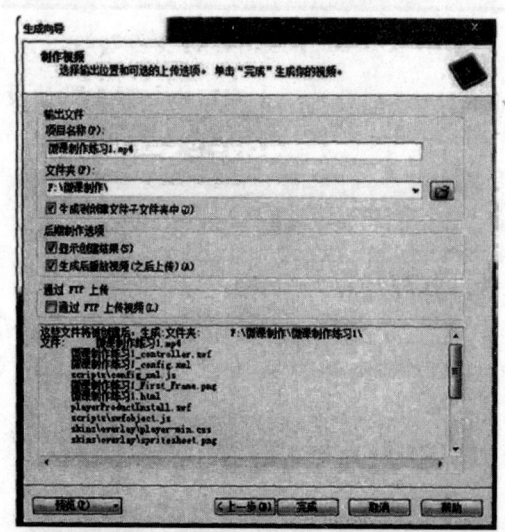

图 6-69 【生成向导】窗口 5

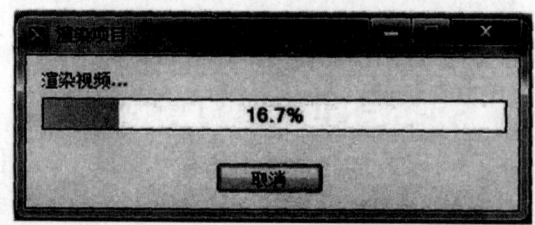

图 6-70 正在渲染项目

请根据自己的微课选题,选择适当的制作方法,完成视频的拍摄或录制,并利用 Camtasia Studio 进行后期编辑,生成微课视频。

要求：画面清晰、流畅，声音清晰，前后音量大小一致，并根据教学需要，添加字幕。

思考与练习

1．请用自己的语言叙述什么是微课，微课具有哪些特征。
2．请简述微课与多媒体课件、课堂教学实录的视频切片、视频公开课的区别。
3．按照学习内容的传授方式可将微课分为哪些类型？试举例说明。
4．完成一个微课选题并简要说明理由。
5．以此选题为基础进行教学设计。
6．比较录制微课的三种常用方法，其制作的视频各有什么特点？拍摄或录制时，各有哪些注意事项？

参考文献

[1] 唐文奕. QQ 群在教学中的应用探究[J]. 宁德师范学院学报, 2011, 23 (3).

[2] 徐董军. 基于 QQ 群的初中生物学习活动设计[D]. 保定: 河北大学, 2013.

[3] 程志, 陈晓辉. 利用 QQ 进行教学应用探索[J]. 中国教育信息化, 2008, (14).

[4] 张静. 基于微信的微课程设计开发研究[D]. 昆明: 云南大学, 2015.

[5] 许珂, 宋秀珍. 基于 Blackboard 平台的网络课程教学探析[J]. 常州工学院学报, 2016, 29 (1).

[6] 朱三元, 熊曾刚. 移动互联网下高校家校互动教育模式研究[J]. 中国教育信息化, 2014, (23).

[7] 乔拥军. 基于 Blog 的中小学教师教学反思的应用研究[D]. 兰州: 西北师范大学, 2009.

[8] 冯世朋, 王媛媛. 基于微博应用的个人知识管理研究——以新浪微博为例[DB/OL]. http://www.docin.con/p-967109486.html, 2016-4-12/2016-9-1

[9] 黎加厚. 东行记_新浪博客[DB/OL]. http://blog.sina.com.cn/shnuli, 2015-12-31/2016-9-1

[10] 北京外国语大学网络教育学院. 北外网院_新浪博客[DB/OL]. http://blog.sina.com.cn/u/1215041383, 2016-9-5/2016-10-1

[11] 石家庄学院 BB 教学平台[DB/OL]. http://210.31.250.85/webapps/login/, 2015-5-8/201610-3

[12] 姚振虎. QQ 在小学高年级学生教育教学中应用的研究[J]. 学周刊, 2018, (15).

[13] 赵晓燕. BB 平台下初中语文学习模式探讨[J]. 语文教学与研究, 2018, (10).